国家出版基金项目
NATIONAL PUBLICATION FOUNDATION

世界银行

政府(公共)部门治理与问责系列丛书

宏观联邦主义与地方财政

沙安文　主编
王少康　译
姜永华等　校译

中国财经出版传媒集团
中国财政经济出版社

图书在版编目（CIP）数据

宏观联邦主义与地方财政／（美）沙安文主编；王少康译．—北京：中国财政经济出版社，2016.3

（政府（公共）部门治理与问责系列丛书）

国家出版基金资助项目

ISBN 978－7－5095－6515－5

Ⅰ．①宏…　Ⅱ．①沙…　②王…　Ⅲ．①地方财政－研究　Ⅳ．①F810.7

中国版本图书馆CIP数据核字（2015）第285299号

著作权合同登记号：图字01－2016－1955

责任编辑：吕小军　　　　　　责任校对：黄亚青

封面设计：思梵星尚

中国财政经济出版社出版

URL：http：//www.cfeph.cn

E－mail：cfeph@cfeph.cn

社址：北京市海淀区阜成路甲28号　邮政编码：100142

发行处电话：010－88191537　财经书店电话：64033436

北京财经印刷厂印刷　各地新华书店经销

787×1092毫米　16开　20.5印张　270 000字

2018年12月第1版　2018年12月北京第1次印刷

定价：82.00元

ISBN 978－7－5095－6515－5

1818 H Street，NW
华盛顿特区 20433
电话：202 - 473 - 1000
网址：www. worldbank. org
电子邮箱：feedback@ worldbank. org

1 2 3 4 11 10 09 08

ISBN：978 - 0 - 8213 - 6326 - 3
eISBN：978 - 0 - 8213 - 6327 - 0
DOI：10. 1596/978 - 0 - 8213 - 6326 - 3

国会图书馆在版图书编目数据

《宏观联邦主义和地方财政》/编辑，Anwar Shah.
p. cm.
包括参考文献和索引
ISBN 978 - 0 - 8213 - 6326 - 3—ISBN 978 - 0 - 8213 - 6327 - 0（电子版）
1. 政府间财政关系—案例研究。2. 联邦政府—案例研究。3. 地方财政—案例研究。4. 政府分权—案例研究。5. 财政、公共—案例研究 . I. Shah，Anwar.
HJ197. M33 2008
336—dc22

2008006103

《政府（公共）部门治理与问责系列丛书》中文版出版说明

由我主编的世界银行政府（公共）部门治理系列丛书中文版由现已过世的姜永华博士牵头负责，其翻译出版得到了中国国家出版基金的大力支持。我曾任世界银行学院公共部门治理项目的主任一职，目前为布鲁金斯学会高级研究员，并担任西南财经大学成都温江校区公共经济研究中心主任。系列书借鉴了近几十年来 OECD 国家和中国的经验，为公共部门治理改革提供了重要的经验教训。

运转良好的公共部门对于减贫至关重要。其必须提供满足公民所需要的优质公共服务，促进以民营市场为导向的经济增长，同时审慎地管理财政资源，并且所有行动对公民负责。该系列书的重要性，在于提供了如何实现这些目标的概念性指导和经验教训。系列书同样有助于世界各国学习彼此理念和实践经验，促进 FAIR（公平、负责、廉洁和回应）公共治理的实现。系列书提炼了现有公共治理的卓见，并提出了提高公共部门效率、公平性和有效性的分析工具。系列书中内容包含了大量顶级公共政策专家和从业实践者的巨大贡献。

以下简要介绍系列中各书的基本内容：

财政联邦主义

本书基于目前公认的理论框架和最佳实践，系统全面地介绍了财政联邦主义的原理和实践。参考世界各地的联邦制国家和单一制分权国家遵循的实际做法，在统一的框架内探讨了关于职责分配、政府间财政安排、财政竞争和转移支付等传统议题。还包括对诸如基层政府治理、自然资源问题的影响等特殊问题，以及对诸如治理、腐败以及全球化和信息革命对民族国家影响等新问题的一体化考虑。应对这些问题的方式是非技术性的，适合包括学者、教师、学生、政策智囊和从业实践者在内的各类读者。

宏观联邦主义和地方财政

近年来，联邦制作为一种政府形式被提出来，它可以提供保障，防止集权剥削和分权机会主义行为威胁，同时使政府决策更贴近人民。但近几十年来联邦制受到了更多来自国内外因素的压力。全球化和信息革命的两大突出影响正在使国家内部以及国家之外的权力分配发生深刻变化。这两种力量将世界从集权治理结构转向全球化和本土化结构，有时也被称作“全球本土化”治理，这种趋势势不可挡。本书通过下述几个方面回顾了国家和全球治理的范式转变：（a）考察了全球化和信息革命对民族国家内外部多级政府治理结构的影响；（b）审视了财政安排对动态效率和经济增长的影响；（c）提供了基层政府组织和财政应对不断变化的世界的比较视角分析。

财政管理

本书提供了解决财政审慎、财政压力、官僚低效、公民赋权和公共廉洁等问题的分析工具。这些工具旨在使政策制定者与实践者能够对政府财政管理和可问责治理的体制安排进行以下诊断测试：

财政谨慎测试：体制安排是否适合确保政府的财政管理决策限于保障项目的可负担性和可持续性？

财政压力测试：政府是否维持净值为正？

公民问责测试：政府如何知道它是在提供公民所要求的？当它不符合这些要求时会发生什么？

公共廉洁测试：行政部门如何对以权谋私的权力滥用行为问责？

预算与预算编制

预算编制和预算程序能够履行如下重要政府职能：确定公共资源分配的优先顺序；规划实现政策目标；对财政投入进行控制使其遵守规则；以审慎、高效和廉洁为原则管理运行；保障纳税人的权利。根据经济学和政治学文献，预算编制的有效性有助于改善一国财政和经济状况。但是在发展中国家，特别是非洲的发展中国家，预算程序和预算编制尚不完善，难以充分履行上述职能，只是被作为一种法律控制的手段。预算制度的改革对提高政府服务绩效、加强议会和公民对政府运作的监督至关重要。

本书提供了改革预算和预算编制的综合指南。本书分为两部分。第一部分提供了预算和预算编制的入门介绍。它涵盖了预算流程、方法以及相关工具和实践，详细阐述了传统与现代的预算和会计理念。此外，还讨论了将综合财务信息管理系统和评估方法引入公共支出管理和财政问责的实施问题。本书的第二部分概述了在非洲和战后国家对公共支出管理进行优先排序和排序时涉及的问题。此外，还对肯尼亚和南非的预算编制进行了案例研究。

参与式预算

预算实践者和学者提出的参与式预算作为实现包容性和问责治理的重要工具，已在全球众多发展中国家中以各种形式实施。通过参与式预算，公民有机会获得有关政府运作的第一手信息，从而影响政府政策并要求政府负责。然而，参与式流程也存在被利益集团捕获的风险。被捕获的过程可能会继续促进政府决策中的精英主义倾向。

本书概述了参与式预算的基本原理，分析了世界各国参与式预算编制做法的优点和缺点，旨在指导政策制定者和实践者为实现包容性治理而改进这些做法。本书包括五个区域调查，还提出了关于知识共享的议程，并从改革公共部门治理的跨国经验中学习，旨在帮助发展中国家的政策制定者和实践者作出更有针对性的政策选择。

绩效问责与反腐败

基于绩效的问责制具有吸引力，因为它有可能提高政府服务提供绩效，确保公共运营的廉洁性。但是实施这种问责制对任何公共部门组织都是一项重大挑战；绝大多数此类改革都因设计和实施困难而失败。本书就如何将基于绩效的问责制制度化提供了建议，特别是在缺乏良好问责制度的国家。本书还阐述了如何通过加强问责制度来反腐败。

本书分为两部分。第一部分涉及公共管理改革，以确保政府运作的廉洁性和提高效率。本部分概述了公共管理改革的议程，并讨论了电子政务和互联网解决方案在提高绩效方面的作用。本书的第二部分就加强代议机构，如议会机关和委员会的作用提供了建议，以此来监督政府规划和计划。它还提供了如何通过审计及相关机构来发现欺诈和腐败行为的指导。本书还突出强调了导致腐败产生的原因，以及运用内外部问责机构和机制的反腐败情况。本书还就如何针对个别国家特定情况制定反腐方案，以及如何对改革措施进行排序以确保可持续性提供了建议。

总之，我衷心希望这一系列书能有助于政府官员、发展实践者、发展经济学学生及那些有志于改善全球公共治理的人。

沙安文

2018 年 5 月

目　录

前 言

在过去的20年里，两个具有突出影响力的事件——全球化和信息革命——给民族国家内外部的分权带来了深刻的变化。世界因此也逐渐稳步地开始从封闭经济的集权治理向开放经济的全球化和本地化治理转变——后者有时被称为“全球本土化”治理。虽然近年来人们对国际安全问题的担忧在一定程度上削弱了这种进程，然而这些转变仍然对各级政府的角色和各级政府之间的关系产生了深刻的影响，在民主选择、公民话语权和退出机制方面也发挥了一定作用。不过，财政联邦主义文献中却很少关注这些转化。

过去有关联邦制的分析文献忽略了这些新变化，往往注重保守的静态—效率问题，从而忽视了重要的内外部经济的动态影响。联邦制的动态—效率和增长影响对于联邦制国家的维系至关重要，但是经济学文献却对此缺乏足够的关注。本书将向此领域迈出第一步，旨在通过探讨全球化和信息革命对多级治理结构的影响，回顾各级政府间财政关系的动态—效率和增长影响，比较分析地方政府机构和财力及其与新经济时代中地方政府不断变化的角色之间的一致性，来研究这些相对被忽视的重要政策领域。

本书分为两部分。第一部分为“宏观联邦主义”，重新审视了全球化和信息革命对宪法带来的新挑战以及现有联邦宪法的动态效率和增长影响，并从以下几个方面对联邦制度进行了分析：实现内部经济联盟的制度设计；区域发展政策；货币政策的实施；财政政策的协调，特别是税收的协调；地方政府借债无力偿付（破产）的风险管理。本书第二部分为“地方财政”，对比分析了地方财力，估量了发展中国家分权治理改革的进展。

本书是加拿大国际开发署和世界银行学院合作的必然结果，希望能对决策者和实践者在重新分配各级政府责任、适应世界变化和更好地服务于民方面提供帮助。

Roumeen IsIam

经理，分管减贫和经济管理

世界银行学院

致　谢

本书选取收录了财政联邦主义和地方财政方面的学习模块。这些模块是编者过去20年来为世界银行工作人员关于财政分权培训项目和世界银行学院学习项目编制设计的。本书原计划在1995年出版，但是由于编者不可控因素的影响，无限期推迟了出版时间。本书出版时，对原稿的大部分章节进行了更新重写。其中Courchene和McMillan撰写的章节对原稿进行了删节；完整版本已公布在网站http：//www.worldbank.org/wbi/publicfinance上。

本书的学习模块及其发表的主要资助方是加拿大国际开发署，赞助资金来自世界银行学院参与合作的各级政府财政关系和地方治理项目——编者是项目执行者。非常感谢加拿大国际开发署的Walter Bernyck、Baljit Nagpal和Jeff Nankivell以及加拿大驻北京大使馆的Kent Smith对本合作项目的支持。

本书的出版离不开澳大利亚、巴西、加拿大、中亚、中国、印度、印度尼西亚、巴基斯坦、俄罗斯联邦、南非、瑞士、泰国、美国和其他地方高级决策者和学者对世界银行学院学习活动做出的贡献。特别感谢澳大利亚联邦拨款委员会主席Allan Morris；瑞士联邦财政部的Walter Moser；加拿大安大略省政府的Almos Tassonyi；加拿大财政部的Paul Boothe、Glen Campbell和Munir Sheikh；加拿大联邦论坛的Raoul Blindenbacher；匈牙利国家银行的George Kopits；南非国家财政部的Neil Cole和Ismail Momoniat。特别要感谢的是Robin Boadway、Thomas J. Courchene、Bev Dahlby、Harry Kitchen、Harvey Lazar、Melville L. McMillan、Enid Slack和Paul Bernd Spahn教授们。

编者感谢为各章节供稿的著名学者以及对各章节提供评论意见的杰出审稿人。在本书编写的各个准备阶段我们得到了Theresa Thompson

的帮助，他对个别章节给出了评论意见并做了编辑修改。Blair Ann Corcoran 也为本书出版提供了大力的行政支持。

编者还要感谢 Stephen McGroarty 使本书在短时间内得以出版。感谢专业出版有限责任公司 Janet Sasser 指导的优秀编辑团队，他们为此付出了巨大努力，保证了本书的出版质量。最后感谢 Andres Meneses 对本书印刷工作所做的杰出工作。

编写人员简介

Thomas J. Courchene 是皇后大学的经济财政政策 Jarislowsky - Deutsch 教授，也是蒙特利尔公共政策研究所的资深学者。Courchene 针对加拿大的政策问题撰写了 250 多篇专著和论文，其中《新千年的加拿大社会》一书于 1994 年获得了 Doug Purvis 奖（加拿大经济政策最佳贡献奖）。他于 1998 年与 Colin Telmer 合著的《从中心地带到北美地区国家》，获得了首届 Donner 奖（加拿大公共政策最佳图书奖）。Courchene 目前的研究领域包括金融自由化、加拿大联邦主义政治经济学和比较联邦制度。Courchene 自 1982 年到 1985 年任加拿大安大略省经济委员会主席；1980 年至今任 C. D. Howe 研究所高级研究员，曾任加拿大经济委员会成员及加拿大经济协会会长，目前是加拿大皇家学会会员。

Sebastian Eckardt 是世界银行驻印度尼西亚雅加达办事处的任期延长的咨询顾问。Eckardt 在德国波茨坦大学（University of Potsdam）获得了政治学博士学位，曾经在波茨坦大学和德国商业基金会工作。目前的研究综合运用了定量和定性实证分析，目的是了解发展中国家公共财政和财政分权改革、探索公共服务结果、经济增长和减少贫困之间的关系。曾经在德国技术合作署和美国国际开发署等赞助机构担任治理和分权改革顾问。

Lili Liu 是世界银行经济政策和债务部的首席经济学家，在分权和地方区域经济专题小组担任联席主席。该小组是一个全行网络体系，主要负责研究地方财政、分权和区域发展。她负责的政策研究领域有地方财政、改革、可持续性及其与宏观经济管理、各级政府间财政制度、资本市场发展和基础设施融资之间的关系。此外，她还负责实施了政策对话、大型贷款业务和主要经济报告，评论了印度和其他国家的国家援助战略。Liu 获得了密歇根大学安阿伯分校的经济学博士学位。

Melville L. Mcmillan 是加拿大艾伯塔大学（University of Alberta）经济学系教授和公共经济学研究所的研究员。他曾供职于威斯康星大学麦迪逊学院，曾在堪培拉的澳大利亚国立大学和英国的约克大学担任研究职位，还担任过各种期刊的编委——最近在《加拿大税务期刊》担任编委。Mcmillan 已经发表了大量著作，研究领域主要有公共经济学，特别是城市和地方经济学、财政联邦主义以及公共产品和服务的供求，同时还为工业化国家和发展中国家的政府提供了相关政策建议。

Mahesh C. Purohit 是公共经济和政策研究基金会的主任。曾任职务包括国家财政部长委员会成员一秘书（该委员会主要负责销售税制改革的监管工作）、国家财政部长委员会秘书、首席部长委员会（负责增值税和落后地区激励机制）秘书以及落后地区激励机制财政秘书委员会成员一秘书。Purohit 现任新德里的国家公共财政和政策研究所教授；孟买大学（University of Bombay）工业经济和公共财政高级研究中心资深研究员；美国加州大学经济学系博士后研究员。Purohit 在公共财政、工业经济和环境保护领域创作出版了数本著作和大量期刊文章。主要研究领域包括税制改革、税收管理中的能力建设、税收管理中的腐败问题、电子商务和电子政务、信息和通信技术。

Anwar Shah 是华盛顿特区世界银行学院公共部门治理项目的首席经济学家和项目带头人，同时也是德国慕尼黑公共财政国际研究所执行委员会成员以及加拿大艾伯塔省（Alberta）公共经济学研究所研究员。他曾任职的地方包括艾伯塔省政府、加拿大政府、美国国际开发署、联合国政府间气候变化专门委员会。他协调了有关财政联邦主义的全球对话，为澳大利亚、阿根廷、巴西、加拿大、中国、德国、印度、印度尼西亚、墨西哥、巴基斯坦、波兰、南非、土耳其的政府提供了有关财政制度改革问题的建议。他出版过治理方面的书籍，还在权威刊物上发表了文章，与 Robin Boadway 合著的《财政联邦主义》即将在剑桥大学出版社出版。

Raja Shankar 是英国牛津大学的研究员，也是华盛顿特区的世界银行顾问。他获得了美国麻省理工学院的经济发展和规划的博士学位，曾任华盛顿特区波士顿咨询集团项目带头人、新德里发展新途径项目执行官以及美国麻省理工学院和日本东京亚洲开发银行研究助理。他的研究兴趣集中在政治经济、区域发展、工业政策、项目融资等方面。

Michael Waibel 是律师、经济学家。目前在哈佛大学法学院攻读法学研究生学位，同时兼任哈佛经济学系教学助理。Waibel 博士论文涉及的是国际法庭和法院如何应对主权违约。除此之外，还研究国际金融和贸易、投资和货币法律、公共财政和经济史。曾任职的地方包括欧洲中央银行、国际货币基金组织和世界银行，并同时拥有奥地利维也纳大学法学学位及伦敦经济学院经济学硕士学位。

缩略语与缩写

BANDEPE	伯南布哥州银行（巴西）
BANEB	巴伊亚州银行（巴西）
BANERJ	里约热内卢州银行（巴西）
BANESPA	圣保罗州银行（巴西）
BANESTADO	巴拉那州银行（巴西）
BEA	亚马逊州银行（巴西）
BEG	戈亚斯州银行（巴西）
BEMGE	米纳斯吉拉斯州银行（巴西）
CenVAT	中央增值税（印度）
CONFAZ	国家公共财政委员会（巴西）
CST	中央销售税（印度）
CV	变异系数
CVAT	补偿的增值税
CVD	反补贴税（印度）
DBCPT	基于目的地的中央购置税
ECB	欧洲中央银行
ECJ	欧洲法院
EMU	欧洲货币联盟
EU	欧盟
FRG	德意志联邦共和国
FTA	自由贸易协定
GATT	关税和贸易总协定

GDP	国内生产总值
GNP	国民生产总值
GRDP	国内区域生产总值
GST	商品和服务税（加拿大）
HST	协调的销售税（加拿大）
ICMC	商品和服务的流通税（巴西）
IMF	国际货币基金组织
IPI	工业产品税（巴西）
LRF	财政责任法（巴西）
MASH	市政当局、学术机构、学校、医院
MBB	市政债券银行
MMR	最低到最高的比率
MNC	多国公司
Modvat	调整的增值税（印度）
NAFTA	北美自由贸易协定
OECD	经济合作和发展组织
PARAIBAN	帕拉伊巴州银行（巴西）
PBC	中国人民银行
PST	省级销售税（加拿大）
QST	魁北克省销售税
SOE	国有企业
TINXSYS	税务信息交换系统（印度）
TNC	跨国公司
UED	联盟消费税（印度）
VAT	增值税
ZFM	玛瑙斯自由贸易区（巴西）

概　述

Anwar Shah

近年来，联邦制发展成为这样的一种政府形式：既能抵御集权剥削和分权投机行为的威胁，同时又能使决策更贴近广大人民。但最近几十年，联邦制却受到了越来越多的来自国内和国外因素的压力。其中两个具有突出影响力的事件：全球化和信息革命，给国家内部和国家外部的权力划分带来了深刻的变化。在这两股力量的巨大影响下，世界正从集权治理结构向全球化和本地化的治理结构转变，后者有时被称为全球本土化治理。过去，分析学家通常采用保守型和静态效率的视角探讨联邦制度，而内外部的动态影响却得不到应有的关注。尽管联邦制度的动态效率和增长的影响对于联邦制国家的维系至关重要，但经济学文献却对此缺乏足够的关注。本书通过探讨全球化和信息革命对多级治理结构的影响，回顾各级政府间财政安排的动态效率和增长的影响，和对比性地评估地方政府机构和财力，在此领域迈出了第一步。

本书探讨了全球本土化这个概念，该词包含了全球化和另外两个截然不同但相互关联的问题：宏观联邦主义或者联邦制度中宏观经济体制方面的问题，包括民族国家内外的权力划分和分权的地方治理。本书的第一部分重新审视了全球化和信息革命对联邦宪法的制约，以及联邦宪法的动态效率和增长影响。主要探讨了联邦制度的以下几个方面：实现内部经济联盟的制度设计；区域发展政策；货币政策的实施；财政政策的协调，特别是税收的协调；地方借款无力偿付（破产）的风险管理，同时还研究了全球化和信息革命对联邦宪法带来的新挑战。本书的第二部分比较分析了发展中国家地方财力以及分权治理改革的进展。以下是每章的要点。

第一部分 宏观联邦主义

在第一章，Thomas J. Courchene 主要探讨了联邦制度中宏观经济体制方面的问题，重新审视了联邦宪法的动态效率和增长影响，研究了联邦制度的三个方面：实现内部经济联盟的制度设计、区域发展政策、货币政策的实施和财政政策的协调，并探讨了全球化和信息革命给联邦宪法带来的新挑战。

本章的结论是，宪法设计对于确保内部共同市场至关重要。破坏（经济）要素自由流动的保护主义政策和财政转移支付制度，会延缓动态调整过程，对区域收入的趋同（收敛）造成负面影响。联邦制国家更有可能支持独立的中央银行，把（维持）价格稳定作为主要指令。我们需要制定财政规则，使货币政策免受财政方面的影响。在联邦制国家中，协调财政政策而进行的制度安排非常重要。现在，在全球化和信息革命的作用下，国家内外的权力划分正不断进行调整，这意味着所有国家现在都是联邦制；也就是说，政府间的所有经济关系日益联邦化或邦联化。

第二章的作者 Anwar Shah 进一步阐述了第一章中管辖权调整这个问题。本章反思了全球化和信息革命对治理产生的影响以及对多中心治理权力划分的借鉴意义。本章认为，在全球化和信息革命的影响下，民族国家很快丧失了对某些传统领域的控制和监管，例如宏观经济政策以及对对外贸易、通讯和金融交易的监管。同时，全球化也使得小型开放经济容易受到大额对冲基金的影响，造成收入分配两极分化，使劳动力技能高的地区收入增加，劳动力技能低和信息闭塞的地区收入减少，从而加大了各个国家内部的收入差距。随着信息革命的出现，政府越来越难对商品和服务、思想、文化产品流动进行控制。这些变化促进了本地化的发展，使某些地区实现了公民赋权，同时增加了其他一些地区地方精英的影响力。本章分析了 21 世纪这些巨大变化对治理结构产生影响的同时所带来的潜力和危险，重点探讨了新挑战和当地采取的应对举措，讨论了解决国家内部区域经济差距的政策选择。本章论述了解决国家内部经济差距的最佳方案，即通过政策消除经济要素和货物流动的阻碍，公平竞争，在核心公共服务和基础设施领域制定最低共同标准。最后进行了大胆设想，提出要构建一个全球化和本地化的世界，让公民重新担当治理者和委托者的角色，同时让地方政府和地方级“超越政府”机构在改善居民经济和社会状况方面发挥核心作用。

第三章也由 Anwar Shah 撰写，其中 Shah 提出了财政联邦主义的一个核心问题，即对于整个国家而言，财政分权是否会给财政纪律和宏观经济管理带来极大风险。本章参考了联邦和单一制国家宏观管理和财政制度的实例，对这个重要问题进行了深入研究，同时对不同国家进行了回归分析，着重对两个案例进行了研究：巴西的联邦制和中国的单一制。本章的主要结论是：财政分权制与财政集权制相比，能更有效地改善宏观经济治理，因为前者承认财政分权带来的挑战，而正是这些挑战促进了抗衡机制的形成，从而解决不完全契约引发的激励机制问题以及“共同财产”资源管理问题或寻租行为。

在大多数国家，尤其是管辖范围较大的国家，区域不平等始终制约着国家的发展。而全球化对技能的重视又进一步加剧了这一问题。随着全球化的发展，区域技能已经取代了区域的资源基础，成为确定区域竞争力的首要因素。高技能劳动力获益开始以非技能劳动者的损失为代价。而通常情况下，富裕地区劳动者受教育程度更高、技能更好，这就进一步拉大了贫富差距。第四章由 Raja Shankar 和 Anwar Shah 撰写，从实证角度分析了区域政策的影响。在联邦制国家，区域差距扩大会带来严重威胁，因为区域不平等如果得不到解决，就有可能导致国家内部不团结，在极端情况下造成国家解体。尽管缩小区域差距会对政策带来严重挑战，但联邦制的权力划分会限制政府选择政策工具的灵活性，而单一制国家的中央政府在这个层面则没有太大约束。在这种情况下，发展经济学界进行了一个假设，认为将财政分权宪法化会加剧区域不平等。本章对该假设进行了实证研究，结果表明，几乎所有（无论联邦制还是单一制）国家的区域发展政策都不成功。然而，尽管如此，联邦制国家却更好地抑制了区域不平等，因为区域差距的扩大对联邦国家构成了更大的政治风险。在联邦制国家，当区域不平等超过了某个界限，最富裕和最贫困的区域会要求独立。本章还反思了地区收敛和发散的原因，研究发现，区域发展不平等的国家通常在发展中注重干涉主义政策，而区域发展均等化的国家不但不干预，反而注重制定政策消除障碍，从而促进经济要素的流动，确保各地基本服务符合最低标准，促进共同经济联盟的发展。最终的研究结论是，创造一个公平的竞争环境比家长作风的保护主义政策更有利于贫困区域的发展。

在联邦制国家，协调增值税是关乎内部共同市场运行效率的重要因素。虽然许多国家都推出了增值税，但是没有一个能成功实现增值税的一体化。第五章由 Mahesh C Purohit 撰写，综述了地方增值税的经验，探讨了联邦制国家实施增值税的影响因素，以及各个国家解决此类问题的方法。Purohit 回顾了巴西、加拿大、印度、欧盟的相关案例，以期从中汲取相关经验。本章的结论是增值税，应该完全以目的地原则为基础。同时，地方增值税与中央增值税的协调也很重要。而要实现协调，就要预付基于目的地原则的增值税。

财政分权成功的关键在于制定负责任的支出、税收和借贷政策，以便加强对本地居民的问责制。在第六章，Lili Liu 和 Michael Waibel 提出了地方借贷的监管框架，综述了世界各国地方资金融通和无力偿付（破产）风险的案例，汲取了政策制定之前和之后地方借贷框架的经验。他们认为，地方借贷框架需确保财政的透明性，需要制定有关借款目的、过程和任何限制的事前规则以及解决金融困境事后的破产机制。他们的结论是可持续信贷市场的建立，不能单靠地方借贷监管，还必须对各级政府间财政体制和资本市场监管进行辅助性的体制改革。

第二部分　地方财政

在全球化和信息革命的影响下，世界上越来越多的国家开始重新审视各级政府部门的作用及其与私营部门和民间社会的合作关系。国家相应的改革举措通常包括把政府责任下放到地方政府和“政府之外”的提供者，目的是使政府职能和服务更贴近民众。在这种改革的作用下，各国开始从历史和当今地方政府组织和财政上的实践中寻找经验。第七章由 Melville L. McMillan 撰写，分析了拥有地方政府财政结构的工业化国家的案例，以便为改革地方政府的国家提供重要经验。本章的结论是：地方政府高绩效的衡量标准不是大小而是设计；可收取财产税和使用费，支撑地方政府发挥核心职能，但不应该指望（用这些收入）资助社会服务；来自财产税、个人所得税附加费和使用费的地方自有收入应该用于资助本地居民乐于支付的地方服务；财政转移支付最好通过授予者和接受者同意，进行正式安排；提高政府援助级别，扩大地方融资渠道，对解决基础设施问题至关重要；民主的问责制和地方自主性是地方政府运作取得成功的核心。

改善政府结构的最终目标是建立反应灵敏、负责、公正、可问责的治理框架。本书的最后一章由 Sebastian Eckardt 和 Anwar Shah 撰写，探讨了发展中国家的各国政府是否符合这些标准。第八章提供了一个简单的诊断工具，用于分析在分权财政制度中某些方面的治理。比较各国的治理体系是一项复杂的任务。需要识别政治的和官僚的激励机制，识别约束政府的抗衡机制，以及评估公共机构普遍存在的结果导向机制。这个诊断工具综合了一些定性指标和描述性指标，来分析组织程序和治理结果的性质，概括了各国政府和官僚体系的财政和行政激励机制及其运转的总体政治环境。该工具主要通过以下三个方面分析发展中国家的治理：政治问责制、财政责任以及服务提供的导向。本章的结论是，虽然发展中国家实施治理体制改革取得了重大进展，但取得的进展是不平衡的，如果不从根本上进一步实施改革，那么大多数发展中国家都无法实现改革的最初成果。本章指出，就分权而言，行政分权和财政分权（在发展中国家）都尚未实现。

第一部分

宏观联邦主义

第一章

宏观联邦主义：以加拿大经验为主要参考的导论

Thomas J. Courchene

大多数有关联邦制度的系统性经济学文献都归属于所谓的财政联邦主义范畴。在一般情况下，这些文献涉及的都是马斯格雷夫（1959）著名三部职能中的配置职能和分配职能。本文的目的是对第三个职能（经济增长和稳定）进行一些探索性研究，或者更笼统地讲，即研究联邦制度的宏观经济设计——也就是宏观联邦主义。

编者注：本章内容是《宏观联邦主义：理论和实践的一些探索性研究》这本尚未出版专著的精简版，该书是 Courchene 教授 1995 年为世界银行撰写的（Courchene，1995a）。由于此书是研究这个课题（宏观联邦主义）方面的一部经典性和开拓性的著作，所以编者经原作者同意后，对原著进行了摘录。原著重点阐述了 5 个成熟联邦制国家的案例，但这里只摘录了加拿大的相关部分。读者阅读时应该考虑到原著的历史背景，出于部分原因，本章并未就此进行更新。

宏观联邦主义没有明确的定义，这一点情有可原，因为没有任何分析原则或者“最佳惯例”能够帮助我们试着将文献的各个方面系统化。不过，尽管如此，本章的写作目的之一仍是寻找最佳惯例，或者分析原则的模式。虽然这个框架将在后续分析的各个方面得到体现，但是运用上还有困难，因为在什么是宏观和什么是配置性或者分配性之间同样也没有明确的界限。或许这一点并不足为奇，因为人们通常认为现有财政联邦主义文献的许多核心领域，特别是涉及政府间转移支付和税收配置以及支出能力的领域，必定会受到宏观因素的影响。当然，这一点反过来也成立。

然而，还存在一个更大的两难问题，即在许多情况下，现有的财政联邦主义文献往往忽视这些宏观影响，反而重视分配性或者再分配性问题。并且在重点探讨配置性或者效率性问题时，其措辞通常是出于对地方偏好或者规模经济的考虑。换言之，重视的是再分配，静态效率以及对溢出效应的调节。而没有足够地重视动态效率，竞争性联邦主义 Breton（1985）和其他因素，以及（也许并不奇怪）与内因性增长有关的概念——路径依赖、正反馈、熊彼特式创造性破坏。因此许多传统的财政联邦主义文献，在动态效率或者增长方面都值得再次审视。本章在写作意图或规划上还达不到全方位的再次审视。但是，因为概述宏观联邦主义时涉及动态效率和增长问题是在情理之中的，所以有时需要借用宏观联邦主义的视角审视某些目前主要从再分配和静态效率视角分析的领域。联邦制度中的区域政策就是一个典型的例子。

但是，本章中有一部分篇幅专门从另一个角度论述了宏观联邦主义，即一方面探讨国家和全球经济的新兴特性，另一方面研究联邦主义性质由此产生的新变化。下一部分将重点阐述这些（国家和全球经济的）趋势与宏观联邦主义的联系。

全球化、邦联主义和信息—知识革命

全球化

全球化或者国际经济一体化有多种形式。表 1.1 包含了一系列全球化的定义或概念——或如 Freeman 和 Perez（1988），以及 Lipsey（1994）所指的新技术经济范式。全球化的概念对联邦制度的宏观设计有一定的影响，并且对重新审视和修订大量财政联邦主义文献同样重要。读者需要自行阅读表 1.1，本章将以其中两个全球化的概念对联邦主义的影响作为阐述重点。

联邦主义和生产的国际化

全球化一个最基本的表现形式是生产的国际化。企业可以在世界的任何地方进货和销售，不再受到本国资源禀赋、有形资本和人力资本的限制。现代福利国家的激励机制通常符合国内生产的性质和特点。那么在国际化生产的时代，最佳福利国家的特点是什么呢？虽然联邦制和单一制国家同样面临这个（生产国际化）挑战，但是对于像加拿大一样由各个省份自行设计和提供社会福利的国家而言，（生产国际化）就成了联邦制的问题。

区域—国际连接

在新技术经济范式更深远的影响中，它改变了政治和地理空间的经济因素。我们同样以加拿大为例，在加拿大—美国自由贸易协定和北美自由贸易协定（NAFTA）的框架下，随着北—南贸易的日益加强以及北—南的机构关系的不断变化，加拿大已不再适合被视为单一的国家经济体，而成为一系列截然不同的北—南（跨境）经济体。因此，应该将政策重点从传统的加拿大政策的国家—国家观念及其与全球经济秩序的关系，转变为区域—国际连接，甚至主要从区域而非从国家方面看待比较优势。

表 1.1　全球化和信息—知识革命：新技术经济范式变体

变体类型	定义	特点或特性	政策意义或挑战
a. “再也没有什么是‘外国货’了”（Ohmae，1990，vii）	这句话是指生产日益国际化，最初是制造业，但服务业也逐渐国际化	这个定义意味着企业不再受到任何单一国家生产要素禀赋的限制	这个定义严重干扰了激励机制与国内生产体系相适合的福利国家。在国际化生产的时代，福利国家的特点是什么呢？
b. 从多国公司（MNCs）向跨国公司（TNCs）的转变	与 MNCs 不同的是，TNCs 不再受东道国的控制	这个定义反映了两个截然对立的模式：自由贸易协定（FTA）和北美自由贸易协定下（NAFTA）的“国民待遇”和欧盟（EU）的单护照（东道国控制）模式。至少在理论上，前者是加强主权意识，后者则意味着政策同质化	加拿大终将认识到 FTA 的智慧在于增强主权的“国民待遇”原则。走向全球化的是国际上的私营部门，而不是公共部门。政府上移权力的压力增加，这样政治空间与经济空间的联系就更密切了
c. 全球化是指城市的国际化	与信息爆炸相关的规模经济和范围经济意味着国际化城市向外是连接伦敦、纽约和东京的桥梁，向内是连接其区域内陆腹地的桥梁	这个定义代表了体制结构全球化的一种方式。这可能是一种暂时现象，因为信息革命范围的扩展，经济权力和经济活动会更加分散	这个定义确定了全球化进程的一个不可或缺的部分，也就是民族国家的权力下放，尤其是因为，至少在加拿大，国际化城市是“无宪法的”。一个独特的社会需要一个国际化的城市。魁北克省独立的一大挑战就是蒙特利尔的日益衰落

续表

变体类型	定义	特点或特性	政策意义或挑战
d. 全球化是指信息—知识革命：知识	知识日益处于竞争力的最前沿	有技能的劳动力更像是资本，而不是传统的劳动力。中产阶级正在消失。资源必须体现知识（或者高附加值的技术），才能保持其重要性	这个定义在收入分配上对所有国家都有重大意义。即使是资源丰富的经济体也必须向以人力资本为基础的经济和社会转型。社会政策因为关系到人力资本和技能的形成，所以与经济政策没有什么区别
e. 全球化是指信息—知识革命：信息	信息革命缩短了经济活动的时间和距离，因此，加强了全球一体化	这个定义赋予个人特权，因为个人现在能够获取、传播和转换信息，而各类政府都无力阻止	可以说，信息革命从本质上讲，就是分权。信息革命也将重新划定区分在公共和私营部门的可行性边界（例如，信息革命终将使得电信监管机构降级成副业，正如传真使得邮局边缘化了一样）
f. 全球化是指消费者独立自主（Ohmae，1990）	Ohmae（1990，护封）认为“现在全球市场上设定产品性能标准的是产品的购买者，而不是产品的制造者或监管者”	这个定义是e条目信息革命的一个变体，同样意味着掌握控制权的是“接受者”，而不是“传送者”	显然，这个定义意味着权力从政府转移给了消费者。然而，本章更重要的一点是，尽管信息革命使公民作为消费者获得特权，但却倾向于剥夺他们作为公民的特权。因为一系列与他们有关的重要决定都超越了民族国家的权限

续表

变体类型	定义	特点或特性	政策意义或挑战
g. 全球化是指规制理论	从某种意义上说，这是全球化最古老的形式。规制理论是正式或者非正式的国际机构策略，经济和政治行动者通过这些策略组织和管理彼此依赖的关系	规制理论是早就存在的——在能源、航空、矿产等领域。其职能活动是全方位的，包括制定标准、发挥分配功能、监督遵守情况、减少冲突以及解决争端	规制理论限制了民族国家的自主性。然而，现在，规制理论正向“软”领域扩展，例如非关税壁垒、环境、社会宪章以及原住民的权利
h. 全球化是指超级流动性	增强流动性是通用的，因为它构成了所有全球化概念以及几乎所有技术经济范式转变概念的基础	因为对流动要素的税收和监管更为困难，因为全球化和超级流动性意味着流动要素和商品的数量和范围增加，所以全球化的这个方面限制了政策当局的可用工具组合。同时进行的自由贸易协定的扩展，限制了政策当局使用配置性工具实现分配目标	可以说，相对于支出管辖权的最佳空间，税收管辖权的最佳空间增加了。因此，例如，人们现在谈到欧盟范围内的企业税或碳税。然而，最佳支出管辖权（还）没有扩展到欧盟范围内。这就为欧盟对成员国进行财政转移支付制造了恐慌（即，加拿大式财政联邦主义的国际化形式）

来源：基于 Courchene，1992、1994b。

邦联主义

与全球化有关的另一个趋势是经济民族国家的转型。虽然我们没必要激进到像 Reich（1991）那样宣告经济民族国家的丧钟，但是我们必须认真考虑 Daniel Bell（1987）的评论，即民族国家太小所以解决不了生活中的大事，却又太大所以解决不了小事。Paquet（1995）更加生动地阐述了这个观点，称其为“格列佛效应”：传统的经济国家发现自己既对付不了小人国的小矮人，又对付不了大人国的巨人。换言之，这句话表明，经济权力正从民族国家和联邦国家的中央政府向上、向下和向外转移。这种现象可见表 1.1，特别是其中的 b 条目。

权力向上转移一目了然：经济空间正在超越政治空间。无论这个趋势是否与跨国公司（表 1.1 的 b 条目）、信息革命（表 1.1 的 e 条目）或者增强的流动性表现有关（表 1.1 的 h 条目），其启示是相同的：超国家的监管制度逐渐出现，形式有多种，可以是明确的贸易协定（例如 NAFTA 和 1992 年的欧洲计划）；国际监管监督机构（例如国际结算银行）；以及“奠定了全球治理基础并取得很大发展的机构、组织、管理制度”的其他范例（Held，1991，146）。从政治经济层面讲，现在正是“管辖调整”或者“管辖规划”的过程，因为在此过程中——民族国家努力确保这些超国家管辖权大致符合扩张后的经济空间。但是从严格的政治或者准宪法层面看，民族国家本身正在“联邦化”或者，也许更恰当地说在“邦联化”。在这个新（邦联化）环境中，即便有“宪法”的存在，其性质也是经济宪法，而不是控制联邦国家的政治宪法。此外，尽管邦联约定早就存在，但性质正在发生变化。Daniel Elazar（1994，12）指出，“早期和现在邦联约定的区别是，早期邦联约定的主要目的是为了军事安全，而在后现代社会邦联约定则是为了经济”。

从宏观联邦主义层面讲，至少有三种影响值得我们关注：

第一种影响：各个州、省、郡等（地方）现在可以越级跳过经济民族国家，试图依附于超国家的监管制度。1989 年的比利时联邦可能是一个最好的例子：权力被大幅度地下放到了三个地区，这三个地区转而依附于欧盟的基本结构，绕过或者越过了联邦政府的传统职能。

第二种影响：在超国家层面所做的决定（或者甚至是超国家协定本身）会对联邦制度内部的权力划分产生极大影响。随后我们将着重分析德国联邦取得的新进展，该联邦的目的是确保欧盟的辅助性原则贯彻到地方政府。从更广泛的意义上讲，随着贸易协定的扩大和深化，联邦制国家内部可能要经历相当大的机构——甚至宪法的变革。联邦制国家如何通过有效的权力划分适应一体化带来的改变？这一方面可能不是宏观联邦主义的一个新维度，实际上它是现有联邦制结构的一种改变。

第三种影响截然不同。想想1992年的欧洲计划。欧洲邦联内部对单一市场的重视，重新激发了现有联邦制国家对单一市场的兴趣。此外，欧盟的母国控制原则（或者，“指定管辖”和“相互承认”的概念）提供了新的观点以及一组可能实现联邦制国家内部市场开放的新工具。与此相关的是，为加入欧洲货币联盟（EMU）而提出的债务—赤字指导原则也促使其他联邦制国家的地方（省、州）政府产生了财政自由化的想法。

事实上，1992年的欧洲计划和《马斯特里赫特条约》的出现不仅增强了各个联邦制国家对宏观联邦制问题的认识，还提供了一些新的分析视角，而且目前很多已经奏效。澳大利亚就率先采用指定管辖相互承认模式，加强了内部经济联盟的各个方面。有人可能会把这些称为宏观联邦主义的纯“信息”或者“示范”层面，因为其产生的直接影响——并不包括贸易往来。从这个意义上讲，我们可以将其归为宏观联邦主义的支撑原则。

信息—知识革命

表1.1的d和e条目突出了新技术—经济范式的另一个特点——信息—知识革命。人们可能不会相信目前（信息—知识）革命对人力资本产生的影响会相当于工业革命对物质资本的作用，但大家肯定能认识到，世界正在经历一场真正的伟大转型。现在，知识逐渐成为决定竞争力的主要因素，而曾经被视为社会政策的各个方面已与经济政策融为一体无法区分了。传统的宏观政策虽然涉及物质资本形成和流动的问题，却不包括人力资本形成。信息—知识革命正在改变这种情况，并因此也会改变现有财政联邦主义文献对这些问题的处理方式。尤其是欧盟提到的“社会倾销”和NAFTA中存在的社会政策“搭便车”表明，社会政策的各个方面已经成为竞争政策的重要组成部分。这一

形势不仅改变了人们对这些政策领域的看法，也对这些领域与联邦制国家内现有的能力分配进行互动的方式做出了明显的反馈。

定义宏观联邦主义

以上述分析作为说明性但不全面的背景，可将其缩减为这样一种定义：宏观联邦主义。该定义最明显的组成部分就是联邦制度与“传统的”宏观领域相互作用的方式，后者包括货币政策、财政政策、贸易和商业政策的结构和进程等。除此以外，新技术经济范式（定义中包含了全球化、邦联主义、信息—知识革命）的出现也对民族国家——特别是，联邦制的民族国家产生了深远的影响。主要包括以下几个方面：

▪ 考虑到货物、服务、劳动力和企业跨境流动能力的明显提高，国家开始关注其在联邦制国家内部的自由流动问题。

▪ 经济一体化（也就是说，超国家协议）对联邦制度的实际或事实权力分配带来的影响。

▪ 与此相关的是，一些选定的政策领域的概念发生了相当大的变化。例如，在传统意义上，社会政策大部分被视为一系列的国内项目和转移支付。然而，随着信息—知识革命的出现，社会政策的各个方面成为国家竞争力的重要因素（因此成了宏观变量），社会政策最近在贸易协定中也有所体现，成为国际竞争政策的组成部分——比如关税和贸易总协定（GATT）。这种转变对所有的国家都有影响，但对联邦制国家，特别是将社会政策设计的部分或大部分权利下放给地方政府的联邦制国家而言，则带来了特殊的问题和挑战。

▪ 超国家的一体化、监管和协调机构的出现，事实上使大多数工业化民族国家都联邦化或邦联化了。这个趋势有两个影响。首先，以一种特殊的方式强调了被事实掩盖的某些问题，与主要属于经济类的超国家“宪法”不同，传统的联邦宪法主要是政治性而非经济性文件。正如上文提到的一样，这些问题包括单一市场的特性（1992 年的欧洲计划）和《马斯特里赫特条约》中规定的与欧盟成员国财政状况相关的行为原则。其次，这些发展极大地增加了宏观联邦主义的相关性和范围，因为许多相同原则都既适用于加拿大各省份与联邦政府之间，也适用于欧盟成员国与布鲁塞尔之间。换言之，联邦主义经济理论的范围已经明显超出了传统的联邦制民族国家。

虽然这些发展令人兴奋、意义深远，能帮助人们重新审视财政联邦主义（因为这些发展主要是动态效率产生的，而财政联邦主义文献在很大程度上忽略了动态效率问题），但目前尚不清楚是否可以通过一些有意义的分析方法，把这些发展纳入宏观联邦主义框架。

尽管如此，本章仍然选取了其中一些问题进行分析。本章最后一节将进行整体评估，总结这些问题是否属于宏观政策的特殊领域，或者是否可以找到一些根本原则，能将一部分分析纳入宏观联邦主义框架。

分析的概述

分析过程如下：下一节的主题是内部经济一体化，将重点阐述五个成熟的联邦制国家（澳大利亚、加拿大、德国、瑞士、美国）实现内部经济一体化的方式，还将使用一小节的篇幅论述全球化与加强内部经济联盟之间的关系。之后会分析联邦制度区域政策的宏观经济学，重点论述地方政府对（财政）转移支付的依赖。最后分析区域平衡的“几何学”，其中（财政）转移支付系统发挥了一定作用，增加了地方区域对（财政）转移支付的依赖。本节结尾将简要论述地方（区域）的稳定政策。

之后两节将分别论述货币政策和财政政策及其与联邦主义的关系。在货币政策方面，论述的问题是联邦制中央银行的结构和任务的性质。在财政政策方面，论述的问题是《马斯特里赫特条约》准则是否能确保联邦制国家央行实现货币政策的目标。

最后一节具有实质性意义，讨论了各种宏观联邦主义问题：环境、地方向其他民族国家调派外交人员的区域—国际连接，国际协定改变联邦政府内部实际权力划分方面的作用，民族国家向上转移权力而产生的“民主赤字”所带来的挑战。

本章最后给出了综合性的结论。以此为背景，本章现在论述第一个宏观政策领域：维护国内产品、服务、劳动力和资本的内部市场的稳定。

内部经济一体化

随着1992年欧洲计划及其300多个一体化指令的出现，人们开始关注联邦制国家（甚至是单一制国家）国内市场的一体化程度。例如，加拿大的政客和商界领袖就好声称产品和资本在加拿大各省（国内市场）的流动不如欧盟成员国之间的自由。美国、澳大利亚各地想必也是如此，至少选定类型的产品和资本是这样（参见表1.2和表1.3针对这些问题从成熟联邦制国家的制度和宪法的角度进行了比较）。

但是，这一论述并不足为奇：联邦宪法本质上是政治蓝图，而1992年的欧洲计划主要是经济蓝图。因此，1992年欧洲计划的主要目的是实现欧洲市场自由化，或者，更积极地讲，建立单一市场，其中关于指令遵行方面的纠纷主要通过行政法解决。

表1.2　　成熟的联邦制国家的某些制度特点

联邦制国家	行政机关的性质	议会上院的性质（当选的?）	议会上院的性质（代表性）	议会上院的性质（相对于议会下院的权力）	立法或行政联邦主义?
澳大利亚	议会	直接选举	各州平等	是议会制联邦国家中权力最大的议会上院	立法
加拿大	议会[a]	联邦制政府任命的终身（直到75岁）议员	各地区（而不是各省）平等	除了货币法案以外，议会上院和下院的权力在原则上是平等的，但在实践中并不平等	立法

续表

联邦制国家	行政机关的性质	议会上院的性质（当选的?）	议会上院的性质（代表性）	议会上院的性质（相对于议会下院的权力）	立法或行政联邦主义?
德国	议会	来自各州政府的代表	人口数超过6 000 000——5个议席；人口数在4 000 001到6 000 000——4个议席；人口数小于4 000 000——3个议席	对普通立法有延宕性否决权；对影响到各州的立法有绝对否决权	行政
瑞士	多元主义	直接选举，但是国家议会的成员通常也是各州政府的成员	整个州——2个代表；半个州——1个代表	平等	行政
美国	多元主义	直接选举	平等——每州2个代表	平等[b]	立法

来源：Hayes，1982。

a. 在1982年通过的一项宪法权利法案将制衡的一方面引入了加拿大的议会制联邦。

b. 美国参议院也有权力批准联邦政府的任命（例如，对最高法院大法官的任命）。

然而，虽然所有的联邦制国家都将有关于维护内部经济联盟稳定的宪法规定，但是涉及内部经济联盟壁垒和障碍的纠纷，往往是在政治领域解决，至少一开始是这样，尽管诉诸法院也是一种选择。从这个意义上讲，相比1992年欧洲计划等明确为经济一体化而制定的安排，在联邦制国家内建立一些产品或经济要素的单一或者统一市场可能就更困难了。更有趣的是，经济联盟和联邦制国家能够提供实现统一市场的工具类型可能并不相同。

泛泛地讲，我们可以把一体化大体分为两类：消极的一体化和积极的一体化（Leslie，1991）。消极的一体化，确实是一个尴尬的名词，是指对政府的行为施加一系列的约束——或者，“不可为”的清规戒律。换言之，消极的一体化是通过剥夺政府阻碍货物、服务和生产要素跨越政治边界流动的能力，从而促进单一市场的建立。但是，超过了一定的限度，就需要做更多的努力才能维护好统一市场稳定。因而积极的一体化是为协调跨边界政策而采取的立法或监管行动，例如确保跨辖区享受所有社会福利。如上所述，虽然在消极一体化的某些方面联邦制国家比欧盟落后，但在积极一体化方面联邦制国家通常比较超前。

表 1.3　　对宪法规定的比较

联邦制国家	个人有多大范围的流动权利？	(a) 自由贸易保障的范围是什么？(b) 自由贸易保障对联邦政府有约束力吗？	直接影响贸易和流动的职权范围是什么？	(a) 与加拿大相比，间接影响流动的联邦权力范围如何？(b) 有哪些例子？
澳大利亚	中等	(a) 广泛；(b) 是的，有约束力，例如，在农产品销售和国有化	跨州：它们与联邦政府权力至上一致，其联邦政府的权力范围比加拿大的更广泛。州内：各州专属的管辖权	(a) 有点广泛；(b) 企业、行业纠纷、条约、附带条件的补助款
加拿大	计划赋予个人中等范围的流动权利	(a) 狭窄，狭义的联邦专属的贸易管辖权；(b) 是的，有约束力	从狭义层面上讲，范围是联邦专属的。法院为各省保留了省内权力	n. a.
德国	广泛	联邦专属的管辖权相当于一个保障，不过仅限州级层面	没有跨州和州内的区别。联邦专属的管辖权，比加拿大更广泛得多	(a) 更广泛得多；(b) 经济、劳动力、民法、证券

续表

联邦制国家	个人有多大范围的流动权利?	(a) 自由贸易保障的范围是什么? (b) 自由贸易保障对联邦政府有约束力吗?	直接影响贸易和流动的职权范围是什么?	(a) 与加拿大相比，间接影响流动的联邦权力范围如何? (b) 有哪些例子?
瑞士	广泛	(a) 广泛; (b) 原则上是有约束力，但是联邦政府有充分的权力可以凌驾于自由贸易保障之上	没有跨州和州内的区别。它们与联邦政府权力至上一致。联邦权力比加拿大的更广泛。各州的贸易权力主要限于"监管"法规	(a) 更广泛; (b) 民法、劳动力、社会保障
美国	中等	联邦专属的跨州管辖权相当于一个保障，不过只限于州级层面	联邦专属的跨州贸易管辖权也延伸到了州内。各州的贸易权力基本上主要限于"监管"法规	(a) 更广泛; (b) 劳动力、证券、有附带条件的拨款

来源：Hayes，1982，24。

注释：n. a. = 不适用。

接下来论述经济一体化的连续体，运用分析法，至少是正式的方式来整合以上概念。

经济一体化的连续体

图 1.1 是经济一体化谱系的程式化版本。谱系的左端是自给自足；右端（高度一体化）是统一的社会经济空间，其中地理空间之间管辖权或政策的区别。

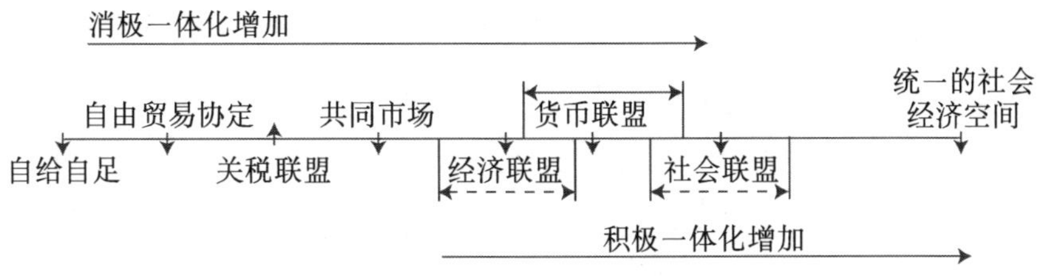

图 1.1　经济一体化的连续体

来源：作者示意图。

识别谱系上的前三个点相对容易：

■ 第一个点是自由贸易协定（FTA），确保货物和（或许只是某些特定）服务的自由流动。

■ 第二个点是关税联盟，是有附带条件的 FTA，即 FTA 的合作伙伴同意向第三个方国家制定一套共同的关税。

■ 第三个点是共同市场，表明一体化程度的增强，因为劳动力和资本也实现了自由流动。

图 1.1 把这三个一体化阶段绘制为谱系沿线上的渐进点，意味着一体化程度依次递增。

在示意图的经典版本中，谱系沿线在“共同市场”和“统一的经济空间”之间的唯一阶段是“经济联盟”，联盟内不仅劳动力有流动的权利，所有居住在联盟内的人也有（包括享有核心公共服务和社会事业的权利）。图 1.1 改变了典型版本的谱系，把经济联盟分成三个阶段——经济联盟（在图 1.1 中指的是 1992 年欧洲计划或者欧洲单一市场意义上的经济联盟）、货币联盟、社会联盟。为了符合欧洲的一体化进程的性质（也就是说，1995 年之前，欧盟只是经济联盟，不是货币联盟，也不是社会联盟），图 1.1 中，这三个阶段重叠交错，表明一体化进程从经济联盟发展到货币联盟，再到社会联盟。

如果从单一民族国家的视角分析图 1.1，那么所有民族国家都至少达到了一体化进程的“货币联盟”阶段（诚然，不少的民族国家没有自己独立的货币，但它们仍然是货币联盟，因为他们在政治边界内使用的是单一货币）。这个谱系上（三个联盟之间）的重叠，表明存在一种可能，即联邦制国家内部经济联盟的发达程度有时不如某些不具备货币联盟的政治结构（例如，欧盟）。但是，更可能出现的情况是，民族国家所体现的一体化充分程度会使其达到社会联盟阶段。当然，其他人的图 1.1 版本也不尽相同，例如，允许所有三个阶段（经济、货币和社会联盟）重叠到一起。

但是现在，许多国家都成为超国家贸易集团的一部分。因此，可以把一体化谱系的进程分为两个层次：国内的和国际的。例如，随着加拿大—美国自由贸易协定和最近 NAFTA 的签署，加拿大的国际一体化程度已达到“经济联盟”阶段。此外，就某些特定商品和服务（例如啤酒）而言，加拿大的国际一体化程度比国内一体化程度更彻底（也就是说，啤酒跨加拿大—美国边境的流动性大于跨加拿大各省边界的流动性）。事实上，在许多情况下，正是国际一体化带来的压力，帮助实现了国内市场的自由化。

图 1.1 进一步使经济一体化进程风格化，指出谱系连续体的左侧主要是消极一体化。换言之，随着经济一体化程度的发展，对积极一体化的依赖程度也会增加。尽管如此，谱系上的每个点，可能都不同程度地同时体现了积极一体化和消极一体化。例如，即使是以消极一体化为主的自由贸易协定（FTA），其纠纷解决机制也算得上是积极一体化。经济联盟，例如 1992 年的欧洲计划，就可以被当作消极一体化和积极一体化的多剂良药，后者的主要表现是要求成员国协调监管制度。但一旦国家进入图 1.1 中社会联盟阶段，一体化程度的增加就会要求国家通过积极立法，协调、巩固和促进社会联盟的发展，这种一体化即便不是全部，也是绝大部分都划归到积极一体化的名下。

显然，经济一体化连续体也需要一定程度的政治一体化。例如，如果欧盟不进行政治深化（这里的政治深化是指，采纳联邦主义，并且在这个过程中，弥补所谓的民主赤字），那么欧盟就不可能达到图 1.1 的社会联盟（或者，按照欧洲术语，“社会凝聚”）阶段。更笼统地讲，经济一体化的增加需要政治一体化的加强。然而，这种论述可能也就是一种灵活的概括（并非绝对）：在 20 世纪 70 年代，政治学或者经济学专业的学生们几乎没人预料到，欧洲在政治深化停滞不前的情况下，经济一体化竟能发展到考虑建立货币联盟的程度。

最后，有人可能会认为，正是因为单一制国家与统一的经济空间可以划等号，所以，在一体化谱系上，联邦制国家位于单一制国家的左边（也就是说，联邦制国家的一体化程度略低于单一制国家）。然而问题是这种解释是错误的，它混淆了经济和政治一体化。在任何情况下，联邦制国家都不是迈向单一制国家的踏脚石。因此，对于联邦制国家而言，图 1.1 上的统一经济空间是指完全的社会经济一体化。我们或许还可以从另一个角度更好地看待这个问题。推进经济一体化是为了增加经济效益。从这个意义上说，谱系的最终点，即统一的经济空间——应该实现净经济效益的最大化。如果经济效益完全按产出衡量，那么可以得出单一制国家是（一体化谱系的）最终点的结论。这是因为在单一制国家的政治—地理空间之内，所有的相对价格和权衡（劳动—休闲，私营部门—公共部门）完全相同。然而，如果经济效益出于合理原因，按福利而不是产出衡量，那么单一制国家只有在所有公民偏好完全相同时，才能达到福利最大化。实现福利最大化的潜能是成立联邦制国家的一个主要依据之一。从这个意义上讲，认为统一的经济空间与单一制国家不谋而合就是错误的。

我们可以进一步论证这个问题。即使是联邦制国家，统一经济空间的实现形式也有截然不同的版本。为方便起见，首先对 1992 年的欧洲计划和加拿大—美国自由贸易协定进行比较。支撑加拿大—美国自由贸易协定的一体化原则是*国民待遇*，这意味着，美国公司在加拿大与本地公司享有同等权利。相比之下，在 1992 年欧洲计划的某些领域发挥主导作用的原则是*母国规则*，该规则允许德国公司在法国享有其在德国享有的权利。虽然这两种方法通过卫生、社保和其他法规逐渐传开，但其中体现的一体化和主权概念是截然不同的，在国民待遇可实现国家主权最大化这一点上，尤为如此。在对加拿大公司和美国公司一视同仁的前提下，加拿大立法机构可以自由确定本国国事的轻重缓急。而彻底实施母国规则往往会使国家政策同质化。

从联邦制国家层面看，加拿大国内的统一经济空间体现为省内待遇或者母省规则。相比集权政府，省内待遇的概念更符合分权联邦政府的特点。换言之，联邦政府的政治性质有可能设定统一经济空间形式的规范。

以上述讨论为背景，本文接下来将分析联邦制国家为确保经济联盟稳定而进行的各种（制度）安排。

确保经济联盟稳定的比较宪法途径

出现内部经济联盟障碍的原因很多。但是，一个主要原因是地方政府享有的立法、财政和政治权力的性质。比较极端的例子是德国的“行政联邦主义”，其中联邦政府享有大部分的立法权，在经济上也有广泛的驾驭权力。从某种重要层面上讲，这种宪法安排基本上保证了国内市场很大的自由度。另一个极端案例是加拿大等联邦政府，这些国家中各省享有一系列专属的权力——历史相对久远的联邦政府更是如此，由于在20世纪之前，通讯和证券业等领域被认为是地区性的，所以各省早就建立了在这些问题上的立法。

但是，除了分权方面的影响外，还有许多其他因素也影响着经济空间一体化的程度。诸如瑞士、美国（在较低的程度上）等不看好政府介入经济事务的国家，更可能拥有自由的国内市场。而在德国、瑞士等地理空间较小的国家，人们的住所和工作场所分别位于不同的省（或州），所以也会尽力确保人员和职位的自由流动。相反，对于澳大利亚等地理空间大而人口密集区间隔很远的国家而言，在同等条件下，则会制定符合区域特色的政策。加之，加拿大的现实情况是地广人稀，各个省份的经济体系也存在很大的差别，所以制定区域保护性政策（成为内部经济联盟的障碍）的可能性就更大了。最后，联邦制国家内部存在的文化或语言差异，想必会增加一体化经济市场的实现难度。

正如Hayes（1982，26）所说（如表1.3所示），成熟的联邦制国家会在宪法中，通过以下三（种）类途径解决内部经济联盟问题：

- 采用第一类方法的是德国和美国，主要依靠联邦专属的贸易权力和流动权利。

■ 采用第二类方法的是澳大利亚和瑞士：依靠联邦政府的贸易权力，同时辅以流动权利和强有力的自由贸易保障。

■ 采用第三种方法的是加拿大，依靠狭义上的联邦专属贸易权力以及狭义的自由贸易保障，还有 1982 年才出现的流动权利。其省级地方保护性政策（内部经济联盟障碍）的范围比其他联邦制国家都要广泛。

加拿大案例可能不会被考虑作为未来的先例。因为一些地区可能会给加拿大经济联盟带来问题（例如省对证券监管和通讯的控制权），因而不大可能将这样的权力分配给新兴联邦制国家的地方政府。对于那些需要大量分权的新兴国家，1992 年欧洲计划的先例确保分权和经济联盟是不矛盾的。最近联邦制国家（例如德国）出现了另一个趋势，即与经济联盟并存的更多权力比其他权力更重要。对于真正分权的联邦制国家而言，可能恰当的举措是通过严格的自由贸易保障约束各级政府。对于其他的联邦制国家而言，更可能采取的措施想必是联邦政府授权强制执行内部市场联盟。

但是，这种来源于宪法规定的（主要是）消极一体化只能在一定程度上实现经济联盟。除了立法权力集中于联邦政府的德国之外，其他国家单靠宪法规定是无法建立统一经济空间的。正如前面图 1.1 所示，经济一体化的程度越高，其进一步的发展就越须要体现积极一体化或审慎协调各项计划。这里加拿大案例可能提供了有益的行为榜样：联邦政府创造性地使用财政支出权力，以增强经济或社会的一体化；依靠指定管辖权，相互承认的方法（尽管这种方法可能源于欧洲，但也被澳大利亚的某些地区采用）；达成跨省协议，确保争议产品或服务的流动。最后一种方法（跨省协议）表明，国家性政策不一定是联邦性的政府。加拿大的证券业就采用了跨省协议的方法，而此方法在澳大利亚的某些选定地区引起共鸣也因采用了相同方法，在实现统一经济空间方面取得了进展。

以上讨论从部分层面上讲，呼应了本章前言强调的一个内容，即联邦宪法本质上就是政治文件，而 1992 年欧洲计划等协议则是经济蓝图。当然，违背了欧盟指令必将会在行政法庭或审裁处接受审讯。而违反了宪法的经济联盟规定却未必会在法庭接受审判。例如，美国联邦政府尽管可能拥有宪法权力，但未必有政治意愿或支持后盾，监督各州政府采购中的偏好（地方保护主义）行为。同样，瑞士联邦政府有权整顿“错综复杂的税收”体系，但是这样做，在政治上是不可行的。此外，联邦政府和州政府无论是谁把谁告到法庭都是有代价的，因为最终裁决结果可能是二元的——是或否。比较好的应对方式是，联邦政府和州政府通过政治途径（积极整合）解决问题，满足各方需求。这就需要联邦—州或跨省委员会或者特别小组，对内部经济联盟的问题进行协调。这种协调机制虽然在德国略显多余，但在其他联邦制国家将发挥重要作用。

国际一体化和国内经济联盟

这里，有必要再次阐述图 1.1 的经济一体化连续统，特别是上文提到一个论点，即大多数联邦制国家的一体化都是在国内和国际两方面同时开展的。正如上文加拿大案例强调的一样，国际一体化很可能是增强内部经济联盟的催化剂。从概念层面上讲，我们可以把当前的变化看成一个过程，其中，国际性协定——NAFTA、1992 年的欧洲计划、GATT（现在的世界贸易组织）—— 发挥的作用有一部分相当于宪法中自由贸易的条款和联邦监管的权力。换言之，在确保国内经济联盟这个重要方面，权力“向上”转移了。从增强内部市场的角度看，权力“向上”转移带来了一个潜在好处，即以前因政治原因无法在联邦制国家推行的经济联盟措施，现在因为国际性一体化的协定，实施难度减小了。例如，如果渥太华强迫加拿大各省（通过法院）放弃针对外省啤酒的地方保护主义政策，这就是政治炸弹。而现在，由于加拿大—美国自由贸易区协定的签署，这种地方保护主义政策自然而然消失了。此外，任何联邦制国家都很难根除（政治上有难度）地方政府采购中的偏好（地方保护主义）行为，但如果多国贸易协议条款要求取消这种（地方政府采购中的偏好）行为，那么在内部政治上这个问题就更容易解决了。

在国际—国内关系背景方面还有两个重要问题。

第一，几个新领域不仅受到这些领域的保护，而且同样受到竞争性政策的保护。其中最重要的领域是环境和社会政策。现在“环境倾销”和“社会倾销”都是非常热门的话题。NAFTA 对这两个领域都有附加协议。在欧洲，比较性社会政策（包括工资、附带福利、工作条件）将成为比较优势的一个主要问题（Courchene，1994b）。欧洲人希望社会政策能达到更高水平，而非迫降到通俗水平。但实际情况还取决于很多因素，这里就不一一论述了。本章的论点是，超国家协议必将影响联邦制国家社会政策发挥作用的方式。一般情况下，可以认定的是，内部社会联盟最终将得到巩固，然而，一体化社会经济空间的实现方式究竟是把所有社会政策提到最高点，还是降到通俗水平仍不得而知。

第二个问题与最后一个问题有些联系。鉴于单一制国家建立经济联盟——或者，一体化经济空间的途径——是采用“集权”的政策工具（因为几乎任何的跨省差异在某种程度上都是对统一经济空间的冲击），那么随着全球经济一体化的发展，联邦制国家的未来是什么呢？它们会转变为有效的单一制国家吗？据我们推测，因为全球经济一体化涉及规模经济和地方保护主义的处理，所以行政联邦主义的未来是可以肯定的。但是对于加拿大等立法联邦主义国家而言，全球经济一体化的影响作用就不得而知了。

上文对内部经济一体化的分析，重点阐述了五个成熟的联邦制国家是如何通过宪法规定确保国内经济联盟的。从某个分析层面讲，宪法显然非常重要：德国等行政联邦主义显然比加拿大等立法联邦主义有着更统一的经济空间。此外，在立法联邦主义国家中，那些有着广泛联邦内部市场权力的国家——无论这种权力是归法院解释，还是就宪法结构而言（例如，是否单独列出了省级政府的权力）——市场一体化程度也将更高。然而，成文宪法也并非占主导，联邦制国家的其他特点也很重要。人们就算不了解加拿大或瑞士的宪法规定，也大概能猜到瑞士专业和技能认证的跨州（或省）流动性大于加拿大，原因仅仅是地理因素的影响：在瑞士，人们生活在一个州（或省），而在另一个州（或省）工作的可能性远大于加拿大，所以无论宪法规定的性质如何，想必这一现实情况是存在的。

问题是，在加拿大（或澳大利亚和美国）等联邦制国家，要在统一经济空间方面取得一些进展需要采用新型的政策工具和体制安排。

结　论

上述分析中是否有可取的经验，可为推行宏观联邦主义概念提供相关原则或最佳惯例？从最普遍意义上讲，答案是肯定的。虽然所有的（这五个成熟的）联邦制国家在宪法中都对内部经济联盟作了相关规定，但是毫无疑问 1992 年的欧洲计划使所有这些国家重新对维持和促进内部经济联盟产生了兴趣。然而，除此以外，对这五个成熟的联邦制国家的分析，并不能得出一套最佳惯例。上述分析的最终结论如下：

- 行政联邦主义国家的内部经济联盟可能比立法联邦主义国家的发展程度更完善。
- 同样，州内联邦主义［也就是说，能帮助地方（州或省）有效参与国家决策］的内部流动自由度可能高于州际联邦主义。
- 上述两点都表明广义上宪法设计的重要性。
- 在具体的宪法规定方面，同样措辞的条款在（不同国家的）法院似乎能得出截然不同的解释。随着全球化力量的壮大发展，各联邦国法院对宪法中经济联盟条款的解释可能会更宽泛。
- 然而，因为除了德国之外的其他 4 个成熟联邦制国家宪法年代都很久远（这 4 国中联邦制历史最短的澳大利亚，是从 1901 年开始的），所以（这些历史悠久的宪法）可能对于一个现代联邦制国家如何确保有效内部经济联盟没有太大作用。事实上，有些联邦制国家就采取了“现代的”政策工具（例如欧盟采取的相互承认、加拿大采取的正式自由贸易协定）增强内部市场。

■ 除了这些宪法设计或具体内部经济联盟规定问题以外，其他因素无疑也会影响货物、服务、资本、劳动力跨地方（省或州）边界的自由流动。国家面积就是其中之一。即使是瑞士这样的分权联邦制国家，一旦地理环境决定了许多人生活和工作的地方不同，劳动力和技能就会得到有效地流动。显然，语言和文化差异也是决定内部流动程度的一个因素。

因此，总而言之，在促进内部经济联盟方面，不同的联邦制国家面临着截然不同的挑战。尽管21世纪联邦制国家在宪法设计上可能会比早先的联邦制国家更注重内部市场问题，但是新兴的联邦制国家可能也存在上述情况。

最后，本节重新审视了确保内部经济联盟的重要性，主要包括两个方面。

第一个方面属于前面提到的地区—国际连接规则。加拿大是这方面的明显例子，随着商品和服务北—南方向贸易（而不是东—西方向贸易）的日益兴盛，人们不会“强行”实施某些涉及东—西方向贸易的目标。如果强行统一税会使能源丰富的阿尔伯塔省（Alberta）在公司税规定上无法与主要竞争对手（德克萨斯海湾，Texas Gulf）对抗，那么有什么经济意义呢？有人质疑这种内部贸易的灵活性可能适用于欧洲的联邦制国家，甚至是澳大利亚。就澳大利亚而言，我们尚不清楚，使珀斯（Perth，西澳首府）与东太平洋地区成功实现一体化的政策规范能否原封不动地搬到悉尼与西太平洋地区解决那里的一体化问题。问题在于，国内经济联盟应该以地方政府或区域与其国际领邦的互动方式来调节。

第二个方面也与此相关。毫无疑问，内部经济联盟在某些方面的统一性是可取的。但是，彻底的统一性（也就是说，全面经济联盟）就可能破坏联邦制国家的经济基础，即推行的竞争性联邦主义（其定义是地方政府试行公共产品服务的替代设计和提供机制的能力）。

换言之，由中央建立彻底的内部经济联盟会削弱竞争性联邦主义，并且在这个过程中，破坏联邦制度动态效率的基础。因此，在联邦制国家应付出多大努力来构建有效的国内经济联盟这一点上，存在较大的限制。如前所述，这些限制要根据各联邦国的地缘经济情况来定。

转移支付依赖：区域政策和财政联邦主义的宏观联邦主义方法

用财政联邦主义方法处理区域政策时主要注重的是各级政府间的财政转移支付。这些财政联邦主义方法的文献大多都对财政公平存在担忧。但是，至少最近在区域政策上的科学文献大多是对微观层面的研究，特别是对地方理论比较关注。近期的增长文献在地方区域问题上主要注重的是“趋同”。虽然这在方法学上仍是宏观分析，但这种分析往往比较笼统，通常不能如实体现区域政策对趋同或非趋同度是如何产生影响的。

本节的目的是试图从宏观角度上分析区域政策。显然，无论是单一制国家，还是联邦制国家，其中央政府倡导的区域政策都有着宏观、增长或动态效率影响。然而，只有当地方政府能够用其自身的一套政策和工具对抗中央的政策措施，并且在这个过程中，可能对联邦制国家带来重大的区域问题，那么区域政策才是宏观联邦主义问题。事实上，本节的重点就是出现功能失调结果的可能性——因此本节的题目是“转移支付依赖”。

本章中使用的*转移支付依赖*具有特定的含义。因为几乎所有的国家实际上都存在（财政）转移支付，所以转移支付依赖不是指这些区域中的地区或人们对转移支付的依靠，而是指转移支付中的激励机制及程度如何抵制调节的自然力，或者如何导致接受（财政）转移支付的地方政府或人们做出不符合自身经济利益的决定（在转移支付存在的情况下有一定道理）。转移支付依赖的表现包括区域失业率持续高于国家平均水平；工资显著高于生产力水平；比较严重的情况是加拿大这样的国家，就国民收入和生产核算而言，有些省的个人收入总合都超过了其国内生产总值（GDP）。

成熟的联邦制国家对转移支付的依赖性大不相同。在转移支付依赖上，加拿大在可能对联邦制国家造成困扰的问题上做出了最好的例证。因此，大多数的分析都将以加拿大为重点。但是，在其他的联邦制国家显然也有必要做进一步的研究和论证。在欧盟，这个问题也比较严重，这不足为奇，因为欧盟成员国之间人均工资和收入差距远超出成熟的联邦制国家可比较的国内差距（统一前的德国在这方面可能是例外）。特别要指出的是，欧盟对单一货币背景下“工资示范效应”的关注在本质上等同于转移支付依赖的概念。

为了推进区域政策实现宏观—联邦主义，以下两个小节对区域转移支付进行了分析论证[1]。虽然主要引证了加拿大的区域转移支付制度，但是分析结论对其他国家同样适用。

转移支付和宏观联邦主义：一个黄金标准类比

为了便于分析，我们把加拿大假设成“世界”。在这个程式化的世界中，单一货币——加拿大元把10个“国家”（省份）联系在一起。按照联邦制度的定义，这些“国家”之间的汇率固定在平价，且不得进行任何变动［也就是说，新斯科舍省（Nova Scotia）的“一元钱”与不列颠哥伦比亚省（British Columbia）的“一元钱”是一比一进行交易的］。因此，我们实际上通过类比把黄金标准应用到了加拿大的联邦制度上。

现在假设，加拿大大西洋地区（包括4个位于最东部的省份）的经常账户上存在国际收支赤字[2]。根据黄金标准平衡机制，黄金（加拿大元）必须外流弥补这个国际收支赤字。如此一来大西洋地区货币供应会减少，继而引发工资和国内物价下跌。在现实中，大西洋地区的工资虽然低于加拿大的其他地区，但并非逐年下降。事实上，从20世纪80年代中期以来，我们看到的一直是相反的情况：大西洋地区的工资逐年上涨，接近加拿大的平均水平。问题在于，是什么机制使得大西洋省份能够年复一年地运行可观的国际收支赤字？

在一定程度上，经常账户赤字的缺口是通过加拿大其他地区购买大西洋地区的资产，通过大西洋地区的居民提取自己的私人储蓄，或者通过大西洋地区的政府和公民举借外债来弥补的。毫无疑问，所有这些因素都能时不时地发挥作用，但是每年经常账户赤字的缺口很大，是远非这些来源能解释清楚的。

因此，人们无法逃避的结论是，这里的（不）平衡机制是联邦税收、支出和转移支付制度。渥太华通过综合性区域间和政府间的转移支付制度（均等化、失业保险、个人所得税制度的运转等等）有效地把这些资金重新转移到大西洋地区。实际上，这种对黄金（加拿大元）外流的“阻拦”使大西洋地区永久性地运行赤字。大西洋地区犹如依附于取之不尽的资源（如同有了传说中“寡妇的坛子”），换言之，加拿大其他地区的“年金”使得大西洋地区免受严格的黄金标准调整机制制约。

无论是联邦制，还是单一制，所有国家都通过所得税制度，进行内部的区域分配。在大多数情况下，这种再分配因为在单一制国家没有可识别的数据记录，所以被忽视了（意大利的再分配因为有明显的地理特性，所以可能是个例外）。与此相反，联邦制国家会通过发布各省、州等地方区域的数据，确认这种再分配。三个成熟的联邦制国家（澳大利亚、加拿大、德国）都积极推进均等化，所以显然可以使用黄金标准类比，因此，这些国家的地方单位依赖转移支付。但是，如前所述，转移支付依赖的含义远非如此，这个名词的定义是：转移支付制度中的激励机制阻碍了自然调整机制，造成了现有收入或失业率的差距，甚至可能拉大这些差距。为了便于理解，下文将采用另一种方法对区域转移支付的宏观影响进行分析论证。虽然还是以加拿大为例，但是分析结果适用于所有联邦制国家。

从几何学分析宏观区域问题

转移支付依赖分析的出发点是假设联邦政府的目标是减少跨地区失业率差异。渥太华的目标并非完全如此，但是该假定目标与现实目标非常接近，足以得出一些有效结论。为了方便起见，我们将加拿大分为两个区域——沿海省份和安大略省，把安大略省视为加拿大的其他地区。图 1.2 是本分析的示意图。纵轴代表“人数”。纵轴线上的等距，无论位于原点上，还是原点下（或跨越原点），代表的人数相等。横轴代表相对工资率。在原点的右面，沿海省份（*M*）的工资高于安大略省（*O*）的工资；也就是说，工资 M—工资 O 是正数——越靠右面越是如此。在原点的左面，情况正好相反：工资 M—工资 O 是正数；也就是说，安大略省的工资率较高。在原点，显然，工资 *O* = 工资 *M*。

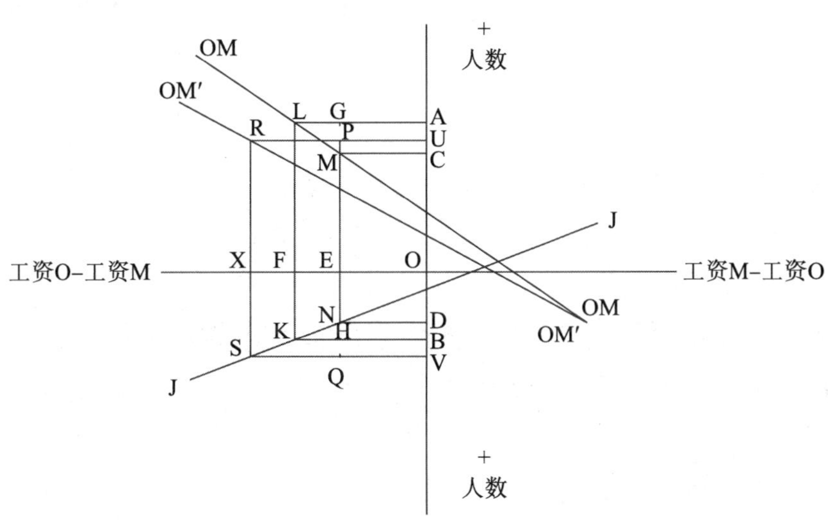

图 1.2　区域依赖的几何学示意图

来源：作者的示意图，基于 Geoffrey Young 的未发表论文中的示意图。

注释：JJ = 创造新就业函数；*OM* – *OM*　= 劳动力外流函数；wages M = 沿海省份的工资；工资 *O* = 安大略省的工资。

曲线 *JJ* 代表在沿海省份新创造的就业岗位。为了方便起见，将曲线用直线代替。*JJ* 的正斜率是很直观：沿海省份的工资（相对于安大略省）越低，新创造的就业岗位也越多。例如，如果工资 *O* – 工资 *M* = *OF*，那么沿海省份新就业岗位的数量就是 *OD*。当沿海省份工资（*OE*）达到极限点，新创造的就业岗位数量上升到 *OB* 水平。曲线 *JJ* 表明，即便相对工资相等（位于原点），沿海省份仍有一些新创造的就业岗位。

曲线 *OM*（为了方便起见，也用直线代替）代表劳动力从沿海省份外流的可能性。当安大略省工资增长的幅度超过了沿海省份，那么就导致沿海省份的劳动力更多地外流到安大略省；如果工资差别是 *OF*，那么劳动力外流就是 *OC*，如果工资差别是 *OE*，那么劳动力外流就是 *OA*。曲线 *OM* 表明，即便是工资率相等，也有一些劳动力外流，但是这个方面对分析没有特殊的意义。

开头的假设是，这两个地区的经济目前处于均等化状态，我们手头的任务是将就业者分配到介于新岗位和劳动力外流之间的沿海省份的劳动力中去。在示意图中，沿海省份就业市场的新劳动力人数等同于垂直距离 *AB*（注意，这个距离代表外源确定的人数。虽然到目前为止是用示意图中垂直距离 *AB* 代表这个人数，但是也可以用其他相等的垂直距离例如 *UV* 代表）。

单独货币区的解决方案

如果沿海省份有单独货币，那么在政府不干预的情况下，这个系统将保持稳定，停驻在等同于图 1.2 中 *OE* 的有效工资差别的位置。该有效工资差别是通过把代表就业市场新劳动力人数的垂直距离在曲线 *OM* 和 *JJ* 之间滑动，直到恰好拟合得出的（也就是说，距离 *KL* = 距离 *AB*）。当有效的工资差别处于这个阶段时，*OA* 的新劳动力将外流，*OB* 的新劳动力将在沿海省份就业。因为 $OA + OB = AB$，所以可以说这个有效的工资差别“顾及到”了所有的新劳动力。如果实际工资差别只等同于 *OF*，那么 *OC* 的新劳动力会外流，*OD* 的新劳动力将在沿海省份就业，剩下（$AC + DB$）的新劳动力将失业，这样就降低了有效工资率，迫使工资差别回归到 *OE*。

这个分析针对有效工资率进行的。有效工资差别的产生大概是通过沿海省份和安大略省之间汇率的变动（暂时假设这两个地区拥有自己的货币）。如果实际工资差距是 *OF*，那么沿海省份的货币将贬值，直到有效工资差异等同于 *OE*。

尽管各区域和省没有自己的货币，但是这个假设作为出发点对目前的分析是有价值的，因为它提供了有效衡量标准，比较区域问题的其他解决方案。尤其是，下一小节将阐述，如何通过一系列的补贴再现图 1.2 的“浮动汇率”解决方案。因此，尽管联邦制国家的两级政府（中央和地方）在某些行为上通常受到比如宪法规定的约束，但是其他政策工具通常能达到同样的结果。例如，尽管各省都不得对来自其他省的商品征收关税，但是各省政府采购中的偏好（优惠措施）在效果上等同于对有关商品征收关税。事实上，这些采购中的偏好（优惠措施）改变了各省对地方保护商品的汇率。

最佳补贴方案

为了使图 1.2 更接近现实，我们假设沿海省份没有自己的货币。此外，我们假设，虽然沿海省份的工资率较低，但是工资差别只是 *OF*，小于“单独货币”的有效工资差别 *OE*。正如上一小节所述，与工资差别 *OF* 相关的是 *OC* 的外流和 *OD* 新创造的就业岗位，剩下 *DB* + *AC* 的沿海省份人失业。而解决这个问题的一个明显的方法是调低沿海省份相对于安大略省的工资率，直到工资差距达到 *OE*。但是假设这个系统缺乏灵活性（最低工资法，全国范围的工资谈判、全国范围的联邦工资统一尺度、工会力量等等），致使工资差距保持在 *OF*。那么在这些情况下，什么才是最佳（或者可能更准确地说，成本最低）的政策？答案是效仿独立货币区域的解决方案。

为了得出这个答案，我们假设政府掌握有关（新劳动力）外流和创造新就业岗位的全部资料，并且我们假设政府有完全正确的辨别能力（也就是说，政府支付的资金恰好可供剩余劳动力外流，或在本地就业）。在这些假设的基础上，政府提供补贴用于新劳动力外流和创造新就业岗位，会使边际上的有效工资差别再次成为 *OE*。因此，边际劳动力外流的成本（*GL*）等同于剩余劳动力在本地就业的边际成本（*HK*），示意图中这些成本是水平计量的（理想情况下，应该用现值表示）。补贴方案的总成本是两个三角形 *NHK* 和 *LGM* 的总和。

这个结果背后的假设有着很大的限制性。如果企业和个人都能掩饰自己的偏好，那么所有的新就业岗位和所有的劳动力外流都可能获得补贴。在这种情况下，最后一个劳动力在本地就业的边际补贴成本就是 *BK*，而不是 *HK*（假设创造新就业岗位函数穿过原点）。通过访谈的方式，David Springate（1973）发现许多获得区域发展补贴的人即使没有补贴也要在滨海省份投资。因此，许多获得政府补贴的人其实并不需要补贴，他们本来就有足够的动力在滨海省份投资。然而，当前分析仍然是一个假设即政府掌握这些反应函数的全面资料。

因此，如果我们假设联邦政府致力于实施充分就业的政策，并将现有相对区域工资率作为前提，那么最佳补贴方案将涉及对劳动力外流（在外地就业）和创造新就业岗位（在本地就业）提供补贴。然而，我们应该明确的是，如果各省自行安排各自的发展政策，那么实现这个目标的成本将大幅提高。

省级战略

现在我们假设沿海省份知道联邦政府致力于吸纳劳动力市场的全部新劳动力。在这种情况下，沿海省份有可能在一定程度上从渥太华的这个承诺占上便宜，或者从联邦政府索取“赎金”。沿海省份可采取的一个显而易见的策略就是下移劳动力外流函数（例如，在图 1.2 中从 *OM* 到 *OM′*）。可能实现这个战略的一种方式是，允许各省自行选择安排省内居民的培训或再培训方案。如果这些方案设计中的培训技能有利于居民在本地就业，而不利于在外地就业，那么结果会下移劳动力外流曲线。同样，沿海省份可以游说联邦政府在失业保险中纳入区域差异性补贴（正如现在的情况，如果人们定居在高失业率地区，那么他们能够领取失业保险金的时间较长），这也将使得曲线 *OM* 向 *OM′* 的方向移动。

如果图 1.2 中的劳动力外流曲线从 *OM* 移动到 *OM′*，那么将发生什么情况呢？新的均等化点是在 *X*（也就是说，有效均等化工资差别现在成了 *OX*）。劳动力外流等于 *OU*，创造新就业岗位等于 *OV*，绘制的 *UV*（也就是说，*OU* + *OV*）等于 *AB* 或 *RS* 等于 *LK*。现在劳动力市场的最后一个劳动力在本地就业或外流的边际成本等于 *QS*（*QS* 等于 *PR*），而以前的边际成本是 *HK*。最终结果是，联邦政府忍不住把更多的资源投入到区域问题上，在这个过程中，其政策组合也发生了转移，开始在沿海省份创造新就业岗位，而不是促使劳动力到外地就业。

显然，其他省份的政策也会影响联邦政府实现地区目标的成本。如果富裕省份阻碍劳动力内部流动（例如，通过省级许可的技能认证），那么这个政策的效果就相当于前面的例子（也就是说，在图 1.2 中下移劳动力外流函数）。如果富裕省份提供有竞争力的补贴鼓励创造新的就业岗位，从而对抗联邦政府在沿海省份的鼓励措施，那么在图 1.2 中该政策会上移创造新就业岗位函数。富裕省份的这个政策不但提高了总体成本（如前面的例子），而且现在为实施一套最佳补贴所做的更多调整会更注重劳动力从沿海省份地区的外流，而不是在沿海省份地区创造新就业岗位。

稍有一点创造性思维，就不难想象沿海省份的有效工资率会相对于安大略省下跌（也就是说，沿海省份的均等化汇率相对于安大略省是下降的），但实际工资率相对于安大略省上升。在图 1.2 中，这种情况意味着独立货币区域的解决方案是从 *E* 向左移，但是实际工资差别是从 *F* 向右移。当然，这种情况是转移支付依赖的典型案例，在这种情况下区域工资逐步效仿国家工资模式，而一整套扭曲性的转移支付措施让居民忍不住留在当地（也许有些失实，不过这种情况还是符合欧洲学术圈中所谓的工资示范效应。）

一个例子就足以进行论证。加拿大对贫困地区失业保险实施的优惠政策（也就是说，有资格领取失业保险的工作星期数少了，而每工作一个星期可享受的失业保险时间多了），使沿海省份的失业保险方案更像是工作分享方案。具体来说，一个人在一年中只需要工作 11 或 12 个星期，就有资格在余下时间里领取失业保险。显然，这里的道德风险因素很高。工作 10 个星期虽然只能挣到 5, 000 加拿大元工资，但是能领取到 13, 000 加拿大元或 14, 000 加拿大元的失业保险金。事实上，这种情况相当于收益获得保证的彩票——这里唯一与抽彩相关的要素是首先得工作 10 个星期。不足为奇的是，现实情况使得人们四处走动，从银行或信用社借钱，帮助（老板）“支付”他们这 10 个星期工作的工资。而更严重的是，失业保险现在成为各个社区收入支撑的重要系统。人们工作达到 10 个星期以后，会承受巨大的压力被迫把工作岗位腾给其他社区成员，以便别人也有资格抽彩。从新不伦瑞克省（New Brunswick）一把手 Frank McKenna 的以下评论中就能明显看出，人们已经对这种生活方式习以为常了：“我在 1987 年就任这个省的一把手，这个省有 128 个渔场，每个渔场都适合 10 个星期，因为这恰好符合他们的需要”（McKenna，1993，20 ~ 21）。虽然本节分析的重点是沿海省份（其中包括了新不伦瑞克省），但是需要指出的是，这些扭曲性激励机制在加拿大全国各地随处可见。

我们用几句话解释一下加拿大的均等化项目，作为最后的评论。事实上，如果财政联邦主义文献没有广泛提及均等化的话，它将会是宏观联邦主义的一个合适的研究对象，因为财政联邦主义分析经常无暇顾及均等化中的动态增长方面。在这方面，加拿大的情况最真实，加拿大的均等化项目使得加拿大所有省份的标准收入都达到加拿大五省的标准收入水平（这五省是阿尔伯塔省和四个大西洋省份）。为了剖析这个均等化方案的影响，我们假设新不伦瑞克省以 5,000 万加拿大元的工资总支出创造了 20,000 个新就业岗位，进一步假设新不伦瑞克省的自有收入因此增加了 1,500 万加拿大元。因为新不伦瑞克省不是“五省标准”省份，所以创造的新就业岗位并不能增加新不伦瑞克省的总体收入（自有收入加上均等化，也就是说，均等化实际上是征用性的税收）。即使减少了 20,000 个就业岗位，新不伦瑞克省的总体收入情况也不会改变。即使是“五省标准”中的小省，因为权重相对较低，所以也与新不伦瑞克省的状况大致相同。总体而言，如果某个制度使得省级政策的选择不能对该省的总体收入产生任何效果，那么这个制度就完全不合适，这也成为困扰加拿大的转移支付依赖综合症的重要部分[3]。

关于区域调整的更多论述：*Blanchard – Katz* 分析

地区差距的另一种分析方式由 Blanchard 和 Katz（1992）提出。他们研究美国各州经济前景的动机如下：

> 最突出的特点是各州就业增长率的变动范围。过去40年来，有些州的就业增长率一直比全美平均水平高2%，而有些州则几乎没有增长，所以这些州的就业增长率总比全美平均水平低2%。就业冲击带来的影响通常是永久性的，并不是围绕就业趋势上下波动。一个州的就业增长无论是经历了加速还是减速，一段时间之后都有望回落到原先的增长率，但是这个波动带来的就业路径变化是永久性的。失业率的情况与就业增长率的情况有明显的不同。相对失业率没有表现出任何趋势；此外，相对失业率冲击的影响只有5年左右。因此失业模式所呈现的是随着各州的失业率相对于全美平均失业率水平自下而上或自上而下波动而带来的各州财富变动。最后，Robert Barro 和 Xavier Sala – I – Martin 最近（在1991年使用人均个人收入而不是工资）发现了一个事实，即过去40年，相对工资稳步趋同。对失业而言，它对相对工资的冲击影响是短暂的，大约10年之内就会消失（Blanchard 和 Katz，1992，2）。

然后 Blanchard 和 Katz（1992）建立了一个符合这些事实的模型，以就业、参与率和失业率的变化为重点对这个模型进行了实证检验。他们总结的结果如下：

> 我们发现各州的结果非常相似。就业的负面冲击最初会增加失业率和小幅减少参与度。随着时间的推移，这个冲击对就业的影响增加了，但是对失业和参与的影响在大约5年到7年之后就消失了。换言之，就业的负面冲击过后，一个州之所以能恢复正常，通常是因为劳动力离开该州了，而不是因为该州的就业回升了。这些结果向我们提出了一系列明显的问题：就业不回升是因为工资下降的不够，还是因为工资较低无法增加就业岗位？（Blanchard 和 Katz，1992，3）。

对引文中最后一句话提出的问题，Blanchard 和 Katz 的研究给出如下的答案：

> 为了应对非常普遍的负面冲击，相对名义工资实际上下降了，但下降的幅度不会阻止失业率的上升。工资下降主要引发了劳动力外流，而没有造成就业岗位的流入或创造本地新就业岗位（Blanchard 和 Katz，1992，56）。

他们的研究工作非常有创意，值得推广到其他的联邦制国家。从某种意义上说，此研究能够对上一小节中专门强调的加拿大地区差距比较静态分析动态化。从表面上看，Blanchard 和 Katz 的美国研究结果似乎更符合澳大利亚的情况（澳大利亚的地区差距主要是收入差异，而不是失业差异），不太符合加拿大的情况。如果对加拿大进行时间序列分析，那么就能发现加拿大的地区差距是顽固持久的，毫无疑问，这是因为加拿大慷慨的区域支付补贴可能起到了非拉大即巩固地区差距的作用。在区域冲击和地区差距问题上，加拿大的做法与美国的无为而治形成了鲜明的对比：加拿大选择了延长经济痛苦。

新英格兰因为摆脱了濒临破产的旧工业，发展了新的增长产业，所以在美国成为了一个繁华区域。如果华盛顿对新英格兰濒临破产的旧工业提供保护补贴，那么新英格兰依然萧条。虽然新英格兰确实是在经历了40年的经济痛苦之后才实现了经济转型，但是对于这个问题，正确的解决方法应该是制定扶贫和加快经济转型的国家政策。对濒临破产的工业进行补贴只会延长经济痛苦（Thurow，1981，30～31）。

研究领域应该把区域差距的历史概况与 Blanchard－Katz 分析的动态调整概况相结合，然后在此结果上分析各个联邦制国家政府间区域转移支付政策。

区域稳定

至此，我们对区域政策的分析都集中在区域差距和调整过程。但是，一个相关的问题——区域稳定，已经引起了人们的关注。近来对区域稳定的关注，是源于欧洲货币联盟（EMU）的潜在影响。随着汇率的确定和《马斯特里赫特条约》的财政准则对成员国的约束（成员国的赤字不得超过 GDP 的 3%，债务与 GDP 的比值不得超过 60%），成员国此时遭到意外的负面冲击，可以采用什么灵活措施呢？成员国不能变动汇率。因此如果成员国碰上《马斯特里赫特条约》准则，那么贸易保护主义措施还适用于 1992 年欧洲计划以及财政变化吗？此外，欧盟选择的政府间转移支付方式也有限，虽然欧盟在共同农业政策和结构基金上的转移支付很多，但是欧盟不同于澳大利亚、加拿大和德国，不存在均等化项目。由此，成员国可以采用的措施只剩下包括工资、附加福利和流动在内的劳动力市场政策。这个方案够灵活性吗，或者有必要选择其他一些措施吗？

Goodhart 和 Smith（1993）的一篇文章论述了这种情况。他们的重点是稳定，而不是再分配。他们认为任何基于经济活动水平函数的转移支付和拨款在本质上都是再分配。因此，如果联邦政府的支出水平是由各区域或州的收入或就业水平决定的，那么他们就把这种制度归类于再分配阵营（Goodhart 和 Smith，1993，419）。相比之下，纯稳定涉及的是基于经济活动变化率函数的财政拨款和转移支付差异变化。

这个区别非常重要，因为“如果地区转移支付制度中转移支付金额是由每个区域前五年收入平均水平的函数决定的，那么这种制度就有相当大的再分配功能，但几乎没有稳定功能”（Goodhart 和 Smith，1993，419～420）。加拿大的制度就说明了这一点。如果某个省的收入遭受了负面冲击（也就是说，负背离趋势），那么均等化制度就开始发挥作用。据推测，这个结果将归类为稳定措施。然而，如果某个省虽然收入未背离趋势，但因其他省收入增加，该省得获得的均等化转移支付也随之增加，那么这个结果就带有更多的再分配措施性质。需要指出的是，上述讨论是指均等化水平的变化：而均等化水平本身仍是再分配措施。但是根据 Goodhart 和 Smith（1993）的纯稳定方案，原则上，每个省（州或成员国）在获得稳定救济金的资格上都有同等的机会，因为这些救济金与各省（州或成员国）的相对繁华程度无关，而是与各省（州或成员国）的某些指标（例如收入或就业）从趋势的背离（偏差）相关。实际上，纯稳定方案有一种形式就与加拿大的均等化制度有关：任何省的收入如果同比上一年下降了（税参数不变），那么就有资格获得补贴。由于 20 世纪 80 年代中期以来经济环境动荡不安，所以超过一半的加拿大省份包括三个“富裕”（或者不接收均等化转移支付）的省份，都从这个方案获得了补贴。

Goodhart 和 Smith（1993）进一步估算了联邦制国家税收—转移支付制度中的稳定成分，然后 Goodhart 和 Smith 自己设计了稳定办法。稳定办法的理想特征是及时性、暂时性、不受道德风险约束。有趣的是，提供的稳定等同于联邦制度中个人所得税的纯稳定方法，在社区的实施成本可能不超过欧洲共同体 GDP 的 0.5%（欧洲共同体委员会，1993，76）。

如前所述，欧盟引入稳定办法的理由是，在缺少汇率机制的情况下，需要一种保险机制应对周期性波动。据推测，这个理由也适用于联邦制国家中的地方政府，因为，州或省也缺少汇率调整机制（尽管在劳动力流动这个调整机制上，联邦制国家中的跨省流动要比欧盟的跨成员国流动可能性更大）。但是，对于联邦制国家中的地区转移支付，其再分配含义和稳定含义的区别尚未成为一个至关重要的政策问题。

进行一项研究议程

大多数现有的财政联邦主义文献，在研究转移支付问题时，关注的都是公平或静态效率问题。该领域学者熟悉的概念是*财政残差*和*财政诱导的劳动力流动*等。而本节，讨论的重点是动态效率以及与转移支付相关的稳定问题，更笼统地讲，即区域政策。本章最开始讨论了区域政策的两个宏观模式——联邦制的黄金标准类比和区域贸易的几何学。然后借鉴 Blanchard 和 Katz 的研究，讨论了美国各州的区域调整动态。最后一个小节的重点从动态效率角度转换到稳定角度，论述了欧盟以及 Goodhart 和 Smith 的研究。

这样看来，区域政策领域有进一步研究的价值，可能会对宏观联邦主义的研究产生很大影响。到目前为止，区域政策领域都是趋同理论家占上风，然而他们的研究工作虽然重要，却更多地将重心放在提供背景资料上，而没有详细记述应对区域和财政联邦主义挑战的不同政策方法对增长或收敛的影响。因此，我们现在需要做的是，首先，把加拿大的分析推广到其他联邦制国家，其次，把 Blanchard - Katz 的研究方法应用到所有成熟的联邦制国家，以便更好地理解联邦制国家的内部调整过程。

鉴于之前所述，即随着经济一体化的发展，区域—国际连接将日益重要，因此区域政策领域的重要性也将随之增长。事实上，随着国际贸易协定的增加，联邦制国家的地方单位可能发现自己的区域地位会越来越接近欧盟成员国，所以区分联邦制国家区域政策再分配含义和稳定含义就变得非常重要。从一个极端讲，我们需要对现有的财政联邦主义文献进行全面性的修订，纳入动态效率和稳定。从另一个极端讲，应该重新从宏观联邦主义角度对这个领域进行分析。

货币政策和中央银行

现在本章论述的重点转向货币和财政政策方面，本节论述联邦制国家的货币权力结构，下一节论述财政政策。

如果把货币政策定义为，中央银行通过控制货币和信贷扩张，从而影响经济的过程，那么货币政策就不涉及宏观联邦主义问题。所有的民族国家都有中央银行，少数国家除外，无论是联邦制国家还是单一制国家，其货币政策工具的范围都比较相似。

但是，如果越过货币政策本身，分析中央银行的结构，那么无论是联邦制国家之间，还是联邦制国家和单一制国家之间，都的确存在一些联邦问题。特别需要指出的是，联邦制国家的中央银行独立存在的可能性更大。为了说明这个情况，本节重点论述了五个成熟的联邦制国家的政策和结构特点（表1.4），补充性地提到了单一制国家的一些参考文献。

表 1.4　　　　　　　　中央银行的结构

联邦制国家	政策指令	董事会的结构	与政府的关系	Cukierman's (1992) 独立性排名（在21个工业化国家中）
澳大利亚	一般性指令[a]	储备银行董事会的组成人员是行长、副行长、财政部大臣，政府任命的其他7名成员（任期5年，可续期）	政府（通过财务长）可以对储备银行发出指令。在成熟的联邦制国家，澳大利亚的储备银行可能最容易受到政府影响（例如，在储备银行董事会中，财政部大臣是享有表决权的成员）	12
加拿大	正式指令是一般性的[b]。然而，从1988年以来，加拿大央行就一直以价格稳定为目标	加拿大银行董事会的组成人员是12名外部兼职董事以及行长、高级副行长、财政部副部长（无表决权）。外部董事是政府任命的（任期3年，可续期）。外部董事的作用是提供企业监督，而不是政策监督。安大略省和魁北克省各有2名董事，其他8个省每省有1名董事	政府可以对加拿大央行发出指令，不过，政府从未这样做	6
德国	德国法律规定，"德意志联邦银行调节货币流通数量……目标是保障货币流通"。德国央行把这个规定解释为价格稳定	中央银行理事会（德国央行的决策部门）的组成包括董事会、11个州级银行的行长。董事会（包括主席、副主席和另外8名成员）是由联邦政府提名的。	政府不能对德国央行发出指令，德国央行也不直接对议会的上院或下院负责	2

续表

联邦制国家	政策指令	董事会的结构	与政府的关系	Cukierman's (1992) 独立性排名（在21个工业化国家中）
		因此，德意志联邦银行法案使得联邦政府只能任命中央银行理事会的少数成员[c]		
瑞士	原则上，指令是一般性的（例如，调节货币和信贷以支持总体经济目标的实现）。实践中，“瑞士国家银行对其指令的解释是，以奉行价格稳定为货币政策的主要目标”（加拿大银行，1991，3）	货币政策的主要负责机构，管理董事会的组成人员是联邦政府任命的3名成员（任期6年）。瑞士国家银行的大部分股份由各州和各州银行持有	瑞士央行由联邦政府负责，但是政府不得对瑞士央行发出指令	1
美国	正式指令是一般性的[d]。然而，美联储主席格林斯潘表示，他支持的提议是“货币政策的唯一目标，也是唯一适合奉行的目标——价格稳定”（加拿大银行，1991，3）	主要负责货币政策的委员会，是美联储公开市场委员会，以多数通过制决定政策。美联储公开市场委员会的组成人员包括美联储理事会的7名成员（由美国总统任命，须经参议院批准，任期14年）和12个地区储备银行的5名行长。储备银行行长由储备银行董事会任命，须经联邦储备系统中的联邦储备委员会批准	美联储对国会负责。委员会每半年向国会报告一次货币政策目标。尽管如此，美联储的结构使其拥有很大程度的独立性	4

续表

联邦制国家	政策指令	董事会的结构	与政府的关系	Cukierman's (1992) 独立性排名（在21个工业化国家中）
欧盟	欧洲央行指出，“央行的主要目标是保持价格稳定”	理事会成员包括执行委员会的所有成员，以及各成员国的央行行长。执行委员会包括主席，副主席，和另外4名成员，均为全职。董事会成员是各成员国政府通过共同协议从具有公认地位并且对货币和银行事务有专业经验的人中任命（须与欧洲议会和理事会协商）	欧洲央行、各成员国的国家银行或中央银行以及所有这些银行决策机构的任何成员都不得从社区机关或机构、任何成员国政府、任何其他机构，寻求或接受指令	n. a.

来源：作者编写。

注释：n. a. = 不适用。

a. 储备银行法案规定，储备银行董事会的职责是，在其权力范围内，确保储备银行的货币和银行政策能够对澳大利亚人民创造最大利益，根据1959年的银行法案及其规定，董事会认为，银行行使权力时，应发挥最大作用，实现澳大利亚货币的稳定、确保澳大利亚充分就业、澳大利亚经济繁荣和人民的福利。

b. 加拿大银行法案引言指出，加拿大银行是“通过调控信贷和货币，为国家经济生活创造最大利益，控制和保护国家货币单位的对外价值，在货币政策的范围内发挥作用，减少生产、贸易、价格和就业总体水平的影响波动，促进加拿大的经济和财政福利的总体发展”。

c. 德国统一后，对德国联邦银行法案制定了修改提案。提案规定，只设9个州级银行，认为央行理事会包括主席、副主席和另外6名理事会成员，以及9个州级银行的行长。这种安排不会改变银行法案的政府只能任命央行理事会少数成员的要求。

d. 美国联邦储备法案要求美联储“在适应提高生产所需经济发展的前提下保持货币和信贷总量长期增长，实现充分就业、价格稳定、长期利率合理目标”。

表1.4的第一栏阐述了中央银行的政策指令。只有德国联邦银行（Bundesbank）和拟议的欧元联邦储备银行（Eurofed）有稳定价格的指

令。虽然有通货膨胀意识的瑞士中央银行有一般性的指令，但表 1.4 中，瑞士央行把这个指令主要描述为保持价格稳定。加拿大央行也有一般性的指令，尽管从 1988 年以来，加拿大央行一直奉行的是价格稳定的政策。在单一制国家中，新西兰储备银行现在有一个指令仅涉及价格。对央行指令的关注本质上是信息性的，与独立性问题不太相关（尽管央行只涉及价格稳定的任务，意味着很大程度的独立性）。然而，越来越多的国家都在认真考虑把实现价格稳定作为央行的主要目标。

表 1.4 的第二栏和第三栏阐述了独立性问题。表中的细节需要读者自己阅读。值得注意的是，英联邦国家（澳大利亚和加拿大）与其他三个国家有很大的不同。这种不同不仅是体现在政府指令的许可上，在结构上也是如此。具体来说，美联储和德国央行独立性的增强，是因为央行理事会成员主要来自地区储备银行（美国）和州级中央银行（德国）。

瑞士央行因为股权受到各州和各州银行的控制。澳大利亚和加拿大的情况是，外部董事是兼职，大部分是政治任命。澳大利亚因为财政部大臣在储备银行董事会中享有表决权的成员，所以央行的独立性更差。

值得注意的是，央行在法律上的独立性未必与事实相符。一个典型的例子就是加拿大。从 1988 年到 1994 年，在 John Crow 行长的领导下，加拿大银行通过推行价格稳定政策可以说成为了“北美的德意志联邦银行”。固然，John Crow 行长没有连任，但是其继任者，也是前高级副行长 Gordon Thiessen，仍然没有改变政策（截止到 1995 年）。所以，在这种情况下，央行的独立性体现为机构的权力及其获得的国内和国际支持。

表 1.4 的最后一栏是 Cukierman（1992）编写的央行独立性排名。这是 16 个变量的综合指数，旨在评估央行在法律上的独立性。在 21 个工业化国家中，独立性排名前 4 位的联邦制国家是：瑞士、德国、奥地利、美国。加拿大是第 6 位，位于丹麦之后。澳大利亚排名位于中间。

这对宏观联邦主义有什么启示吗？答案或许是肯定的。在全球经济新秩序中，央行独立性已经成为经济成熟的一个重要特征。更重要的是，央行独立性在联邦制国家比单一制国家更合理——部分原因是，一些联邦制国家有“银行的联合会”，而央行的董事会中有一些成员来自这一次级银行。随着时间的推移，我们可能会看到更多的央行获得独立性（或者加入了重视央行独立性和价格稳定的更庞大的货币区）。欧元联邦储备（Eurofed）的提议（见表 1.4 最后一栏）就重点强调了以独立性和价格稳定为主要指令的重要性。在单一制国家中，新西兰，如之前所述，已经朝这个方向迈进，法国似乎已准备好赋予央行很大独立性。

以上讨论有两点涉及宏观联邦主义。第一，联邦制国家在央行独立性上是排头兵。第二，在联邦制国家中，有些国家的设计特点自然而然赋予央行更大的独立性。但是有着英国议会传统的英联邦国家（如澳大利亚和加拿大），则不具备这些特征，因此这些国家必须寻找替代方法，加强央行的独立性。这点不足为奇，因为在央行模式上，英国的方法本来就不值得借鉴：

在主要工业化国家中，唯独英国的法律没有规定央行的主要权力、职能和职责。英国立法根本没把英格兰银行定义成英国的央行，而且在履行央行职能上，英格兰银行更多地是依照实践和先例，而不是立法（加拿大银行，1991，3）。

财政政策

因为联邦制国家和单一制国家都会面临财政挑战，所以原则上说，财政政策，作为宏观或稳定工具几乎没有联邦影响。财政政策的联邦制色彩体现在所谓的分配问题，即联邦政府和地方政府之间税收和支出的分配。然而，研究此问题的文献所做的分析和比较有些宽泛，所以在目前情况下回顾这些文献不会有太多收获。不过，希望读到分配问题概述的读者参考 Bird 的文献。全球化和区域—国际连接可能改变了人们对最佳税收收入分配问题的看法。而其引发的权力下放使得个人所得税的征收逐渐向地方政府倾斜（允许省级政府整合教育—培训和福利—工作的复杂关系），而地方政府征收的销售税也转换成增值税，由联邦政府征收（以便进出口贸易上的中立，并且便于各国按照自身特色组织各级政府）。现有的文献对这种选择问题已经进行了充分论述。

下文分析的重点是《马斯特里赫特条约》和针对地方政府的债务—赤字准则。根据《马斯特里赫特条约》——或更准确地说是根据欧洲单一货币区的提议——欧盟成员国必须确保赤字少于 GDP 的 3%，债务与 GDP 的比值不超过 60%。制定这些准则的部分原因是确保成员国的财政挥霍（债务—赤字）不会危及以价格稳定为导向的货币政策。这个理论依据直接应用到联邦制国家：在债务和赤字运行上，地方政府（州、省）有多大的灵活度，这种灵活度是否可能给货币当局制造麻烦？本节首先重点分析这些准则是否能发挥充分作用。为下文作铺垫，我们认为这些准则是不够的。因为安大略省的财政行为虽然在某个期间符合《马斯特里赫特条约》准则，但仍严重束缚了加拿大银行的运转。接着转而讨论了加拿大各省在债务和借款上的安排，简要分析了其他几个成熟联邦制国家的情况。最后是结论和启示。

在分析之前，有必要指出的是，欧盟成员国需要遵守一些相关规定。成员国政府尤其不得试图影响拟议中的欧洲央行（ECB）及本国的央行。换言之，成员国政府不得把本国的央行作为获得贷款的最后手段。此外，ECB 或欧盟以及其他成员国机构不得为任何成员国政府提供紧急援助。诸如此类的规定虽然在欧盟成员国执行时短时期不会产生影响，但是就联邦制国家地方政府执行环境而言，会有立竿见影的效果。当然，所有欧盟成员国的规定都可应用于五个成熟的联邦制国家的地方政府[4]。然而，正如 Bomfim 和 Shah（1991）指出，巴西各级政府的安排似乎违背了这些规定，而其他新兴联邦制国家也有类似问题。就此类问题的存在而言，表明这些新兴联邦制国家的设计有严重缺陷，必将破坏央行奉行独立货币政策的能力。实际上，如果地方政府能够获得来自银行的紧急援助保证和优惠贷款，那么基本上就可以“印”

钱。这种情况是造成通货膨胀危机的原因。

对《马斯特里赫特条约》准则的评价

鉴于1992年的欧洲计划和《马斯特里赫特条约》都对联邦制国家产生了巨大的影响，所以有必要对欧盟的某些规定做进一步的分析。分析的重点是《马斯特里赫特条约》债务—赤字准则，以及是否能确保ECB的价格稳定任务。下文分析围绕的一个主要观点是，《马斯特里赫特条约》债务—赤字准则无法发挥这样的作用。

有必要指出是，在欧洲单一货币下，所有成员国此后借贷使用的都是欧元，而不是本国的货币。令人担忧的是，消除成员国先前债务产生的货币风险，可能会导致数个成员国更多的借款行为。换言之，如果没有《马斯特里赫特条约》准则的约束，希腊等有举债倾向的国家就会受诱惑并无节制地借贷，转而背负更大的债务或赤字。不过，欧洲货币联盟（EMU）中希腊的财政挥霍，如同加拿大恣意挥霍的爱德华王子岛省一样，规模是很小，不足以影响货币的整体稳定，而且无论如何，信用评级机构（专门评定国家或省的风险，不评定货币风险）都能使希腊和爱德华王子岛省保持一致。

整体稳定政策可能还面临其他方面的挑战。为了分析这些挑战，从加拿大1983年到1989年繁荣时期安大略省的财政政策入手可能较为方便。20世纪80年代中期，加拿大通货膨胀回弹态势明显，同时工资和价格压力在繁荣的安大略省也最为严峻。鉴于加拿大的GDP大约40%来自安大略省，因此该省采取的合适的宏观立场应该是通过保留一些收入红利，来缓和急速发展。然而，安大略省却继续其政府支出热潮。例如，安大略省决定在1986年到1989年之间开展更多充实的社会事业，所以政府的福利支出每年都以14%～17%的速度递增。而当时加拿大央行正在奉行价格稳定任务（1988年），结果安大略省的通胀压力蔓延到加拿大的其他地区。最终实施了严格的银根紧缩政策（加拿大利率曾一度比美国利率高出500个基点），如果实施了一些总体协调的综合性（联邦政府和省级政府）财政政策，那么情况就不至于如此糟糕。这个例子的一个关键点在于，在此期间安大略省（的财政行为）并没有违反任何欧盟式的赤字或债务准则。安大略省在早期繁荣时期，其赤字略高于 GDP 的 2%，在中期，下降到了 GDP 的 1%，而在繁荣的末期，几乎完全消失了。收入创记录的增加和税率上调共同促成了安大略省非常积极的政府支出行为。

总而言之，欧元联储（或加拿大央行）通货膨胀目标面临威胁只可能是德国（或安大略省）等经济强邦在《马斯特里赫特条约》准则范围内执行自身财政战略，而不太可能是希腊（或爱德华王子岛省）等小成员国背负的财政赤字。诚然，德国统一是个特例，但有一点是不能模棱两可的，即整体财政政策的协调是必要的。这并不是为了贬低《马斯特里赫特条约》准则在约束成员国错误行为上的重要性。而是为了表明，这些准则几乎无法约束经济强邦在准则允许范围内执行的错误财政行为。更笼统地说，欧盟应该效仿联邦制国家，成立一个与拟议的欧元联储（Eurofed）相当的欧洲财政权力机构。有关欧元联储框架下货币和财政政策之间关系的讨论，请参见 Buiter、Corsetti、Roubini（1993）和 Eichengreen（1993），以及其中的参考文献。

通过总结性评论，人们可以从一个完全不同的角度看待上述问题——即，只有在立法制联邦国家，才可能出现地方政府的赤字和债务问题（因为立法制联邦国家中的地方政府在征税上有相当大的灵活性）。从这个角度来看，澳大利亚和德国在财政协调或赤字控制方面取得的成就就不足为奇了。即使选择了资本市场这一路径，就有可能遏制澳大利亚和德国的积债行为，因为资本市场在承保（地方政府的）巨额赤字时确实非常慎重，所以地方政府酌情上调税率的能力非常有限（德国联邦州酌情上调税率的能力几乎为零），通过进一步分析，我们可以得出结论，即这些国家的州政府借贷大额资金的唯一途径是与联邦政府达成协议，协议的形式可以是贷款委员会审批程序，也可以效仿德国让州政府完全参与财政协调过程。换言之，联邦政府提供了保障，支撑地方政府的债务。

与此相对的是立法联邦主义。美国各州政府受到的财政约束是

（除了之前提到的某些州宪法规定以及带有瑞士色彩的固有财政保守主义）司法管辖范围很小（至少小于加拿大的省级地方政府），税收上的灵活性也不如加拿大或瑞士的地方政府。而如前所述，瑞士借贷行为受到的约束，似乎有着经济和文化渊源，因此是个特例。

立法联邦主义的另一个例子是加拿大。即使是在加拿大，面积较小和较贫困的省政府在税收上也几乎没有灵活性，因为加拿大全面的均等化体系有效吸收了经济活动增长任何额外收入（尽管上调税率确实能增加整体收入）。因此，只有富裕的省份——阿尔伯塔省、不列颠哥伦比亚、安大略省——和魁北克省[5]反映拟议的欧元联储（Eurofed）下欧盟成员国的情况。在这几个省中，尽管最近积极财政政策出现了很多问题，可能只有安大略省是考虑实施（安大略省占加拿大 GDP 的40%）积极财政政策的足够大的辖区。由此，就有了前面提出的建议，即在加拿大联邦中加强综合性（联邦政府和省级政府）财政政策的协调性。同时批判《马斯特里赫特条约》准则，因为这个准则把货币政策与财政影响分离开来。欧盟成员国政府就此失去了汇率机制，切断了从前与央行之间的联系，而与统一经济空间相关的 1992 年欧洲计划意味着，无论《马斯特里赫特条约》类型的准则是否到位，资本市场都能严格控制希腊和葡萄牙等国家。坚定货币政策立场意味着必须在整体财政协调上做更大的努力，而不只是通过量化政策对先前财政挥霍成员国进行约束。由于在欧元联储（Eurofed）中有财政挥霍倾向的成员国都是小国，在资本市场上也缺乏灵活性，所以不会给欧元联储（Eurofed）奉行价格稳定的政策制造麻烦。

各种各样的宏观联邦主义问题

在最后一节中，我们分析宏观联邦主义范围内的各种其他问题：环境问题、国际协定对国家内部分权的影响、民主赤字的出现。首先分析环境问题在联邦制国家权力划分中的影响。

环境问题和宏观联邦主义

先前环境问题参考文献的缺乏可能比起很少关注金融服务领域是更为严重的疏忽。疏忽的理由很直接明了：这个领域太复杂可能需要进行长篇幅的专题论述。接下来的几点论述可以让大家了解对这一问题的分析。

第一要提到的当然是对环境问题的关注。关注是最近开始的，至少从成熟的联邦制国家制度大部分环境问题宪法时间上看出这一点。因此，在大多数宪法中，对环境的管辖权基本上没有得到分配。而这种状况对德国等行政联邦制国家而言，不会造成严重问题，因为这些国家的大部分立法权都是联邦政府掌握，州政府的作用是实施和执行联邦法律。同样，美国联邦政府的贸易和商业权力大概能压制住环境问题对各州的影响。但关键问题是，大多数的成熟联邦制国家都在努力划分环境问题的管辖权限。所以，成熟的联邦制国家将根据自身国情试行截然不同的方法。因为新兴联邦制国家可以灵活地在分配各级政府权力时直接分配环境管辖权，所以成熟联邦制国家的不同（制度）安排能否为新兴联邦制国家提供模式尚不清楚。

第二个论述也有相关性。环保主义者的口号——“放眼全球，立足本地”，突出了环保主义的全球性。即使联邦政府掌握着环境监管权，也可能会有很多破坏环境的行为出现在地方政府辖区内。矿山、水电站、灌溉、发电等都受州政府（澳大利亚和美国）和省政府（加拿大）控制。虽然存在个例（加拿大联邦政府控制着核工业），但总体上讲，联邦政府通常都没有积极参与到关注生境或环境的过程中去。最好的方法还是在委托—代理框架下研究这个问题。

第三是环境问题的全球性方面越来越正式地出现在国际（邦联）协议或议定书中。在这些协议中，民族国家自身的境遇与联邦制国家中地方政府相似。而这种情况反而增加了地方政府权力问题的复杂性和不确定性。澳大利亚就是一个明显的例子，澳大利亚联邦政府驳回了塔斯马尼亚大坝工程的申请，正是因为这个工程违背了澳大利亚签署的国际环境协议中规定的义务。

上文只提到了环境带给联邦制国家的少数复杂性。因此可能需要对成熟的联邦制国家解决环境问题的方式进行全面彻底地比较分析，从而得到一些重要启示，指导我们该如何更好地铭记宪法中规定的环境问题。在环境问题上，传统分配问题没有进程性问题重要。

鉴于环境问题需要国际（邦联）层面得到最终解决，因此我们可以从地方政府和国际机构之间的相互作用，全球化对联邦原则推广到超国家层面的作用进行分析。

对宏观联邦主义的国际层面的几点思考

随着国际协议的日益增多，大多数民族国家都身处“联邦”或“邦联”关系中，所以联邦主义的原则有望会逐步应用到超国家层面。虽然邦联协议存在已久，但其性质正在发生变化。这里有必要重复引述上文提到的 Daniel Elazar（1994，12）的观点：

> 早期和当代邦联同盟的区别是，早期邦联同盟的主要目的是军事安全，而后现代社会邦联同盟是为了经济。

这个观点进一步证明宏观联邦主义的焦点必将延伸到超国家层面的选定议题上去。

平行外交：区域—国际连接的延伸

本章开头就介绍了区域—国际连接与传统的民族国家连接之间的竞争。Courchene（1994a）延伸区域—国际连接关系的概念，认为该关系是指地方实体（省或州）向其他国家派遣大使，或与其他国家的地方实体达成协议的倾向。在这个方面，经常会提到一个例子，即欧洲大陆的四个发动机（巴登—符腾堡、加泰罗尼亚、伦巴第和罗纳—阿尔卑斯）为了协调彼此的经济、工业和其他跨境权益而在 1988 年达成的协议。巴塞罗那、蒙彼利埃和图卢兹还试图超过马德里和巴黎，以便在更大的欧盟框架下建立经济联系。

这种“国际政治的归驯化”（Ravenhill，1990，112）已经非常普遍。Ravenhill（1990，98）针对澳大利亚的情况提供了如下的理论依据：

各州政府都认为其（国外）办事处发挥的作用极其重要，是联邦政府无法替代的，因为它们不相信联邦政府能以同样的精力来帮助其谋求特殊利益。它们还认识到，在寻求国外市场和投资来源时的竞争对手不只是别的国家，各州彼此之间也存在着竞争。

Brown、Fry 和 Groen（1993，11）针对美国各州的情况做了如下评论：

美国各州直接走上国际舞台是最近才出现的现象，因为在经济发展全球化发现之前……美国拥有广阔的地域和众多国内的机会，没有精心谋划自身国际战略的必要。20 世纪 60 年代，只有 3 个州在国外设立了办事处。而到了 70 年代，这一数字就攀升到了 25 个州。至今，这个数字几乎已达到 80 年代早期水平的 3 倍，有 43 个州在国外设立了大约 160 个办事处，以促进贸易、投资、旅游的发展。

Soldatos（1993，62）用更笼统的语言表达了类似观点：

经济和通讯的全球化将使地理距离较远的地方（联邦州、省）之间相建立联系成为可能，有助于地方之间建立覆盖整个世界的功能网络。地方在世界舞台上已经表现得非常活跃，他们之间的平行外交日益超越了微观区域环境（跨境或跨区），延伸到了宏观区域和全球舞台。

欧洲区域—国际连接形势是耐人寻味的。随着跨境经济一体化的日益发展，各地方（联邦州、省）是否会代替民族国家，直接与欧盟基础设施密切合作？欧盟决定通过统一经济空间，甚至推行共同货币实现经济一体化，但却推迟政治深化进程，其中的动机是什么？如果目前进行政治深化，那么以欧盟各成员国的角色为中心很有必要。但如果把现有框架维持十几年左右，那么由此产生的经济一体化的性质（不仅是前面提到的跨境合作，而且相关特殊利益的变化也将影响到布鲁塞尔）很可能意味着 10 年后的政治深化将是一种完全不同的类型。据推测，该形势将最终消失的方式与欧洲统一经济空间内的企业组织方式有关。如果每个商业领域的企业组织方式都是“国家推动支持”，那么成员国政府就能够发挥更大的作用。但如果经济一体化主要是促进“企业的欧洲化”，且经济空间中占主导地位的是各个商业领域的跨国公司，到处都有货物和人员的内部转移，那么成员国政府能发挥的作用就很小了。然而无论如何，欧洲的区域—国际连接必将毫无疑问地得到加强，而欧洲最终的政治演化能否独立于正在发生的经济一体化进程仍是一个未知数。

最后，区域—国际连接也可以是反向的——从国际到区域。政策的制定正在日益国际化，在许多情况下，其对区域经济的影响与对国家经济的影响类似。可以找到很多证据支持这个观点，但本章仅就一点进行简要论述，即美国东北部公民现在对魁北克水电拥有相当大的控制权，不列颠哥伦比亚省的伐木政策必须对德国和英国公民负责，碧姬·芭铎（法国女明星，也是一名动物保护主义者）早就控制了大西洋的海豹捕猎行业。这些情况也是全球化和区域—国际连接的一部分。

国际协议和联邦制国家中的权力划分

虽然区域—国际连接的出现能促进联邦制国家的更大权力下放(即使在单一制国家也是如此，比如，“四个发动机”中的两个——伦巴第和罗纳—阿尔卑斯，就是单一制国家中的地区)，但是全球经济一体化的其他力量却背道而驰。本小节阐述的重点是国际协议的增多对联邦制国家权力划分的影响。墨尔本大学的 Greg Craven (1993，11) 有效地指出了核心问题：“中央（联邦）政府能否，只通过行使外交领域的权限，显著改变宪法中原有的权力平衡?” Craven 展开的论述如下：

> 一方面，如果允许中央政府自行选择是否签署和承诺实践任何国际协议，那么就会置联邦单位于宪法权力逐步受侵蚀的巨大危险之中。但是如果约束中央的权力……那么太多的限制就束缚了联邦政府在国际上的影响力。这个问题如今变得更为严峻，因为现今国际协议的范围非常广泛，中央政府既面临更大的诱惑，又更加迫切地需要使用外交权限，结果就损害了各自联邦单位。

本章篇幅有限，不可能就各联邦制国家的情况进行全面的论述，只能依次对各国家进行一个简短的评论：

■ 在美国，“显然，联邦行政政府（白宫）有权力……在很大程度上可以不受限制地签署全方位的国际协议”，虽然必须获得参议院三分之二同意票的要求“可以认为是为了保护联邦制的利益而对中央政府外事权力施加的一些限制”（Craven，1993，15）。

■ 在澳大利亚，对外事权力的司法解释使得“权力现在成为条约执行的权力”，也使得很多人士开始关注“联邦宪法中的规定即权力平衡现在受制于联邦行政政府的条约缔结权”（Craven，1993，22）。

■ 瑞士宪法规定“联邦政府对缔结条约和联盟有唯一的决策权”（Craven，1993，12）。

■ 在加拿大，根据1937年的《劳工公约案》，“联邦政府虽然有权缔结任何国际义务条约，但是其执行条约的权力……不得超出联邦宪法中规定的责权范围”（Wilkinson，1993，208）。

以上每个国家，都有许多细枝末节需要注意。此外，在缔结主要国际协议的前期准备阶段，许多联邦政府会广泛征求地方政府和其他利益集团的意见。即使宪法规定联邦政府的外事暨行政权可以凌驾于地方政府的职权之上，国内的政治氛围也不允许联邦政府这样做。

正如Wilkinson（1993，203～204）所述，关贸总协定（GATT）的规则对之前论述的加拿大的情况而言可能是个例外：

GATT的XXIV.12条要求各缔约国“尽可能地采取合理措施确保”境内的地方当局遵守GATT的规定。这是一个合理的、完全可以接受的规定。然而，乌拉圭回合谈判最后文本的草案对XXIV.12条的解释进行了补充，即“每个缔约国必须确保”地方政府遵守GATT中的所有规定。在加拿大，这一点引起了各省政府的极大关注，因为联邦政府和省政府可能会误解各自（在关贸总协定中）的执行权力。联邦政府认为“责任”只是意味着“负责任的”，而省政府把“责任”解释成“负责执行”。

据推测，其他联邦制国家中的地方政府也会关注这些问题。如果紧急关头取消对国内经济联盟的歧视性贸易壁垒，分权主义者就不会对 GATT 的某些方面那么不满了。当然，GATT 涉及的一些领域不只是国内市场问题的利害关系。

在联邦政府（国际）条约缔结权对国内权力划分的潜在影响上，德国率先在体制和宪法上实施了创意性的应对举措。正如 Leonardy（1992）所述，这样一来需对基本法进行以下修改澄清各州在对外关系中的作用（第 32 条）；在国际条约缔结和将主权职能转移到欧盟以外的国际机构问题上，修改联邦政府—州政府的权力划分（第 24 条）；修订后的第 23 条着重阐述欧盟中联邦政府—州政府之间的关系。虽然以上所有拟议宪法的结构方面与本书论题相关，但是本章只重点分析与欧盟有关的宪法安排。

在这个背景下，有三条规定显得尤其重要。第一条规定是“欧盟条约及其未来所有的修改（因为它们代表的是对基本法的间接修订）都应当获得联邦议院和联邦参议院（对宪法直接修订）三分之二的多数票才能通过”（Leonardy，1992，130）。因为联邦参议院由来自各州政府的代表组成，且这些代表都是遵照各自州政府的指示投票，所以这条规定本身就能很好地保障各州的权益。然而，除了这条规定以外，还有另外两个新特点。Leonardy（1992，131）写道：

> 《马斯特里赫特条约》必将引发宪法改革，然而，宪法改革的主要争议在于，各州希望通过两种方法增加其参与欧洲次级立法的权利。第一种方法与在欧洲部长会议投票之前，各州在德国内部决策中的影响力相关，各州坚持认为联邦参议院的意见应该是“决定性的”，因此在有关各州立法权限重心、各州行政当局的确立或者各州行政程序的所有事务上联邦政府都受到了约束。第二种方法与欧洲会议上的谈判和表决相关，各州要求“作为欧盟成员国，如果涉及的（欧盟）紧急事务重心是各州的立法权限，那么德国联邦政府行使的既定权利应该转移给联邦参议院提名的各州代表”。

Leonardy 紧接着补充道，这些措施并不是由于各州政府对《马斯特里赫特条约》有敌意，“而是简单而自然地涉及联邦制国家中对权力划分的争夺，德国联邦本身正在融入（欧盟）这个已经完全被接受的，在民族国家之上出现的新联邦结构”（Leonardy，1992，132）。

作为成熟联邦制国家中集权程度最高的国家，德国出现这种宪法安排似乎非常反常。部分原因可能是，因为德国本身是超国家结构（欧盟）中的联邦制国家，所以相较于其他联邦制国家，这些权力划分问题对德国来说更迫切。另一部分可能是因为德国上议院的特殊性质，这是其他成熟联邦制国家所无法比拟的。但 Leonardy（1992，133）提到了又一个原因——即，中央与地方（辅助）关系的某些说法一直都整体影响着德国的联邦主义，奥托·冯·俾斯麦在 1869 年的至理名言就体现了这一点：中央的权力不宜超出“维持对内整体凝聚力和对外事务效果所绝对必须的权力”。

其他联邦制国家想必会认真审视德国的上述立法提案程序。就当前目的而言，无论这些程序是否能适用于其他联邦制国家的宪法制度，但在重要性上它无法超过的事实是，随着不可逆的国际贸易和一体化协议的日益增多，联邦制国家的现有内部宪法平衡可能被搅乱。这种效果可能来自中央政府行使外事或行政权力，效仿德国对内部宪法进行重新设计，或这两者的组合。

民主赤字和全球邦联化进程

不可否认，本节提出的是一个高度猜想性的分析，并且可能只涉及了宏观联邦主义的外围问题。表 1.1 的第 f 行的最后一栏是我们进行以下分析的动因。第 f 行的主旨是，全球化可以被看作是消费者独立主权的到来（也就是说，全球化带来的自由贸易和信息爆炸增强了个人的消费主权）。但是全球化是否能增强个人的公民权利仍然疑点重重。这个问题的出现是因为随着权力（和主权）从民族国家向上和向外转移，公民再也不能直接运用与控制着他们生活重要方面的新体制了。如果“被控制的搭乘国”的现象较为普遍（这是指一个国家加入贸易集团时可能必须签署所有的现行规定），公民可能甚至都无法通过其政府（与控制其生活重要方面的新体制）建立有意义的间接或邦联联系。

David Held 论著的一个主题就是，全球化导致的公民—选民领域和决策领域之间缺乏一致性（脱节）。例如：

政治决策和后果相互联系的结构，使得民族国家对许多不同的资源和势力都无法控制，而自身却侵犯和强压于别国，所以这种相互联系的结构就需要把有关选区的概念扩大，以便涵盖受这种相互联系显著影响的领域和人群。原则上，民主自治需要在各个民主国家和机构之间建立一个不断扩大的框架或联邦，以便接受政治决策的分歧，并使其承担责任。但这里存在两个独立的问题：第一，改变问责制的领土边界，使得超出民族国家控制权的问题……能够得到更好的控制（例如，这一改变可能意味着把某些问题的决定权从民族国家转移到一个扩大的地域性或全球性框架中去）。第二，在领土分隔的政体上，有必要接合国际体制的主要机构、协会、组织，使得国际体制成为民主进程的一部分——在国际体制的工作方法中，采用一套与民主自治相符合的规则和原则。在全球体制下的民主，既需要对领土受限的政体性质和范围进行改变，又需要对中央势力和国际民间社会的形式和结构进行改变。总之，国家体制以及国际公民秩序连锁框架的民主化是至关重要的（Held，1991，165）。

即使不相信这个挑战的确切概念，人们也能认识到全球化无疑引发了民主赤字（欧洲术语）。很明显，解决民主赤字问题的一种方法是在国际水平上把治理结构从邦联制转移到联邦制。例如，在欧盟，这种方法就意味着通过民选产生的议会，对欧盟全方位的活动拥有决策权。虽然这种安排方法未必是在计划之中，但是总的来说，所有超国家结构都采用联邦制安排是最不可能的。如果联邦制不可能解决全部问题，那么还有什么其他的方法能够解决这个民主赤字？

不可否认，下面的论述是初级并带有猜想性的，我们认为解决民主赤字的一种方法是在国际上利用有信息权的公民。首先我们要认识到这个新的全球经济秩序中的霸主是资本。这种发展趋势是不足为奇的。流动资本不仅（或体现为跨国公司的国际化私营部门）更能全球化（例如，与国家政府结构相比），从而更能不失时机地利用新体制政体；而且也是新全球秩序使资本特权化的基本原理。尽管经济学家们可能认为这种事态是合理的，现在的事实仍然是：在新的全球秩序中权力大幅度地向资本倾斜。对抗（资本特权的）势力即将出现。表1.1暗示了正在进行的民族国家邦联化进程，这就可以认为是在部分程度上对抗了资本的国际化——之所以只是部分对抗，是因为关贸总协定的职责仍然没变，所以在自由贸易安排方面，民族国家的职能是兑现议定的承诺。的确，在某些方面，问题的复杂性在于，现在如果政府不遵守这些国际承诺或指令的规定，那么本国的公民就能把政府告上法庭。例如，欧洲法院（ECJ）的裁决就可以让英国修改英国法律中影响深远的性别歧视和同工同酬问题。事实上，现在欧盟各成员国受理的上诉法院有望执行欧洲法院的法律解释。如果有什么问题的话，那就是这种情况放大了民主赤字问题，因为“国家”机构，在这个意义上已经超越了本国公民的民主控制。这一情形加强了在国际决策或监管机构的层面上加强民主的需求。

对抗（资本特权）的一个潜在来源是新技术经济范式本身，即信息爆炸（表1.1的第e行）。围绕一系列问题凝聚起来的步调一致的跨国公民群体，可能即将成为一种新的政策和体制势力来挑战赋予资本的产权。至少最初，这个过程会通过影响各国政府（也就是说，加强邦联主义的进程）进行实施。但是鉴于在新技术经济范式中信息高速路和信息的民主化带来的回报日益增加，这个过程的影响可能会进一步延伸扩大。随着信息越来越多地在公民之间流动，穿越政治边界，随之而来的在国际上协调一致行使集体公民主权的做法就有了可能，其影响有可能与环保运动相似。

在某个层面上，所有这些问题都比较明显。国际政策游说团体已经非常强大。如前所述，可以说在加拿大碧姬·芭铎控制着海豹捕猎行业，美国东北部的居民控制着魁北克水电的未来建设活动，欧洲公民游说团体正在重新设计加拿大不列颠哥伦比亚省的森林政策。这些事态发展只是信息爆炸对政策，或者更笼统地说，是对治理响应的开始，其结果是耐人寻味地使得政策的管辖权并置了。前面小节的平行外交是指“国际政治的引进”。本小节的要点是“国内政策的国际化”。作为重要的一点，后者的发展意味着有必要进行一些研究工作，以便理解和评估所谓的信息高速路在政策形成过程中的新作用。

但是论点的核心涉及某些更基本的问题。更切题的事例是，在1994年春季的两个多星期的时间内，菲利普·莫里斯就造访了澳大利亚、加拿大和美国（也许还有其他地方）的立法和议会委员会。提到的确切问题随国家而不同，但是都涉及现有版权和商标权的性质和范围。这个事例很接近于国际公民对抗被视为全球资本的国际产权的举动。

不可否认，现在还不清楚这些跨国公民联盟即将或能够关注哪些焦点话题。除了上面的事例之外，候选的焦点话题可能包括游说某种形式的全球资本税，倡导多国国家碳税施压，挑战药品专利法以便尽早用上非专利药品，寻找各种途径以减轻技术经济范式对收入分配的影响。然而，值得重申的基本要点是，因为全球化导致信息乃至权力的民主化，特别是因为民族国家把很多主权都转移给了国际资本，从而导致权力脱节，所以期望公民不应对这个（民主赤字）挑战是不切实际的。

请注意，本书的讨论没有规范化的观点，都是属于实证分析。特别要指出的是，本文很自然地认识到资本更能迅速地利用全球化的机遇，部分原因就在于全球资本是全球化进程各个方面的催化剂。反过来，这就导致了在资本霸权上长期均等化的失衡。可能带有规范化观点的是，我们认为（资本特权）的一种潜在抗衡势力是有信息赋权的公民的出现。这个观点的假设是主权正在从民族国家向上和向外转移。或许本章应该讨论如果某些民族国家拒绝转移主权，那么将可能发生什么情况。美国公民现在终于认识到自由贸易协定（FTA）和北美自由贸易区（NAFTA）的确侵犯了其主权，并且开始认真关注这个问题，由此必将明显影响世界贸易组织等新兴国际机构，更不用说会影响北美自由贸易区的演化方式。总的一点是，超国家机构—治理空间必将影响经济空间一体化的方式和程度。

毫无疑问，人们可能认为大部分或所有的民主赤字讨论不是无关乎经济学（更不用说宏观联邦主义）的范畴，就是对其他学科的合理关注。这种观点是错误的。如果撇开本章对民主赤字问题的特定或特殊（狭隘）的论述角度，那么广义的民主赤字问题肯定与经济学家有关：由于民主赤字与新（技术经济）范式以及重新思考公民—国家关系相关，我们需要重新设计相关国家和国际体制秩序的各个方面。毕竟，新（技术经济）范式主要是由经济学驱动的。经济学家的研究方法，包括委托—代理分析，显然有足够的灵活性对民主赤字问题研究做出重大贡献。事实上，经济学家们已经在这个领域（关贸总协定、自由贸易协定等）的一个方面发挥了重要作用。难道经济学家们不应该把视野拓宽一些，也注重研究新（技术经济）范式的更大（广义）体制甚至是"民主"影响？

所有有关民主赤字讨论也可以换一种表述方法。上文定义的宏观联邦主义，一方面涉及税收、支出和监管任务的结构布局，另一方面涉及一系列辅助过程，以便促进和加强联邦制国家国内各项宏观目标的实现。本节的后半部分所包含的信息是，联邦主义的基本原则——自治和共治有必要被复制到超国家层面，并对由此而来的国际联邦—邦联结构以及现有的联邦制国家的运转具有重要意义。实际上，现在的挑战是为正在一体化的全球秩序编写经济宪法，为配合经济一体化制定持续的政治经济条例或政治条例。这个分析中隐含的假设是，在这个演变（经济一体化）进程中宏观联邦制框架能够发挥重要的，也许是至为关键的作用。

总体结论

本章的目的是对联邦制国家应对某些特定宏观政策问题的方式进行探索性的研究。数据采用的是五个成熟的联邦制国家（澳大利亚、加拿大、德国、瑞士、美国）和偶尔提及的欧盟的宪法、机构和程序。这项工作的潜在结论是，挑战基本上是双重的：第一，在特定的宏观政策层面，就新兴的联邦制国家该如何解决各自的管辖权限分配和过程层面的问题而言，要确定是否有值得强调的分析原则或最佳实践模式；第二，在总体层面，要确定是否有一些基本原则，能够把分析的各部分整合到一个连贯的宏观联邦主义框架中。

这个简短的结论部分将主要论述第二个挑战：认为在联邦国家，将宏观联邦主义看成是能够强化一些或大部分现有的宏观政策的整合分析型概念，是否有意义？以下的分析旨在应对这个挑战的各个方面。

所有的经济学都是国际性的

Peter Drucker（1993）认为："所有的经济学现在都是国际性的。"这个说法也是本章的主旋律，尽管在表述上主要讲的是全球化和信息—知识革命。货物和资本的国际贸易一直都是全球经济的主要特点。但是最近的一体化程度是前所未有的，特别是由于信息相关的服务迅猛增长，加上其他方面的因素，使得时间和空间对经济活动的影响显著减少了。因此，本章出现整合的因素肯定是需要从"所有的经济学都是国际性的"角度对政策领域进行重新思考。

这个说法有几个重要含义。

第一个含义通常是从国家经济角度审视的许多政策领域，现在必须从日趋国际化的背景重新审视。社会政策就是一个明显的例子。

第二个含义是：虽然这一概述适用于所有国家，但是对联邦制民族国家有特殊用意。由于某种程度的曲解，大多数联邦制国家的权力划分都是倾向于把明显的国际领域的权限分配给联邦政府，把地方事务的权限分配给地方（省或州）政府。本文对全球化论述的要旨是，许多先前的地方或区域性问题现在都成为了国际性问题。至少，在某种程度上，在对区域—国际进行连接或者被称为经济活动的"全球本土化"的讨论中这个观念都有所体现。换言之，尽管地方（省或州）政府仍然需要在当地施政或立法，但他们现在必须从全球性的视角考虑问题。

第三个含义是从第二个含义自然延伸的，与财政联邦主义的文献相关。本章的目的之一是确定被贴上宏观联邦主义标签的领域是否能反映被称为财政联邦主义的大批系统化的文献。本文对全球化的论述显示，由于经济的国际化，财政联邦主义本身可能需要重新审视。财政联邦主义的重点是财政公平和（财政）效率——特别是前者——通常发生在封闭经济的限制范围内。人们可以用这个观点思考加拿大的情况。在东西方贸易体系中将财政联邦主义框架应用到东西方转移支付制度的教训，能够等同于在南北方贸易体系中审视东西方转移支付制度的教训吗？大概不能。由此看来，人们要么在财政联邦主义文献中加入伴随公平和效率的宏观或开放的经济增长目标，要么开启一个被称为宏观联邦主义的新的领域，并随着时间的推移逐步侵蚀传统的财政联邦主义领域。

因此，在这个意义上说，人们可以认为宏观联邦主义有整合的特征（主旋律）。然而，从分析上说，这与所谓的把开放经济的宏观经济学应用到联邦制度中的做法并没有什么不同。

联邦主义作为结构对比联邦主义作为过程

上一小节主要注重的是宏观联邦主义的“宏观”方面，而不是“联邦主义”方面。从分析上说，“宏观”是这两者中比较容易的一个方面。至少就这里讨论的某些问题而言是如此，在这一方面，无论把魁北克看成一个省，还是一个独立国家，都没有多大的不同。换言之，对于许多由特殊经济和文化地理因素带来的问题，或是受特定管辖区的环境所带来的问题，都存在宏观决定论。

然而，现实是，区域经济不可避免地会嵌入政治结构中，该政治结构未必允许其区域经济利用自身潜在的比较优势。因此，从某种意义上说，这就导致了政治不平衡。例如，苏格兰如果切断与英国的联系，然后加入欧盟，以便追求更加独立的未来，那么苏格兰是否就能更富裕呢？虽然这个问题只是打个比方，但其中隐含的基本假设很重要——一方面是全球化和信息—知识革命的影响，另一方面是超国家的基础设施的出现，两者结合就可能影响政治格局做出反馈。大概欧洲从《罗马条约》到《马斯特里赫特条约》的演化就是这些了。

返回到联邦主义，这个分析至少能引出两个概述。第一概述是，联邦制度在应对这些宏观挑战的过程中不断演化。这个过程最明显的方面是，五个成熟联邦制国家中有四个国家的权限分配都是发生在很久以前的。反过来，这就意味着随着外部形势（例如全球化）改变了这些宪法运作的环境，这些国家的联邦制结构必须演化。一种调整途径是修改宪法；另一种调整途径是司法解释。关于法庭在维护和促进内部经济联盟中的作用方面，美国最高法院附加给跨州商业条款的广泛权力让人印象深刻，这种情况以前并不总是如此的。与此相关的，既然加拿大现在是北美自由贸易协定（NAFTA）的一员，几乎可以肯定的是加拿大最高法院也将着手扩大联邦贸易和商业权力的范围。虽然这两种调整途径——特别是后者——都在联邦制权力划分的演化中发挥了作用，但是本章大量的证据表明，长久而言，大多数的调整都是通过政治途径，而不是通过正式的宪法途径。正如本小节的标题所示，这个途径是将“联邦主义作为过程”。因为加拿大各省在证券业的运作上仍然拥有全部的权力，所以显然“联邦主义作为过程”的方法形成了一个有效的国家证券市场。在此，Carl Friedrich 的重要论述是值得回顾的：

联邦主义不应该只是被看作一种以各级政府之间的特定和精确固定的权力划分为特点的静态模式或设计。联邦主义也是，或许主要是一种……对共同问题采取联合政策，做联合决策的过程（引自 Bastien，1981，48）。

虽然许多因素都能触发联邦主义作为过程这个方面，但是可以公正地说，在最近的过去和可以预见的未来，主要的催化剂是全球化和信息知识革命（也就是说，宏观因素）。

对于新兴联邦主义国家而言，应对宏观联邦主义挑战的最明显的方法是通过权限分配。换言之，新联邦制国家有能力通过一定的方式制定自己的宪法，使其符合 21 世纪的挑战。但是参照过去的经历，这种（宪法设计）能力还不够。宪法必须能够在应对未来挑战的过程中不断演化。依照 1995 年的现实情况制定的关于税收、支出、监管权力的严格分配规定，到了比如 2010 年就几乎肯定是过时了。在这个意义上，“联邦主义作为过程”将一直是现代联邦制民族国家的一个组成部分。

不过，反过来，这个问题就使得试图总结宏观联邦主义的原则或最佳实践方法复杂化，因为在任何特定时间点上，一个特定领域的适当宏观政策的成果都是既可能来自结构，又可能来自过程。

到目前为止，本小节的主题是，宪法在一个重要的程度上是内源性的。换言之，宪法将在应对宏观联邦主义的规定中不断演化。例如，如果加拿大和美国于 1789 年和 1867 年分别通过了对方的宪法，那么几乎可以肯定，加拿大仍然将是（比美国）更为分权的联邦制国家。在这个意义上，宪法确实是内源性的。但是这种对宪法或结构的定义可能过于狭隘。假设美国只有 10 个州，而加拿大有 50 个省，在这种情况下，美国必将是（比加拿大）更为分权的联邦制国家。在这个更深的层次上，结构显然是重要的。

第二个概述是，宏观联邦主义的原则必须经过（因为缺少一个更合适的名词，所以就姑且称之为）联邦制度的体制结构的过滤，这里的体制结构既包括宪法—体制设计的要素，又包括地方政府的特点（文化、经济、地理等等）。从本质上，这种方法强调了标题是“全球化、邦联主义和信息革命”的小节的主题，即联邦制原则的变化。因此，我们对联邦制度的分类，可以从权力下放的程度上进行；从地方政府在中央政府的表现方式上（也就是说，州际或州内联邦主义，以及此间的变化形式）进行；从两级政府之间的运作关系上（也就是说，行政联邦主义或立法联邦主义）进行；等等。当这些特征结合叠加到一个地方实体的集合上时，最终的结果就是如前所述的体制结构。比如德国，德国联邦主义的一个突出特点是，追求“生活条件的统一”，正如《基本法》第 72（2）条概述的一样。鉴于这条规定，人们可以认为德国联邦主义的体制结构是经过优化设计的（至少在东德、西德统一之前是如此）。然而，把这条宪法规定应用到加拿大的各省上就是不可想象的，因为加拿大的各省在文化、经济、地理上的差别实在太大了。换言之，虽然行政联邦主义对德国是合适的，但是立法联邦主义可能对加拿大是完全必要的。

这些结构显然对宏观联邦主义规则的实施是极为重要的。正如在标题是“内部经济一体化”的小节所述，在德国促进国内经济联盟是相对容易的，因为德国的大部分立法权都划分给了联邦政府。换言之，德国的宪法结构足以保证完成稳定国内经济联盟的任务。与此相对的是，诸如加拿大等立法联邦主义国家，这些国家就必须对宪法结构进行创新，以便保证国内经济联盟稳定。

但是行政联邦主义并不总是能够化难为易。例如，实行竞争的联邦主义，或是通过遵循区域—国际连接的各个方面来追求地方的比较优势，在这些事情上，自然就是立法联邦主义国家更容易办到。

人们可以把这个分析进一步深入，质疑联邦制国家的体制结构在全球化和信息知识革命新规定面前，是否能保持稳定。前面已经提及了比利时、魁北克、苏格兰的情况。而澳大利亚则是一个耐人寻味的例子。澳大利亚的各州至少在地理上差异巨大，人们便会认为分权的立法联邦主义在澳大利亚应该是合理的。然而，澳大利亚的联邦制度在许多关键方面是高度集权的，是以平等主义意识构成基础的，与此对应的是德国联邦制度的“生活条件的统一”的基础。所以，随着澳大利亚的联邦制成立一百周年的到来，宪法问题就显得突出了，在这个背景下，比如 Macphee（1993）认为澳大利亚应该成为一个单一制国家的观点也就不足为奇了。Courchene（1995b）采取了另一种观点——全球化将把澳大利亚推动到相反的方向，成为更加分权的联邦制国家。这个论点简单说就是，珀斯（Perth）和西澳大利亚与西太平洋地区一体化的方式，完全不同于悉尼和新南威尔士州（New South Wales）与其主要贸易伙伴一体化的方式。

虽然这个争论表明全球化的力量可能影响到联邦制国家的体制结构，但是尽管如此，无论何时，宏观联邦主义都必须把这些体制结构当作给定前提。正如已经指出的，这个情况使得宏观联邦主义的原则将适用于所有联邦制国家的方式复杂化。然而，鉴于在不同的联邦制国家，财政联邦主义的体制结构也显著不同，所以尚不明确这一考验是否有别于财政联邦主义的现有挑战。

所有国家现在都是联邦制

在倒数第二节，我们进行了大范围的分析，反映出以下事实，即联邦制原则现在已成为超国家层面的主导体制原则。正如所有的经济现在都是国际性的，同样，各国政府之间的所有经济关系也日益联邦化（或邦联化）。因为我们已经充分（尽管是猜测性地）论述了这个领域，所以这里只需要提两个观点。第一个观点是相当明显的：本章解决的大多数宏观联邦主义问题在国际层面上都有相对应的问题。第二个观点可能对目前的分析更重要：许多这些宏观联邦主义问题都是源自于——或至少是由于——超国家层面（例如欧盟）的原则和惯例获得了更大的关注。例如，有关中央银行结构，促进国内经济联盟，地方政府借贷权力等问题，现在都可以借鉴超国家层面的广泛文献。同样地，联邦制国家在这些问题上的相关经验，现在也为超国家层面的分析提供了信息。至少在一定程度上，本章的目的之一就是试图整合这两大部分文献。

本 章 注 释

1. 这些小节是逐字逐句地摘自 Courchene (1994b)。

2. 其实，在 1984 年，相比加拿大其他地区，大西洋地区的贸易赤字超过了 60 亿加元，所以这个假设是完全切合实际的。

3. 有关这个问题的进一步详细情况，以及加拿大的均等化制度该如何改变，以便包含更适当的激励机制，参见 Courchene (1994b)。

4. 在澳大利亚联邦政府代表各州借贷的那段时期，澳大利亚可能是个例外。

5. 尽管魁北克省是均等化—接收省，但魁北克省也是个大省（其人口超过加拿大人口的 20%）和多元化的省。此外，魁北克省有着自己单独的个人所得税和扩大的支出函数（相对于其他各省），所以在收入和支出权力上，在任何联邦制国家中，魁北克省无疑都算得上是最独立的地方管辖区。最后一点，直到最近，魁北克水电的实力对维护魁北克省的信用评级是有很大功劳的。

本章参考文献

Bank of Canada. 1991. "Opening Statement by John Crow, Governor of the Bank of Canada, before the House Standing Committee on Finance." Bank of Canada, Ottawa, November 19.

Barro, Robert J., and Xavier Sala - I - Martin. 1991. "Convergence across States and Regions." *Brookings Papers on Economic Activity* 1: 107 ~ 58.

Bastien, Richard. 1981. *Federalism and Decentralization: Where Do We Stand?* Ottawa: Ministry of Supply and Services.

Bell, Daniel. 1987. "The World and the United States in 2013." *Daedalus* 116 (3): 1 ~ 31.

Bird, Richard. 1994. "A Comparative Perspective on Federal Finance." In*The Future of Fiscal Federalism*, ed. Keith Banting, Douglas Brown, and Thomas Courchene, 293 ~ 322. Queen's University, School of Policy Studies, Kingston, Canada.

Blanchard, Olivier Jean, and Lawrence F. Katz. 1992. "Regional Evolutions." *Brookings Papers on Economic Activity* 1: 1 ~ 62.

Bomfim, Antulio, and Anwar Shah. 1991. "Macroeconomic Management and the Division of Powers in Brazil." Policy Research Working Paper 567, World Bank, Washington, D. C.

Breton, Albert. 1985. "Supplementary Statement." In *Report of the Royal Commission on the Economic Union and Development Prospects for Canada*, vol. 3, 486 ~ 526. Ottawa: Ministry of Supply and Services.

Brown, Douglas, Earl Fry, and James Groen. 1993. "States and Provinces in the International Economy Project." In *States and Provinces in the International Economy*, ed. Douglas Brown and Earl Fry, 1 ~ 22. Kingston, Canada: Queen's University, Institute of Intergovernmental Relations.

Buiter, Willem, Giancarlo Corsetti, and Nouriel Roubini. 1993. "Maastvicht's

Fiscal Rules." *Economic Policy* 16 (April): 57 ~ 100.

Commission of the European Communities. 1993. "Stable Money—Sound Finances." European Economy 53, Commission of the European Communities, Brussels.

Courchene, Thomas J. 1992. *Rearrangements: The Courchene Papers.* Oakville, ON: Mosaic Press.

——. 1994a. "Globalization: The Regional/International Interface." Luncheon address to the 41st North American Meetings of the Regional Science Association International, Niagara Falls, ON, November 17 ~ 20.

——. 1994b. *Social Canada in the Millennium.* Toronto, ON: C. D. Howe Institute.

——. 1995a. "Macrofederalism: Some Exploratory Research Relating to Theory and Practice." Monograph prepared for the Policy Research Department, World Bank, Washington, D. C.

——. 1995b. "Two Cheers for Australian Federalism." Centre for Comparative Constitutional Studies, Melbourne.

Craven, Greg. 1993. "Federal Constitutions and External Relations." In *Foreign Relations and Federal States*, ed. Brian Hocking, 7 ~ 26. London and New York: Leicester University Press.

Cukierman, Alex. 1992. *Central Bank Strategy, Credibility, and Independence: Theory and Evidence.* London: MIT Press.

Drucker, Peter. 1993. *Post – Capitalist Society.* New York: Harper Business.

Eichengreen, Barry. 1993. "European Monetary Unification." *Journal of Economic Literature* 31 (3): 1321 ~ 1357.

Elazar, Daniel. 1994. "Is This the Age for the Revival of Confederation?" Centre for the Study of Federalism, Temple University, Philadelphia, PA.

Freeman, Christopher, and Carlota Perez. 1988. "Structural Crisis of Adjustment: Business Cycles." In *Technical Change and Economic Theory*, ed. Giovanni Dosi, Christopher Freeman, Richard Nelson, and Luc Soete, 38 ~ 66. London: Pinter.

Goodhart, Charles P. E., and Stephen Smith. 1993. "Stabilization." In

European Economy 5：417～455.

Hayes, John. 1982. *Economic Mobility in Canada*: *A Comparative Analysis*. Ottawa: Ministry of Supply and Services.

Held, David. 1991. "Democracy, the Nation State, and the Global System." *Economy and Society* 20 (2): 138～172.

Leonardy, Uwe. 1992. "Federation and Länder in German Foreign Relations: Power－Sharing in Treaty Making and European Affairs." *German Politics* 1 (3): 119～135.

Leslie, Peter. 1991. *The European Community*: *A Model for Canada*? Ottawa: Ministry of Supply and Services.

Lipsey, Richard G. 1994. "Markets, Technological Change, and Economic Growth." *Pakistan Development Review* 33 (4): 327～352.

Macphee, Ian. 1993. "Politics, Economics, and Constitutional Reform." Opening address to the conference on Challenges to Australia's Second Century of Federalism, Griffith University, Queensland, Australia.

McKenna, Frank. 1993. "Lifelong Learning at Work." Keynote address to the 62nd Annual Couchiching Conference, Orillia, ON, August 5～8.

Musgrave, Richard. 1959. *The Theory of Public Finance*. New York: McGraw－Hill.

Ohmae, Kenichi. 1990. *The Borderless World*: *Power and Strategy in the Interlinked Economy*. New York: Harper Business.

Paquet, Gilles. 1995. "Institutional Evolution in an Information Age." *Technology*, *Information*, *and Public Policy*, ed. Thomas J. Courchene, 197～220. Kingston, ON: John Deutsch Institute for the Study of Economic Policy, Queen's University.

Ravenhill, John. 1990. "Australia." In *Federalism and International Relations*: *The Role of Subnational Units*, ed. Hans J. Michelmann and Panayotis Soldatos, 76～123. Oxford, U. K.: Clarendon Press.

Reich, Robert. 1991. *The Work of Nations*. New York: Alfred A. Knopf.

Soldatos, Panayotis. 1993. "Cascading Subnational Paradiplomacy in an Interdependent and Transnational World." In *States and Provinces in the International*

Economy, ed. Douglas Brown and Earl Fry, 45 ~ 64. Berkeley: University of California, Institute of Governmental Studies Press.

Springate, David. 1973. *Regional Incentives and Private Investment.* Montreal: C. D. Howe Institute.

Thurow, Lester. 1981. "The Productivity Problem." In *Policies for Stagflation: Focus on Supply*, vol. 2, ed. Ontario Economic Council, 11 ~ 34. Toronto: Ontario Economic Council.

Wilkinson, Derrick. 1993. "International Trade Policy and the Role of Non-central Governments: The Recent Canadian Experiences." In *Foreign Relations and Federal States*, ed. Brian Hocking, 202 ~ 210. London and New York: Leicester University Press.

第二章 全球化、信息革命和重新思考财政联邦主义的迫切性

全球化和信息革命对工业化国家和正在经历工业化的国家的经济治理产生了深远的影响。全球化让数以百万计的人口脱离了贫困，而信息革命则让公民在国家事务中获得了权力和主动参与的机会，这在过去的历史中是前所未见的。全球化和信息革命还成了在国家内外"重塑"政府职能的催化剂（Friedman，1999；Courchene，2001；Castells，1998），而且在某些情况下，甚至能够从现有的国家创建出新的国家。因为全球化，人们越来越意识到"民族国家太小而无法应对生活中的大问题，又太大而无法解决生活中的小问题"（Bell，1987，13～14）。换言之，国家正在逐步丧失对其传统治理领域的控制权，其中包括宏观经济政策、企业税收、对外贸易、环境政策、电子通讯和金融交易。全球化也在让小型的开放式经济体无法应对大型的对冲基金的影响，而且两极分化的收入分配方式，有利于熟练技术工人和地区但不利于低技术和信息不畅的工人和地区，因此在国家内部，虽然

收入水平提高了，但是收入的差距也在不断扩大。因为信息革命，政府控制公共产品和服务、意识形态以及文化产品流动的能力降低了。全球化和信息革命的这对孪生力量也在加强本土化并巩固全世界人口逐渐发展的城市化的成果。全球化和信息革命也让地方（基层）政府和准政府服务供应方——如社区联盟、非营利性组织和营利性组织以及自助团体和网络获得了权力，来发挥更大的作用，通过与其他地方的市场和资源的更强的联系来改善地方层面的经济和社会成果。本土化的影响在某些领域体现为还权于民，在其他领域则体现为强化了地方精英的权力。Courchene（1993、2001）将这些变化的整体影响定义为"全球本土化（glocalization）"，这说明了全球体制、基层政府和准政府实体的作用越来越大，而国家政府和州政府在这个相互交织的世界中的作用正在逐渐发生变化。

本章将分析与21世纪出现的政府结构的重大变化有关的潜力和风险。本章将讨论全球化和信息革命对政府治理的影响，以及多中心治理的权力分化的相关影响。本章强调的是正在出现的挑战以及地方政府应对这些挑战的措施。最后一部分主要展示一种新式的多级治理模式，在这种治理模式中，政府机构和政府间机构得到了重组，以使公民重新发挥管理者的作用。

全球化和信息革命对国家治理的影响

全球化代表的是世界通过在经济、政治、技术、交流和法律方面的全方位联系而变成一个共享空间的过程[①]。这种全球的相互连接性意味着在世界的一个地方发生的事情会对世界的其他地方产生重大影响。这种新的联系逐渐让生产和服务与地点分离开来，因此增加了边界的渗透性并减少了和国家政策工具的影响力。生产的逐渐国际化让公司

① 本部分受到了Courchene（1993、1995a、2001）以及Shah（1998a、1998c、2002）的启发，并大量借鉴了其中内容。

不再受限于单独一个国家的资源禀赋。Drucker（1993）提出了全球经济体三个基本的“去耦（分离）”（也可见 Courchene，1995a、2001、2008）：第一产业（农业）与工业经济脱离；在工业部门之中，生产与就业脱离；而且资本的流动取代了商品和服务的贸易，已经成了世界经济的引擎和驱动力。

随着全球化的不断推进，它引起了暴露现有全球治理体系脆弱性的一个巨大变化。全球化会对将激励因素与国家生产联系在一起的国家产生负面影响。这种社会经济变化的影响程度，使得政府和个人难以应对其带来的后果，尤其是那些因为这种变化而遭受财富逆转的国家和个人。下面的章节将重点讨论这种重大变化对国家治理体系的影响。

民族国家的再定位、超国家机构的出现及本土化的加强

经济活动的全球化对于国家内部的宪法安排产生了特殊挑战。Strange（1996，4）认为“世界市场的非个人力量现在已经超越了应属于国家的位于经济之上的终极政治权力……其他机构和组织，以及基层和地区机构权力的不断扩张体现了国家权力的不断削弱。更容易看到的是，民族国家正在快速丧失对某些传统管理领域的控制权。例如，宏观经济政策、对外贸易、竞争政策、电子通讯和金融交易。国家政府管理控制商品和服务流通、意识形态以及文化产品的能力已经被削弱。例如，东亚金融危机证明，民族国家应当对金融机构和对冲基金的部分行为进行监督核查。危机产生的背景是，工业化国家的银行机构向印度尼西亚的金融机构提供了贷款，而这些金融机构没有足够的抵押品，此外出现了民族国家绝对不允许出现的大型对冲基金冲击国家货币稳定性的情况（见 Whalley，1999）。

同样，资本流动性的增强也削弱了政府对资本收入征税的能力，尤其是在大部分发展中国家为吸引外资而展开激烈税收竞争的时候。因为政府无法追踪跨境交易，所以对资本收入的征税，也变得非常有限。例如，日本政府难以对在布鲁塞尔证券交易所交易英国证券的股票经纪人的收入进行征税。对于跨国公司来说，也有越来越多的机会能够通过转移定价来减轻其税收负担。虽然电子商务得到了发展，但是即便是工业化国家也难以对这些活动征税。因此，政府资助公共产品——尤其是具有再分配性质的公共产品的能力受损，这是因为随着经济自由化和全球整合，政府对累进所得税（如企业和个人所得税）的获取能力降低了，而对一般性消费税（如增值税）的获取能力提高了（Sinn，2003）。对于公共部门在提供公共服务方面有不良表现的国家来说，通过全球化和税收竞争造成的对政府税收能力的侵蚀可能会是一种受到公民欢迎的变化，这也就是目前大多数发展中国家所面临的情况。

全球化意味着再没有什么“海外”这种说法，而且“无家可归”的跨国公司，可以绕开传统的所在国或母国的管理体制。这些国家管理的难题为全球治理的专门机构的出现铺平了道路，如世界贸易组织（WTO）和全球环境基金（GEF）。除此之外，还有很多这样的机构，尤其是那些用来管理信息技术、卫星通信和国际金融贸易的机构。对于那些正面临经济危机和寻求国际协助的国家来说，即便是在传统的经济政策领域，国际发展金融机构对地方决策的影响力也在提升。因此全球化正在逐渐改变主权、领土和国家权力之间的关系（见 Ruggie，1993；Castells，1997）。这种转变说明治理权力将被分散到国家内外的多个中心。所以在未来的几年中，民族国家将会把这些领域的责任分配给超国家机构。

信息革命及还权于民

信息革命的出现，“数据收集、分析和传递，以及在全世界范围内协调活动的能力得到了大幅提升，与此同时，这样做的成本出现了大幅下降”（Lipsey，1997，76）。各家公司现在能够对“价值链分割”（Krugman，1995b，333）从而获得国际竞争力。信息革命让公民能够通过政府难以阻拦的方式获取、传递和改变信息，并在此过程中削弱行政管理的控制力。信息革命还限制了政府不让公民了解信息的能力。信息的全球化——如卫星电视、因特网、电话和传真也能够提高公民对其自身权力、责任、选择和替代的意识，并且加强权力下放（还权于民）和决策的本土化。在特定问题上的国际合作可以让消费者获得主权、公民获得更大的决定权，这也反过来成为对抗全球资本影响力的力量。此类合作的影响在环境问题上尤为突出，例如建设水坝和阻止海豹捕捞业（Courchene, 2001）。

消费者主权与民主赤字*

在日益融合的无边界世界经济体中，居民作为公民的利益与其作为消费者的利益不相配。生产的国际化让他们作为消费者获得了权力，因为绩效标准是由市场而不是官员制定的。但是他们作为公民投票的权力被剥夺了，因为他们决策的参与权受到了进一步的损害，私人部门和公共部门的决策中心都超越了民族国家范畴，因此产生了民主赤字。例如，在一个全球化经济体中的公民，无法直接参与到影响其自身福利的决策中。这样的决策都是在超国家机构和实体的总部中做出的，如国际货币基金组织、世界贸易组织以及可口可乐和麦当劳等跨国公司。同样，如 Courchene（2001）提到的那样，欧盟部长级委员会发布了数百条命令来限制各国及其公民。Friedman（1999，161）写道："当所有的政治都是由当地基层政府机构决定的时候，你的投票事关紧要，但是当权力转移到跨国领域的时候，就没有真正的民主选举，也没有投票的人了。"因此在全球经济体中，为了保护公民作为消费者的利益，个人越来越多地寻求公共决策的本土化和地区化，从而更好地保护其利益。为了应对这些发展情况，Castells 认为国家政府应当舍弃一部分主权从而变成全球治理秩序或网络中的一部分，而且国家的中心职能将变成为超国家治理和国家治理机制提供合法性并确保其履行职责（Castells，1997，304 ~ 305）。

城市和地区的国际化

随着资本流动性的提高以及对外直接投资限制的放宽，与国家政

---

* 民主赤字，是指政府的政治治理与民主相差巨大，即高层管理者所构建的上层建筑得不到民主的支持。——译者注

府相比，基层政府作为基础设施相关服务的供应方，可能成为吸引此类投资的更适合的渠道。随着边境变得逐渐模糊，以及人口逐渐向城市地区集中，城市有望取代国家参与到交易型经济联盟中。欧洲各地公民已经发现，国家政府与其生活的关联性正在消失。人们正在越来越倾向于将他们的身份与城市和地区关联起来。例如高山钻石联盟就将里昂和日内瓦与都灵联系起来，这成了欧洲打破民族国家限制并形成新的政治经济命运共同体的最激进的措施（Courchene，1995a、2008）。“身份分权化”降低了公民在国家层面上的相互团结性，并破坏了对高福利国家的支持。另外，同样的力量也会形成将国家分解成更小、更同质单位的压力，而且这种压力会降低国家政府的合法性（如前捷克斯洛伐克和南斯拉夫、比利时、西班牙）。

知识与国际竞争力

因为存在资本和其他投入的流动性，技术取代资源优势正在成为决定国际竞争力的重要因素。有技术的劳动力，尤其是能提供“符号解析”服务的人员[①]，应该被看作资本而不是劳动力。Courchene（1995b）认为，如资本仍要保持其重要性，就必须加入知识或高附加值的技术。这些发展情况说明，即便是资源丰富的国家也必须转型成为以人力资本为基础的经济体，也就是所谓的知识经济，而且社会政策再也无法与经济政策区分开来了。但是以前，教育和培训一般都是地方政府的责任，因此现在这种责任需要得到重新划分，也就是国家政府要在提高技术方面发挥更重要的作用。新的经济环境也使得收入分配更有利于技术工人的收入分配，从而造成收入的两极分化，进而会加重收入不平等，而且有可能会淘汰中低收入阶层。因为国家政府可能没有办法来应对这种社会政策问题，所以，与国家政府合作的地方政府可能就会需要使用不同的策略来应对正在出现的社会政策危机。

---

① Reich（1991）将这些服务定义为问题解决服务、问题识别服务和策略经纪服务。

国家内部的潜在矛盾来源

国际贸易协议一般包括社会和环境政策规定，但是这些政策一般都是地方政府的责任。这些协议体现了各级政府之间日益增多的矛盾，因为关于对外关系的国家决策会影响国家内部的权力平衡。为了避免这些矛盾，这些协议就必须包含社会及当地环境政策规定，并需得到地方政府的批准，目前加拿大的情况就是这样。

国家职能的转向：抗衡全球化的力量

全球化改变了国家调控的环境，并且削弱了小型开放经济体应对外部冲击的能力（Rodrik，1997a、1997b）。这种外部冲击一般会对社会安全网络以及收入分配造成严重的破坏性的影响，而且会增加贫困率，最近的东亚经济危机就是如此。这种社会经济的破坏会增强对公共支出的需求，尤其是在社会保护和再分配方面的支出。全球化也会让有技术的工人获得更好的优待。Courchene（1993、2001）认为优待技术工人也会导致非技术工人的工资达到“全球最高”工资水平，因为这些工人会被其他地方更廉价的劳动力所取代。各家公司可能会求助于社会倾销（也就是通过降低收入保障和社会安全网络福利来保持国际竞争力）。Rodrik's（1998）在其涉及经济合作发展组织（OECD）国家的文章中对这种观点提出了支持。Rodrik 发现经济自由化与公共社会保障和福利支出有积极的联系。随着全球化的不断发展，公共部门必须在社会保障及福利方面进行更多的支出，从而保证社会凝聚力（见 Rodrik，1997a、1997b）。技术工人和非技术工人之间不断加大的收入差距有可能会产生两极分化的收入，并让中低收入阶层消失。因此，Rodrik（1997a）警告道，由此产生的社会瓦解可能最终会破坏国内舆论，从而让保护主义再次在全球出现。为了应对目前在多个国家出现的金融危机，经济自由化的逆向发展现象出现了。某些发展中国家的政府已经通过资本控制（如马来西亚），或通过利用国际援助（如印度尼西亚和泰国）来加强社会安全网络以应对这些冲击。本小节主要讨论超国家机构在应对竞争政策、管制短期资本流动和监管对冲基金活动方面的作用。

信息革命可能会促使国家政府更好地满足公民的需求，并限制对治理分权化的需要。信息革命正在减少交易成本，因此会降低纠正信息不对称性的成本，也会降低编制和执行更好的合作契约的成本（见Eid，1996）。Hart（1995）认为，在全球化的世界，组织形式的改变并不是什么严重的结果，因此对分权化机构的需要也降低了。

总之，全球化绝不意味着国家的消失，相反，全球化意味着将相互连接的世界中的国家重新塑造为应对更复杂的治理结构。某些国家的领导人甚至还会发现，国家在促进全球资本市场运转来应对社会经济政策的问题方面起到更加积极作用，如东亚国家所经历的那样。

本土化

越来越多的国家正在重新审视各级政府的作用及其与私人机构和公民社会之间的关系，以期创建能够为民服务的政府[①]。这些变化的整体推动力显示了向放权化（还权于民），或本土化（分权化）的发展趋势。

事实证明，权力的本土化是一个富有争议的话题。权力的本土化可以被看作是某些问题的解决方案，如不正常的公共部门及缺少民众的参与，另外也可以被看作是新问题的根源，如地方官员的俘获、因缺少财政准则而造成的宏观经济治理的恶化以及地单位不正当的财政行为。如Shah（1994b、1998a、1998d）与Boadway等（1994）所述，在选择各级政府之间正确的权力平衡时也会出现概念上的困难。除了这些概念问题，还需要考虑国家内部的平衡等许多实践因素。这其中包括民众参与大选的水平、封建政治、公民服务文化和激励、治理与问责结构和基层政府的能力。

① 见Shah（1998a）对这些变化动因的讲述，以及Shah（2007b）对新地方治理的讲述。

全球本土化

新兴的管辖权调整

在许多国家中，对全球化和本土化的讨论以及公共部门的绩效表现日益不满，迫使政府重新考虑权力调整的问题，并促进了管辖权的调整。参考前面提到的观点，专栏 2 – 1 中列出了联邦主义关于责任分配的最新观点。金融交易管制、国际贸易、全球环境以及国际移民等职能，已经逐渐向上集中化传递给了超国家的机构；部分州政府的培训职能等，正在由中央政府更多地投入；而基层政府的职能，则正在通过提高公民团体和私人部门的参与，下放给了基层政府和非当地准政府组织。在发展中国家，对于这些安排的重新考虑将基层公共服务的责任逐渐下放到了更低级别的政府身上。这些国家的数量虽然不多，但是却在逐渐增加。现实情况是，发展和加强权力下放政策取得成功的体制安排明显滞后。加强基层政府购买和提供当地服务的能力仅受到了有限的关注。在实现这种调整的过程中，即便是强化中央政府和中间层级政府职能也并不总是很成功。实际上，在一些国家，分权化主要是为了把预算赤字和相关的债务负担转移给地方政府。

专栏 2 – 1　全球化下新兴的政府职能调整

超民族国家层面：金融交易管制、企业税收、国际贸易、全球环境、电子通讯、国际标准、国际移民、监督治理条件、全球安全和风险管理、跨国生产、投资和技术转让以及应对洗钱、腐败、流行病和恐怖主义。

中央政府层面：通过国际协议制定的社会和环境政策、为提高国际竞争力进行的技术改进、社会安全网、监管和提供地方政府的技术支持。

地区化、本土化和私人化层面：所有的地区和基层职能。

21 世纪新兴的治理结构

目前世界上出现的变化具有超国家化、集权化、地区化和本土化等特点。但是不管怎么说，治理结构的缓慢变化也代表了大多数国家的单一制宪法结构向联邦制或邦联制宪法结构的转变。这种转变说明世界正逐步从一个集权的结构转变为全球本土化（Glocalized）的结构。在这个世界上，中央政府的角色将会从管理授权者转变为在多中心的政府环境中的领导者。政府治理文化也在缓慢地从官僚文化转变为参与式运行模式；从命令与控制模式转变为对结果负责的模式；从内部依赖转变为竞争和创新；从封闭和缓慢转变为快速和开放；从无法承担风险转变为允许失败或成功的自由。过去的全球金融危机阻碍了这种变化，但是随着宏观经济稳定性的提升，新的治理结构逐渐在 21 世纪站稳了脚跟（见表 2－1）。不过在很多发展中国家，这种转变还需要较长时间才能实现，因为这些国家中存在着政治和制度层面的困难[①]。

表 2－1　　20 世纪与 21 世纪治理组织结构的对比

20 世纪	21 世纪
单一制	联邦制或邦联制
集权	全球化及本土化
管理中心	领导中心
公民是代理人、主题、客户或消费者	公民是管理者和主体
官僚式	参与式
命令与控制	回应与问责
内部依赖	竞争
封闭与缓慢	开放与快速
无法承担风险	允许失败或成功自由
政府为中心	交互式直接民主的治理为中心

① 见 Shah（2007a）中对分权化财政体系中权力划分的再安排的观点。

续表

20 世纪	21 世纪
基于资源的经济竞争优势	基于人力资本的经济竞争优势
作为联合起来或团结一致的工具的联邦制	关注网络治理和延伸的全球合作联邦制
居住原则，越权规则（ultra vires），“狄龙法则（Dillon's rule）①”	社区治理原则、辅助性原则以及自治原则和共享原则
具有民主赤字的有限但是作用不断扩展的全球机制	具有广泛作用的，改良治理和问责的全球机制及网络
共同治理过程中新兴联邦突出	教育、培训和社会保障方面强化的，精简但关爱的联邦政府
强大的州（省）政府作用	各州（省）政府经济影响力不断下降，为保留影响力而激烈竞争（tays - of - war）
基层政府作用逐渐缩小	基层政府作为经济增长发动机发挥关键作用、作为公民的首要代理人、作为共同治理的维护者、作为网络治理的促进者；非政府实体的作用更强大
税收和支出集权，通过有条件的转移支付（带有投入性条件）来承担地方政府支出	税收和支出分权，财政能力均等化和基于产出的国家最低标准转移支付

反思财政联邦主义的迫切需要

财政联邦制与政府联邦系统中的经济决策过程有关，其中公共部门的决策是在各级政府层面上做出的②。不同的联邦制国家在其选择什么样的财政联邦制上有很大差别，关于如何在各级政府之间分配财政权力，以及需要什么样的相关财政安排尤其如此。例如，巴西、加拿大和瑞士都是高度分权的联邦制国家，而澳大利亚、德国、马来西亚和新加坡则是相对集权的联邦制国家。财政权力在联邦成员之间的分配可能是不对称的。例如，某些成员可能会面临不太公平的情况（因

① 从法律上说，各种基层政府都是州政府的创造物，基层政府只能从事那些由州立法机构明确认可的活动，这就是所谓的“狄龙法则”。——译者注

② 本部分以 Shah（2006e、2007b）为基础。

为特殊情况而具有较少的自治权），如印度的查莫和克什米尔以及俄联邦的车臣地区。相对地，有些成员可能会获得比其他成员不平等或更平等的对待，如马来西亚的沙巴州和沙捞越以及加拿大的魁北克。还有一种可能是，联邦体系可以让其成员选择不平等或是更平等的条件，例如加拿大的可以选择进入或退出的制度、西班牙与脱离地区之间的协议，以及欧盟为丹麦和英国颁布制订的例外条款。进一步来看，由这些选择导致的财政安排通常需要接受定期检查和重新定义，以适应国内外不断变化的情况。在加拿大，法律对这种定期检查有明文规定（落日条款），而在其他联邦制国家，财政安排出现变化的原因可能仅仅是法院解读宪法规定和法律的方式不同（如澳大利亚和美国）或者通过各种政府命令来进行修改（大部分的联邦制的做法）。如前所述，近些年，信息革命以及新的无疆界世界经济体的出现所带来的巨大变化让这些选择面临更多的额外压力。下文将重点讲述在联邦制国家中，因财政权力划分所产生的几个常见的重要挑战以及基层政府是如何应对的。

财政权力的分配

信息革命和全球化正在对国家内的宪法构成提出挑战。信息革命通过公开政务让公民监督政府并使其变得更加负责。全球化和信息革命代表了一种向超国家体制和地方化治理的转变。在适应这个不断变化的世界的过程中，联邦体制中的各级政府正在为重新定位自身角色以保持其影响力而感到日趋紧张。

各级政府之间持续不断的压力来源之一就是纵向财政缺口，也就是低级政府层面上收入方法和支出需求不匹配。地方政府的纵向财政缺口和收入自治是这些联邦制国家遇到的一个问题，因为税收权力的集中化的程度远远超过满足联邦必要支出的需求。这种集权强化了中央的影响以及中央对于地方政策的政治控制，而且甚至会破坏自下而上的问责。这种情况在澳大利亚、德国、印度、墨西哥、马来西亚、尼日利亚、俄罗斯、西班牙和南非的州一级政府遇到的问题。在尼日利亚，中央分配资源收入方面存在特殊问题；在德国，这些问题正在促使政府进行一个对分配问题的更广泛的检查，以及重新考虑如何在联邦政府、州政府和基层政府之间分配权力，不过关于德国新的财政联邦制还没有形成共识。

在国家内转移权力平衡方面有两大新兴趋势：第一个是州和省（第二级/中间级）政府在经济中的影响力逐渐被削弱；第二个是基层政府在多级治理中的角色发生转变，影响力逐渐提升。

中间级政府正在失去其对经济的影响力，或是正在向沙漏型联邦制转变。巴西、加拿大、德国、印度、马来西亚、俄罗斯和美国的联邦政府在政府间（联邦—州）共享规定方面发挥着重要的作用。在巴西，固有的权力和特定的收入一定程度上限制了州政府预算的灵活性。在南非，国家政府承担了为社保出资的责任。在美国，联邦政府在共同治理的决策领域起到了越来越重要的作用，并为其在州政府和地方政府的执行方面建立了责任。这种转变通常会通过没有资金的授权或是只提供部分资金的授权而完成的。在加拿大和美国，联邦政府都会通过减少向省或州的财政转移支付来部分解决其债务。

新出现的政府间（联邦—州）之间矛盾还体现在，在双重联邦制的国家中——如澳大利亚、加拿大和美国（基层政府是州政府创建的），联邦政府正在尝试与基层政府建立直接的关系，而且甚至在此过程中避开州政府。在巴西、加拿大、南非和美国，州政府在人民生活中的经济影响力正在逐渐消失，但是其宪法作用和政治作用仍然很强大。这种调整让垂直协调变得更加困难，而且会影响一个州应对其内部财政不平等的能力。在印度，联邦政府通过任命联邦官员担任州执行决策的关键职位保留了对于州事务的强大控制权。整体而言，联邦制体系中，中间政府的经济作用正在衰退，但是这不包括加拿大和瑞士。在加拿大，省政府相对于联邦政府的经济作用正在变得更加重要。在瑞士，州政府具有更加强大的宪法作用，而且得到了来自本地公民的更强大的支持。瑞士的州政府类似于加拿大、印度和美国这种大型联邦制国家的地方政府。但是，在所有联邦制国家中，州政府的政治作用仍然非常重要，甚至在一些国家中，这种作用还出现了加强，如德国和巴基斯坦。在德国，州政府需要发挥执行欧盟法令和为地方规划及发展做出决策的中心作用。在巴基斯坦，2008 年新选举出来的政府需要面对的是省政府具有更大的权力和自治性。

关于地方治理的新观点以及州政府日益增长的抗拒。全球化和信息革命正在加强本土化，并通过当地的网络管理扩展了基层政府的作用。这种调整需要基层政府作为地方服务的购买者、政府网络的促进者，准政府职能的提供者以及州政府和国家政府在共同治理领域的看门人和监督者。但是，基层政府在社会政策领域却面临着来自各自州政府的一定阻力。在巴西、印度和尼日利亚，基层政府具有宪法地位，因此能够更好地发挥其作用。在瑞士，直接民主确保了基层政府的重要作用；在巴西和瑞士，基层政府在地方治理方面也有较大的自主权。在其他大部分联邦制国家中，基层政府是州政府的下级，他们向联邦政府和州政府提出请求，而且拥有极少的自治权。基层政府自给自足的能力依赖着信息革命引发的还权于民。俄罗斯在这一方面可作为成功案例，因为近些年来的集权化过程没有受到各州及基层政府或是广大人民的反对。在加拿大，某些省份对学校资金进行了集中。在南非，基本医疗责任被分配到了省级政府。在大部分国家中，基层政府都缺乏财政自主权，而且只有少量的或根本没有活跃的生产性税基，但是对于基层政府提供服务的需求却是与日俱增。在加拿大和美国，现有的基层税基（尤其是财产税）已经处于过度征税状态，没有增长空间了。在美国，这一问题因为在征税方面的限制以及在环境和社会支出方面没有资金支持的政令要求而变得更加复杂。

弥合国家内部的财政差距

国家内部的财政差距是国家内部经济差距的一个重要方面。基于全国范围内具有可比性的税收水平而形成的具有可比性的公共服务能够促进商品和生产要素（劳动力和资本）流动，而且有助于确保国家作为统一的经济联盟的地位。

大部分成熟的联邦制国家（不包括美国）都尝试过通过财政均等化项目来解决地区财政差异。美国没有任何这样的联邦项目，但是州教育资金使用了均等化原则。加拿大宪法对这样的项目进行了规定，而且经常将其看作是让该国团结在一起的“黏结剂”。大多数均等化项目的资金都来自于联邦政府，但是德国和瑞士的均等化项目是例外。在德国，较富裕的州会累进贡献向均等化基金，而较贫困的州则从该基金获得拨款。在瑞士，新的均等化项目从 2008 年开始执行，该项目的资金来自于联邦政府和较富裕的州。

各联邦国家对于这些项目的设计、发展和管理的制度安排是不同的。巴西、印度、尼日利亚、西班牙和南非会考虑各地的财政能力的程度以及需求因素，从而在收入分享项目中决定各州的份额。马来西亚使用的是人头税拨款。俄罗斯使用的是混合的财政能力的均等化项目。加拿大和德国的财政均等化项目则是为了平衡各地的财政能力使其都达到特定的标准。澳大利亚的项目更加全面，平衡了澳大利亚各州的财政能力和财政需求，但同时又受到商品和服务税收入总额的限制。

现有均等化项目的公平和效率所造成的影响是大部分联邦制国家持续争论的热点。在澳大利亚，支出需求补偿所产生的复杂性，是不满足现有平等化项目的一个重要原因。在加拿大，省政府对自然资源的所有权，是造成省级财政差别的重要原因。在德国和西班牙，过度激进的均等化项目造成了某些富裕地区财富的消失。德国一些富裕的州，曾经将这件事情上报到宪法法院，以减少其对均等化基金的出资。在巴西、印度、马来西亚、尼日利亚、俄罗斯和南非，现有项目的平等和效率的影响也造成了许多争论。

在自给自足联邦制下的财政审慎和财政纪律

在联邦制国家中，地方政府强大的自治力，加上其有获得联邦紧急援助的机会，使得地方政府层面上的财政无纪律性成了一个需要考虑的问题。保证财政纪律的一个做法是通过执行联邦制和立法联邦制，以及正式和非正式的财政规定来协调财政政策。近些年来，通过立法确定的财政规定已经引起了更多人的注意。这些规定包括预算平衡控制、债务限制、税收和支出控制，以及为新征税和支出活动进行的投票。大部分成熟的联邦制国家也会在建立中央银行的时候，专门强调无紧急援助的规定。如果银行部门提供了明确的或者含蓄的紧急援助担保以及优惠贷款，那么在地方政府层面上，就难以硬化预算约束。财政调整项目的最新经验说明，虽然立法确定的财政规定对于成功的财政调整来说既不是必要的也不是充分的，但是却有助于形成可持续的政治承诺，进而实现更好的财政结果，这对具有分裂的政治制度或联盟体制的国家来说效果更为明显。例如，在比例代表制国家中（如巴西）、多党联合制政府国家中（如印度）以及立法职能和行政职能相分离的国家中（如巴西和美国），这些规定有助于保持进行改革的政治承诺。这些国家中的财政规定有助于限制分肥政治，因此能够改善财政纪律。巴西、印度、俄罗斯和南非的经验就能证明这一点。澳大利亚和加拿大在没有立法财政规定的情况下就保证了财政纪律。而虽然德国拥有立法财政规定，但是财政纪律仍然是一个问题。瑞士的经验是保证可持续的财政纪律的成功经验。为保证可持续的财政纪律，瑞士主要采取了两条措施：财政公民投票让公民能有机会否决政府项目；某些州通过立法规定需要将财政盈余的一部分储存起来，防止财政不景气时出现债务问题。

内部共同市场的分裂

虽然保持内部统一市场不仅是所有联邦制国家的首要目标，而且是经济业绩的关键决定因素，但是，消除对这样的经济联盟的障碍对于发展中的联邦制国家来说，仍然是一个有待解决的挑战。以邻为壑或竞次的财政政策，以及妨碍产品和要素流动性的壁垒，都有可能会削弱分权化决策所带来的优势，这从巴西、印度、墨西哥和西班牙近些年来的经验就能够看出。与之相反，加拿大和美国的联邦体制已经成功地应对了这一挑战，其方法就是保持一个共同的经济联盟。

财政体制无法激励有回应和负责任的治理

在大部分联邦制国家中，尤其是发展中的联邦制国家，政府间转移支付关注的是分配财政“蛋糕”，而没有考虑为有回应和负责任的服务供应创建激励。收入共享的安排通常会防碍基层税收努力，而通过弥补差距的方式引入不正当的财政激励。在大多数联邦制国家中有条件的转移支付关注的是投入控制和微观治理，因此破坏了地方自治。在少数国家中，如美国，这些转移支付被用作分肥政治的工具。将基于产出转移支付款建立在国家最低标准的基础上，从而为基于结果的问责创建激励条件的实践根本不存在。

结语：多级政府治理的新观点

在过去的20年中，全球化和信息革命已经让国内外的治理结构产生了重大变化。这种国内权力分配方面的重大变化所产生的一些影响包括：全球机构在某些中央和联邦政府传统职能领域变得越来越重要，如宏观经济政策和贸易政策以及管制方面；联邦政府在社会及环境政策方面广泛的作用变得更大，而这本来是联邦制国家中省和州政府应该发挥作用的传统领域；中间政府（州或省）的经济影响力逐渐消失，但是其政治作用仍然非常重要；基层政府和准政府实体在为公民改善经济社会成果方面的重要性越来越高；以及最重要的一点，公民重新获得其作为治理者和主体的权力，而不再被看作是话题、消费者或客户了。全球机构重要性的增加强调了民主赤字，因为这些机构的治理结构目前对广大公民既不回应又不负责。在未来十年中，公民行动主义有望促使这些机构对其治理结构进行改革，从而能够更好地回应公民的声音。在国家层面上，重新调整管理结构的压力越来越大。这有可能会鼓励政府自下而上的问责，从而更好地提供服务，并减少公民与政府交流过程中所产生的成本。这种趋势将把目前关注内部的政府结构转变成服从公民直接控制的结构。这说明，基层政府在作为其公民的首要代理人方面的作用得到了提高。在这一作用中，基层政府可以是当地服务的购买者，政府服务和准政府职能网络的促进者，以及州政府和国家政府在共同治理领域的看门人和监督者（见 Shah 与 F. Shah，2007；Shah 与 S. Shah，2006）。这一职能体现的是从高级政府到基层政府或准政府实体及网络的基本转变。这一职能具有重要的宪法意义。剩余的职能应当由基层政府来承担。州政府可以提供城市之间的服务，并为社会服务提供资金。国家政府应当主要承担再分配职能、安全职能、外交关系职能和跨州职能。例如，协调统一共同框架。超国家机构将负责提供全球公共产品，而且应当具有透明的、负责的和可靠的民主治理结构。这样的重新安排会让公民成为管理者并重新获得权力，而且会促进竞争和创新以改善当地经济及其与国家及全球市场的联系。全球化和信息革命会促成还权于民这样的转变。而现有的政治和经济机构以及安全和恐怖主义问题则会妨碍这样的范式转变。全世界的社会经济福利的提高关键取决于消除后两种障碍的速度。

第三章 财政联邦主义与宏观经济表现

全球大量且越来越多的国家正在重新审视多级政府的角色及其同私人部门和公民社会着眼于创建为其人民运转和服务的政府时的伙伴关系（见 Shah，1998c 以及 Shah 和 Thompson，2004 中对变化动机的描述）。这一反思已导致对财政联邦主义原理与实践的兴趣复苏，因为联邦制度被视为能提供防范集权剥削和分权机会主义行为两者威胁的措施，同时使决策过程更贴近于民。事实上，联邦制代表选民地理单位要么“联合起来”要么“团结一致”，从而利用国家的大和小优势，在一个扁平化的（全球化的）世界中，“民族国家太小而无法应对生活中的大问题，又太大而无法解决小问题”（Bell，1987，13～14）。然而，根据一些有影响力的作者，适应“联合起来”或“团结一致”的联邦财政制度对宏观经济稳定构成威胁。他们认为，分权的治理结构与审慎的财政管理甚至是地区财政公平不匹配（Prud'homme，1995；Tanzi，1996）。本章调查了这些观点的概念基础和实证基础。更具体地讲，本章提出了下列问题：

• 在分权的财政制度下，宏观经济管理不善和不稳定性是否具有更大风险（联邦制国家 V. S 单一制国家）？

• 到今天为止，联邦制国家与单一制国家相比，在宏观经济管理方面有何经验？或者说，分权对财政纪律和宏观经济稳定有何影响？

为解决这些问题，本章采用了一个简单的制度计量经济学分析视角。利用关于财政制度的新制度经济学观点对交替性财政体制下的财政与货币政策制度的优劣进行探讨（见 Von Hagen，2002、2005，以及 Von Hagen、Hallet 和 Strauch，2002）。这一观点旨在为公民（委托人）诱导各级政府（代理人）遵守受命进行的工作的过程中降低交易成本。一个创建制衡机制以抑制各代理人投机行为并赋权给委托人采取纠正行动的财政制度有望产生更好的财政结果。财政结果在本章背景下，相关的问题就是什么类型的财政制度（集权的还是分权的）能够为合同的执行或规则或限制提供更大潜力，以限制不审慎的财政管理。为了吸取一些公共政策利益方面的教训，联邦制和单一制国家货币与财政政策的制度安排的定性描述由两个国家的案例研究和交替性财政制度下与财政结果相关的可用实证证明的更广泛综述得以补充。

财政结果制度安排与常见的误解不同，本章的结论是，相比集权的财政制度，分权的财政制度能够为完善的宏观经济治理和地区财政公平提供更大潜力。尽管关于这些问题的实证证据不充分，但是进一步支持了财政分权是与完善的财政绩效及国内统一市场的更高效运作有关这一结论。这正是人们所期望的，因为分权的财政制度不同参与者（决策的中心）角色更加清晰、规则透明以及支配其互动的制度设计更审慎，以确保公平参与并限制寻租机会。本章剩余部分讨论了分别为货币和财政政策详细阐述的宏观经济管理的制度环境；回顾了国内统一市场和经济联盟的注意事项；吸取了提高宏观经济治理质量的一般性和制度性教训。

宏观经济管理的制度环境

利用马斯格雷夫的公共职能三部曲——即（资源）配置、（收入）分配和（宏观经济）稳定，传统上，财政联邦主义文献达成了一个广泛共识：第一个职能往往被分配至低层级政府，而后两个职能就更适合分配给国家政府。因此，宏观经济管理——尤其是（宏观经济）稳定政策被明确地视为中央职能（见 Musgrave，1993；Oates，1972）。（宏观经济）稳定职能不适合分配给地方政府的原因包括：（1）地方举债会使地方政府承担更高的地区成本，却也带来收益，因为这样的（宏观经济）稳定会超过地区边界，结果能提供的（宏观经济）稳定微乎其微；（2）地方债务的货币化会产生通货膨胀压力，并会对物价稳定造成威胁；（3）货币的稳定性需要货币和财政政策职能只由中央执行；（4）周期性冲击一般都是全国范围的（所有地区都是对称的），因此需要全国做出反应。尽管这些观点受到了几个理论和实证领域作者的挑战（Scott，1964；Dafflon，1977；Sheikh 与 Winer，1977；Gramlich，1987；Walsh，1992；Biehl，1994；Mihaljek，1995；Sewell，1996；Huther 和 Shah，1998；Shah，1999b、2006b），但这些观点仍旧赢得大批追随者。经常得出的启发是公共部门的分权，尤其是在发展中国家，对于“宏观经济问题的加剧”来说具有重大风险（Tanzi，1996，305）。

为形成关于此问题的观点，我们仔细考虑了货币和财政政策所需的制度框架的理论与实证基础。

货币政策的制度背景

货币政策关系到对诸如物价水平、货币总量、汇率和名义 GDP 等名义变量的变化水平和速度的控制。因为通过对这些名义变量的控制来提供一个稳定的宏观经济环境是被公认的主要职能，所以货币政策在所有的民族国家（联邦制和单一制国家）都是集权的。但是，偶尔会有人认为应当将地区维度添加到货币政策的设计和执行中。例如，

Mundell（1986）认为，一个最佳的货币区域应当比某些联邦制国家的范围要小，例如加拿大和美国，而且在这种情况下，汇率政策的差异影响可能与地区之间公平对待的宪法要求是不一致的。当联邦政府在国内举债而省政府却从国外借债的时候，情况就会变得更加复杂：加拿大就是这种情况，因为联邦汇率政策影响到了各省的债务偿还本息。与之类似的是，Buchanan（1997）则反对建立邦联中央银行，如欧盟中央银行，因为这样会否定竞争型联邦制的精神。

在一个集权的货币政策环境中，Barro（1996）警告道，如果没有货币当局对物价稳定的强力承诺，则可能无法实现稳定的宏观经济：如果人们预料到会使用货币供应的增加来应对经济衰退，那么对于这种反应的缺少将会加深衰退。对于物价稳定的强力承诺的信用度可以通过一直遵守正式规则或是货币规则来建立，例如固定汇率等。阿根廷的1991年《可兑换法》规定比索在美元方面的价值是平等的，而巴西1994年的《雷亚尔计划》帮助实现了对这一信用等级的测度信用度。阿根廷中央银行通过在1994年12月到1995年3月期间容忍货币基础方面的严重紧缩强化了这一承诺的信用度，因为对于墨西哥危机的投机反应造成了阿根廷外汇储备的下降。

另外，保证各级政府的独立性对于主要任务是物价稳定的中央银行来说，能够建立此类承诺的信用度（Barro，1996；Shah，1998c，11）。Barro认为，对于专注于物价稳定至关重要，以至于他认为理想的中央银行家甚至不需要是一个出色的宏观经济学家，而应当是一个对物价稳定有坚定承诺的人（1996，58）：“理想的中央银行家出现在公众面前应当总是郁郁寡欢的，从来不讲笑话，而且要一直抱怨通货膨胀的危险。”实证研究表明，从1955年到1998年，三大最独立的中央银行（瑞士国家银行——瑞士中央银行、德国联邦银行和美国联邦储备委员会）的平均通货膨胀率是4.4%，而三个最不独立的银行（直至1989年的新西兰、西班牙和意大利）的平均通货膨胀率为7.8%。前三个国家的通货膨胀率进一步体现出了较低的波动。同样的研究还指出，中央银行的独立程度与平均增长率和平均失业率无关。

因此，Barro（1996，57）认为：“更独立的中央银行显然能够不劳而获。”欧盟通过建立一家独立的欧洲中央银行已经意识到了这一原则。

那么关键问题是，在分权的财政制度下，中央银行的独立性是否会折中。有人可能会推理预料到，中央银行在分权制度下可能会有更大的利益和独立性，因为这一制度会要求对中央银行的运行准则进行分类，尤其是其职能及其与各级政府之间的关系。例如，当巴西在1988年引入了分权的联邦宪法之后，极大地提高了中央银行的独立性（Shah，1991；Bomfim与Shah，1994）。但是，巴西中央银行的独立性与其他联邦制国家相比仍显得比较薄弱（见Hunther与Shah，1998）。而在另一方面，在集权制国家中，中央银行的角色一般由财政部决定并受到其影响。在极端情况下，英国（单一制国家）中央银行英格兰银行的职能并不是法律规定的，而是由英国财政部培育的传统随时间流逝形成的。只有在1997年5月，新当选的首相托尼布莱尔的工党政府才确保英格兰银行能够自由地实现物价稳定。这种稳定性可能仍会受到折中影响，因为财政大臣仍然是董事会里具有投票权的成员。

新西兰和法国（单一制国家）最近也意识到了中央银行独立性对于物价稳定的重要作用，并授予其中央银行独立性。新西兰1989年的《储备银行法案》授权物价稳定是中央银行的唯一职能，而且明令禁止政府参与货币政策。而在另一方面，中国人民银行却没有享受这样的独立性，而且经常作为开发银行或是中央银行“政策借债”的代理机构运行，且在此过程中逐渐削弱了其确保物价稳定的作用（见世界银行，1995；Ma，1995）。就货币政策而言，中国人民银行只能执行国务院授权的政策。1995年的《中国人民银行法》第七条规定，中国人民银行的角色只是“在国务院的领导下执行货币政策”（见Chung和Tongzon，2004）。

对于这一问题的系统研究，Huther与Shah（1998）将Cukierman、Neyapti和Webb（1992）提出的关于80个国家中央银行独立性的证据与同样国家财政分权指数进行联系。Cukierman等人根据对中央银行运行的16个法定方面的调查对中央银行的独立性进行了评估，这其中包括首席执行官的任职、政策形成的正式结构、银行在其章程中规定的目标以及对借债给政府的限制因素。Huther 与 Shah（1998）发现，在财政分权和中央银行独立性之间存在着一种弱而正相关的关联，证实了我们做出的中央银行独立性在分权制度下得以强化的推理判断。Shah（2005b、2006b）最近的研究使用了 40 个国家从 1995 年到 2000 年的横截面（数据），而且提供了对财政分权对中央银行独立性的影响的计量经济分析。其结果证实了财政分权和联邦制对于中央银行独立性的正面影响。

由中央银行紧急救助出现问题的州立银行和非州立银行而造成的货币基础增加偶尔代表了货币不稳定性的重要根源以及宏观经济的显著障碍。在巴基斯坦这个集权的联邦制国家，中央政府和省政府在过去曾经突袭过国有化银行。在巴西这个分权的联邦制国家，州立银行在过去曾经向其自身的政府提供过贷款而且没有考虑预期的政府营利性和风险，最终导致了 1995 年的所谓千亿美元的州债务危机。但是，后来在 20 世纪 90 年代晚期，巴西通过对州立银行的成功私有化以及禁止政府从州立银行或中央银行借债正面解决了这一问题（Levy，2005）。因此，不管财政制度的分权程度如何，中央银行的确保政府及银行部门之间公平交易的角色会提高货币的稳定性。

已有的实证证据表明，与具有大批参与者的分权结构相比，在具有集权治理结构的国家里，这类公平交易更加难以实现。这是因为分权的结构需要各类公共参与者角色的更大明确性，包括中央银行。难怪我们会发现四个被公认为独立的中央银行（瑞士央行、德国央行、奥地利央行和美联储）都是高度分权化联邦财政结构的产物。有趣的是，德国央行的独立性没有得到德国宪法的担保。规定了此类独立性的《德国央行法》还规定中央银行有责任支持联邦政府的经济政策。实际上，德国央行一开始曾通过关注物价稳定来寻求建立其独立性，这一点在 20 世纪 90 年代得到了验证，当时德国央行决定提高利率来为德国统一提供资金，根本不顾对联邦债务的负面影响（见 Biehl，1994）。

《瑞士联邦宪法》（第 39 条）将货币政策分配给了联邦政府。然而，联邦政府已经将货币政策的执行权委派给了瑞士国家银行，而瑞士国家银行是一家由特殊法律管理的私人有限公司。尽管 1953 年的《国家银行法案》要求国家银行根据国家的整体利益来执行其政策，但还是将执行货币政策的独立性授予了瑞士国家银行。有趣的是，瑞士国家银行会向各州分配一部分自己的利润，来灌输地区在货币政策执行方面的主人翁及参与意识（见 Gygi，1991）。

Shah（2005b、2006b）也实证调查了一些关于财政分权对货币稳定性影响的额外问题，包括货币供应增长、对通胀的控制、通胀及宏观经济平衡。该研究的结论是，货币供应的增加主要是由中央银行的独立性决定的，而且财政分权具有微不足道的正面影响。与之类似的是，财政分权对于价格通胀具有正面但是微不足道的影响。最后，研究发现财政分权对于通胀及宏观经济平衡的影响是微不足道的。

巴西的货币管理：十年的成功改革

长期以来，巴西的银行系统都掌握在各州手中，且政府会从其银行进行轻率的贷款，继而引发紧急救助。这一传统削弱了财政纪律和宏观经济稳定。最近，联邦制度已经能够设法对付这些问题了。为此目的，巴西已经向巴西央行授予了大量的独立性，而且还采用了各种制度来促进政府与金融机构间的公平交易。1996 年 8 月，联邦政府实施了“减少州参与银行业活动的项目”（PROES），该项目要么向州政府提供财政支持，从而准备州立银行的私有化、清算和重组，而且其中一些银行被转变成了开发机构，要么自愿选择将整个改革过程的控制权委托给联邦政府（Beck、Crivelli 与 Summerhill，2003）。政府的努力成功地减少了州立银行的数量。在私有化的州立银行中，包括下列以前的州立银行：里约热内卢（BANERJ，1997 年 6 月）、米纳斯吉拉斯（BEMGE，1998 年 9 月）、伯南布哥（BANDEPE，1998 年 11 月、巴伊亚（BANEB，1999 年 6 月）、巴拉那（BANESTADO，2000 年 10 月）、圣保罗（BANESPA，2000 年 11 月）、帕拉伊巴（PARAIBAN，

2001 年 11 月）、戈亚斯（BEG，2001 年 12 月）和亚马逊（BEA，2002 年 1 月）。

最近，2000 年颁布的《财政责任法》（LRF）禁止政府向其拥有的银行或中央银行借债。它要求所有新的政府借债都要获得巴西央行的技术审批以及参议院的审批。在现任的政府任命结束前 180 天内禁止进行借债操作（Afonso 与 De Mello，2000）。对于资本市场而言，LRF 规定，违反债务上限的融资操作将无法律效力，且已经借出的款项应当不计利息全额归还。因无效性而造成的未付利息构成贷方（放款人）的损失。

总体而言，巴西自 1997 年以来已经实现了货币纪律，并自 1995 年以来保持了物价稳定。

中国的货币管理：仍然得过且过

中国的单一制特点通过其一党执政体系得到了极大地强化。在 20 世纪 80 年代初之前，中国拥有的是一个并不复杂的由中国人民银行组成的银行体系，连同几个专门的银行，如人民建设银行——财政部的一个分支。中央预算和银行体系提供企业所需的营运资本，以及主要用来支付劳动力资本和农业产品购置的现金。银行体系的角色有限，因为大部分企业固定资产的投资都来源于政府预算的直接拨款。1983 年，在一次主要改革中，直接拨款被提供给生产企业的生息贷款所取代。结果，银行系统逐渐成了获得投资融资以及中央权力机构进行宏观经济调控的主要渠道。1984 年，在国务院的指示下，中国人民银行变成了中央银行，且其商业银行业务被转变成了中国工商银行。还建立了一个省级分支网络，来接力中央银行的货币业务。与此同时，出现了其他的专业银行和非银行金融机构以及许多地方分支机构。这些银行和中央银行建立了市、县甚至是乡镇级分行。中央银行的借债压力源于国有企业的投资需求。

尽管这些（银行）发展情况使企业融资的分权化成了可能，但是也为资源的争夺创造了一个更广阔的金融舞台，而且让中央对货币政策的管理变得极为复杂。在分权制度下，省和基层政府具有大量的投资决策权，并对地方银行分支机构的信贷扩张产生了极大的影响。虽然各省在年初会获得一定的信贷上限（最高额），但是央行在来自地方的压力下，经常被迫修改年度信贷计划。央行的地方分支机构对于央行向金融部门的年度借债有30%的自由决定权（见 World Bank，1997，7.23）。省政府和基层政府利用央行分支机构的这种自由裁量权进行对自己有利的随意借债，从而威胁到了物价稳定。根据 Qian 和 Wu（2000）的说法，央行提供给省级银行70%的贷款通过央行的地区分支机构进行调拨。结果，在1988年和1989年出现了两位数的通货膨胀，而且后来又出现了银根紧缩（信贷紧缩）。货币（通胀）周期似乎比改革前更加频繁了，而且造成了大量的资源浪费。在1993年、1994年和1995年，又出现了两位数的通货膨胀，这是因为高的惊人的利润超过了1992年的信贷上限（最高额）。鉴于这些影响，某些研究已经发现了在这一时期进行的货币分权是一个错误（Qian，2000）[①]。作为回应，1995年的《中央银行法》通过将央行地区分支机构的监察权重新且唯一分配给央行总部以对货币政策进行再集权。尽管成效有限，中国的货币当局已经采取了各种措施来促进银行系统中的公平交易。它们通过减少省政府对中国人民银行地区分行的影响（现在重组为9个地区，与之前的31个省级行政区配置截然相反）；通过限制地方政府对国有银行的影响，尽管国有企业从这些银行获得的贷款并没有得到限制，而且这些银行未执行的投资组合规模出现了增长；以及通过利率自由化来鼓励市场纪律（上述措施）促进了国有银行业中的公平交易。

这些政策并不是很成功。虽然国家商业银行不受基层政府的控制，且有权决定如何分配其贷款，但是国有银行会受到来自中央政府的强大压力，要么直接向无法支付工人工资的国有企业提供资金（Cull 与

① 按照 Ma（1995）的说法，因为当前的货币和财政制度，地方政府的激励机制与中央激励机制一致。因此，在1989年和1993年进行重大分权改革之后，便立即出现了通货膨胀，从而迫使中央政府重新集权。

Xu, 2003)，要么购买政策性银行发行的债券（Yusuf, 1997）。国有银行愿意遵从这些要求，因为万一出现违约，就期望获得中央政府的紧急援助。在这方面，Cull 和 Xu（2003）提出了实证性证据，证明了银行贷款和营利性之间的联系在 20 世纪 90 年代变弱了；而 Shirai (2003）却通过实证发现，商业银行对政府债券的投资与更低水平的盈利率有关。上述两个研究的结果都证明了中国的改革没有成功促进充满了具有紧急援助性质的贷款业务的银行系统中公平交易的看法。中央政府利用银行系统向地方政府和国有企业提供资金的做法对于金融部门的治理稳定物价产生了有害的影响。

财政政策的制度背景

在单一制国家中，中央政府承担财政政策的专属责任。在联邦制国家中，财政政策是各级政府共担的责任，且联邦政府运用其支出权（如支出权力或财政转移支付）以及道德劝说通过联合会议来引导财政政策使用一种协调的方式。联邦制度下的责任分配也会对（宏观经济）稳定政策的执行给予一定的关注，通常是将稳定且周期性不太敏感的收入来源和支出责任分配给地方政府。此类分配试图将地方政府与经济周期隔离，而且政府在执行（宏观经济）稳定政策方面具有突出作用。在大型联邦制国家中，这种隔离通常可能只对最低层级的政府有效，因为中间层级的政府（州政府和省政府）与联邦政府共同承担提供周期性敏感的服务（的责任)，如社会援助。这些中间层级的政府可以使用周期性敏感的且充当内在（自动）稳定器的收入基础。

作为财政审慎毒药的财政联邦主义

数名学者（Tanzi, 1996；Wonnacott, 1972）辩称，在没有实证证据的情况下，地方政府的融资在开放的联邦制度中可能是一个问题来源，因为地方政府可能会避开联邦政策目标。Tanzi（1995）也关注了初级政府的赤字产生和债务管理政策。最近研究强调的是可能违反联邦制经济体中的财政政策协调性而运行的联邦宪法的制度弱点（Weingast,

1995；Seabright，1996；Saiegh 和 Tommasi，2000；Iaryczower、Saiegh 和 Tommasi，2001）。这些研究注意到，定义了联邦治理结构的制度框架通常包括大量不完全契约。[①] 各层级政府中存在关于税收和支出管辖方面的未定义或模糊产权的情况下，次优的政策就会出现，因为这些代表的不是合理经济原理的演变，而是政府间讨价还价过程的结果。他们辩称，联邦讨价还价过程会面临常见的财产资源问题以及“普遍主义准则”或“分肥政治”，这两种情况都会导致涸泽而渔。例如，Jones、Sanguinetti 和 Tommasi（1998）宣称，普遍主义问题在阿根廷的两个层面上得以证明：首先是在各个为联邦资源进行游说的省之间，其次是在为更多争夺各省资源库的地方政府之间。

作为财政审慎福音的财政联邦主义

可用的理论和实证研究成果没有为这些热点问题的有效性提供支持。第一点，在理论层面上，Sheikh 和 Winer（1977）通过（需要用来得出中央当局的宏观经济稳定不起作用仅仅是因为缺乏合作的结论的）低层级辖区证明关于任意不合作的相对极端和不切实际的假设。这些站不住脚的假设包括区域性对称冲击、封闭性经济、资本市场分割化、地方财政政策供给侧效果缺乏地方政府以及区域间贸易中的税收—转移支付制度的内在稳定器作用的未利用率、联邦支出权力运用的限制因素（例如，旨在影响地方政府行为的有条件拨款）、无限制和无纪律的地方借债以及地方政府极端不合作性的共谋行为（也可见 Gramlich，1987；Mundell，1963；Spahn，1997）。Sheikh 和 Winer 为加拿大提出的实证模拟表明，联邦财政政策在大多数情况下的失败不能归咎于低层级政府的不合作行为。Saknini、james 和 Sheikh（1996）进一步证明，分权的联邦制中，拥有明显差异的国家级以下经济体（具有不完整的市场和非贸易产品），联邦财政政策便充当防范地区特定风险的角色，

---

① 这些契约的不完全性出现是因为未知问题进入政策议程。其中几个问题不可能在原始契约——宪法中进行考虑，或者即便是有所涉及，也无法全面解决，因为公共管理的复杂性随时间的推移会不断增加，或者由于为极大量未来可能的情景设计政策，会承担过高的成本。

因此，分权的财政结构不会危害在集权的财政政策下寻求的任何目标（也可见经济政策研究中心，1993）。

Gramlich（1987）指出，在开放的经济体中，面临国际竞争将会使一些地区在损害其他地区的情况下受益。他认为，能够通过地区（宏观经济）稳定政策更有效地解决中央产生的不对称影响，因为在地区和地方层面上，能够获得更好的信息和手段。支持 Gramlich 观点的一个例子是油价波动对于石油生产地区产生的影响。例如，加拿大的艾伯塔省就通过在繁荣年份抽取石油收入的 30% 到艾伯塔遗产信托基金（是一把“雨天伞”，即雨天基金或是稳定基金）中的方式有效地应对冲击。后来，当石油价格下降的时候，该基金就会派上用场。哥伦比亚石油收入稳定基金遵照同样的传统。

然而，这一结论必须通过这样的事实来验证才能名副其实，即联邦国家中强有力成员的不当财政行为能对联邦宏观经济政策的执行有重大制约性影响。例如，在 20 世纪 80 年代末的繁荣年代，由安大略省社会支出增长而产生的通货膨胀压力，使得加拿大银行物价稳定的目标变得更加难以实现。这些困难强调了分权联邦制度下的财政政策协调的需求。

关于分权化的财政管理不善的可能性方面，如之前 Tanzi 所述，来自多个国家的实证证据表明，尽管国家、中央或联邦财政政策一般不会遵守欧盟（EU）赤字不得超过 GDP 的 3% 且债务不得超过 GDP 的 60% 的准则，但是低层级的政府政策一般都会遵守准则，包括诸如巴西和加拿大这样的分权联邦制国家，以及澳大利亚和印度这样的集权联邦制国家。集权的单一制国家在这些指标的基础上表现更差。例如希腊、土耳其、葡萄牙以及大量的发展中国家都不能满足欧盟的准则。政府一般也不会遵守欧盟提出的中央银行不应该充当最后贷款人的要求。

在国家层面强推财政纪律的集体行动失败是由“公地悲剧”或“普世主义准则”或“分肥政治”引起的。但是这些问题并非联邦制度所独有。在他们试图避免僵局的过程中，联邦制和单一制国家的立法者交换选票并通过暗中同意“如果你赞成我的最佳项目，我也会赞成你的最佳项目”这样的方式来支持彼此的项目（Inman 与 Rubinfeld, 1992：13）。这一行为导致了悬于国家层面上的过度支出及更高的债务，还导致了联邦企业所得税的地区差异基础，因此通过这些税收支出造成联邦收入的损失。这些税收支出强调的是国家层面上的财政赤字。在美国历史的前 140 年里，通过两个财政规则将普世主义的负面影响维持在了最低水平上：宪法正式将联邦的支出权力限定在狭窄的领域，且随后执行了一条非正式的规定，大意是联邦政府只有在应对经济衰退或战争的时候才能借债（Niskanen, 1992）。经济大萧条和新政导致了对这些财政规则的放弃。Inman 与 Fitts（1990）提供了一些支持了普世主义在后新政时期的美国中运行的实证证据。为克服之前提到的关于国家财政政策的困难，提议的解决方案包括“看门人”委员会（Weingast 与 Marshall, 1998；Eichengreen、Hausman 和 Von Hagen, 1999）、在立法机构内部强推政党纪律（Cremer, 1998）、宪法强推的或立法规定的财政规则（Niskanen, 1992；Poterba 与 Von Hagen, 1999；Braun 与 Tommasi, 2002；Kennedy 与 Robins, 2001；Kopits, 2004）、执行日程设定（Ingberman 与 Yao, 1991）、市场纪律（Lane, 1993）以及当国家政府民主选举的潜在无效性会大于集权化的经济收益之时而进行的分权化。对拉美国家类似情况的观察促使 Eichengreen 等人（1999）提出了以国家财政委员会的形式来建立一个独立的“看门人”，从而定期设置一般性政府债务的最大允许增加额度。虽然联邦制国家和单一制国家都会面临这些问题，但是在试图通过先前提议的解决方案来限制政治市场中的随意且不受欢迎的结果方面，联邦制国家显示出更大的适应性。更有意思的是，财政稳定性在巴西的集权结构下出现失败，而在分权的财政体制下随后的这一舞台却获巨大成功。Shah（2005）进一步确认了这些观察报告。他的结果显示，债务管理纪律（世界银行职员进行的国家评分）与 24 个国家的财政分权化具有正相关但不显著的联系。

鉴于存在会使财政政策的执行变得更加复杂的国家以及地方政府

不当财政行为的可能性，何种制度安排对于防范这一不测事件是必要的呢？如我们稍后所述，成熟的联邦制国家会重点强调通过行政或立法联邦主义进行的政府间协调以及用来实现不同层级政策间同步的财政规则。而另外，在单一制国家中，传统上会将重点放到对集权化或中央直接控制的运用上。这些控制（措施）因为政府间的博弈而通常都无法实现协调的反应。另外，除了它向诸如国际货币基金组织等外部来源寻求国际援助国家政府可以完全逃避任何详细审查。但是，外部援助会产生道德风险问题，因为会在双方产生官僚激励机制，以确保这类援助是永远需要和可用的。

成熟联邦制国家中的财政政策协调

在成熟的联邦制国家中，财政政策协调是通过行政和立法联邦主义以及正式和非正式的财政规则来进行的。最近几年，立法规定的财政规则已开始在联邦制和单一制国家中得到更大重视（见表 3 – 1 及附录）。这些规则表现为预算平衡控制、债务限制、税收或支出控制以及对新税收及支出方案的全民投票等形式。例如，欧盟在通过《马斯特里赫特条约》的规定实现创立货币联盟的目标时，建立了关于国家赤字和债务的上限，并且支持成员国的中央银行以及欧洲中央银行不得向任何政府提供紧急援助的规定。欧盟也被禁止提供涉及成员国公债的无条件担保（Pisani – Ferry，1991）。这些规定后来通过《增长与稳定公约》的规定得以加强（欧洲议会采用的立法规定的财政规则）。大多数成熟的联邦制国家也会在成立中央银行之时详细规定禁止进行紧急援助，但也有例外：1992 年前的澳大利亚和 1996 年前的巴西。如果有来自于银行业的明确甚至是暗示的紧急援助担保及优惠贷款，那么地方政府就有可能印钞票，因此会对通货膨胀火上浇油。最近的历史证明，尽管欧盟准则为联邦制国家中的宏观经济协调提供了有用的框架，但这些准则可能确保不了宏观经济稳定，因为它们可能以微乎其微的影响来限制诸如希腊等这样较小国家的宏观经济稳定，但是可能不会限制诸如法国和德国这样的超级大国。因此，适当地执行准则可能需要一个财政协调委员会。

表 3-1　　　　财政规则一览表

国家	经营预算平衡要求	债务限制	税收及支出限制	新税收及支出的全民投票	对不遵从的处罚
欧盟——普惠制	是	是	否	否	是
美国各州（共计 50）	48	41	30	3	是
加拿大各省（共计 10 个）	8	3	2	4	是
德国	是	否	否	否	否
新西兰	是	否	否	否	否
瑞典	否	否	是	否	否
巴西	是	是	是	否	是（监狱）
阿根廷	是	是	是	否	否
阿根廷各省（共计 23 个）	17	17	17	否	否
印度	是	是	否	否	否
印度各州	是	是	否	否	否

来源：摘自加拿大财政部（2004）。

最近的财政调整项目经历证明，虽然立法规定的财政规则对于成功的财政调整来说既不是必要的也不是充分的，但是能有助于加强持续的政治承诺，从而实现更好的财政结果，尤其是在具有分裂政治制度或联合政体的国家中。例如，这类规则有助于维持在比例代表制的国家（巴西）或多党联合执政的国家（印度）以及具有立法和行政职能分立的国家（美国、巴西）对于改革的政治承诺。这类国家中的财政规则有助于限制分肥政治，从而加强财政纪律。Von Hagen（2005）根据对欧盟财政规则经历的回顾得出结论：就是预算制度比财政规则更重要。欧盟财政规则可能鼓励了欧洲国家加强预算制度，这反过来对财政纪律和财政结果具有颇受欢迎的效果。

成熟的联邦制国家在财政政策协调机制方面差异巨大。在美国，既没有政府间（联邦—州）的财政政策整体协调，也没有对于州借债的宪法限制，但是各州自己的宪法规定则会限制经营赤字。政府间的协调一般会通过国会法案建立的财政规则来实现。例如《拉德曼法案》。财政纪律主要由政治和市场文化提供的三个有明显区别的激励因素产生的：选民都是保守的，而且会选择对确保公共支出做出承诺的候选人；执行被视为不审慎的较低资产价值的财政政策，因此降低了公共收入；且资本市场惩罚入不敷出的政府（见 Inman 与 Rubinfeld，1994）。

在加拿大，对于联邦—省财政的协调有详尽的机制，表现的形式为政府间会议（定期举行的首席部长及财政部长或财务主管会议）以及联邦委员会（一个省际顾问机构）。加拿大大部分直接的项目支出都是由地方政府完成的，但是渥太华（亦即加拿大的联邦政府）保留了灵活性，并通过有条件地转移支付以及征税协议实现财政的协调。此外，渥太华还为政府间的协商和协调建立了一个有条理的制度安排。然而，关于政府（公共）部门借债的多数纪律都来自于对各级政府的赤字和债务进行监督的私有银行部门。整体的金融市场和选区会在地方政府力推强大的财政纪律。

在瑞士，社会保守主义、财政规则和政府间关系在财政协调中发挥着重要的作用。各州和市镇的借债仅限于可通过现收现付制融资的资本项目，而且需要获得受欢迎的公民投票同意。此外，州和市镇必须平衡当前的预算，包括利息支付和债务摊销（分期偿还）。政府间的协调也通过“普通预算指令”得以促进，该指令适用于各级政府，体现为如下一般原则：公共支出的增加不得超过名义 GNP 的预期增长；预算赤字不得超过上一年的水平；公务员的数量应保持相同，或只能略微增加；政府（公共）部门的建筑体积应保持不变；且应当避免通货膨胀的指数化条款（U. Gygi，1991，10）。

德国宪法详细规定，联邦及州政府具有预算独立性（第 109（1）GG 条），但是必须考虑到整体经济平衡性的要求（第 109（2）GG

条）。1969 年的《稳定性及增长法》建立了财政规划委员会及周期规划委员会作为两级政府的协调机构。该法律规定了统一的预算原则以促进协调。要求年度预算要与中期财政规划相一致。该法律进一步授权联邦政府短期内改变税率和支出，甚至限制借债和均等化拨款。州议会不再具有税收立法权，且宪法规定联邦和州借债仅限于资本项目的预期支出（即所谓的黄金准则）。然而，用于改正“一般经济平衡性的干扰”的联邦借债却不受该规则限制。联邦政府随后还会执行一个五年预算规划，这样财政政策立场对地方政府有效。1969 年的法律还创建了两大工具来打造合作性联邦制：联邦参议院授权的联合任务以及为联邦立法或联邦—州协议授权的为州及地方支出提供的联邦拨款。在政府间协调方面额外一件有帮助的事就是中央银行（德国央行）独立于所有层级的政府，并且专注于物价稳定。最重要的是，通过联邦参议院（国会的上议院，直接代表州政府）实现了全面而有效的政府间（联邦—州）财政协调。德国的参议院是正式的政府间协调最突出的机构。这类政府间协调的正式机构在具有立法联邦制国家中尤为有用。《南非共和国 1996 年宪法》也为政府间的协调建立了这样一个机构，名为全国省级事务委员会。

澳大利亚的政府间（联邦—州）财政协调为联邦制国家提供了宝贵的经验。澳大利亚在 1927 年成立了一个贷款委员会，将其作为信贷分配的一种手段，因为该委员会限定州政府只能够从联邦政府借债。此规则一个重要例外就是，各州可以通过自治（地区）政府及地方政府将借债用于其自身的目的。这一例外证明是联邦贷款委员会的一个阿喀琉斯之踵（软肋），因为各州曾广泛运用这一例外试图绕开委员会的繁琐手续以及委员会对其资本支出计划的控制。联邦政府最终在 1993 年认识到该中央信贷分配政策是一种有缺陷且低效的手段。联邦政府解除了对州借债的限制，并且重新设立了贷款委员会，这样它便能充当信息交流的协调机构以确保更大的市场问责性。新澳大利亚贷款委员会试图向各州提供更大灵活性以确定其自身的借债要求，并试图以财政需求和总体宏观经济策略来协调借债。该委员会还进一步灌输了对预算过程更深层的理解，并向金融市场提供了关于政府（公共）部门借债计划的及时和宝贵信息。到目前为止，这一过程貌似运行良好。

对于欧盟，Wierts（2005）得出的结论是地方政府对于合并政府（公共）部门赤字和债务的贡献与大部分欧盟国家的中央政府相比较小——包括联邦制国家和单一制国家。

财政分权对财政管理的影响：计量经济证据

Shah（2005b、2006b）提出的计量经济分析探讨了财政分权对财政管理质量的各方面影响。其提出的计量经济证据支持了财政分权对于财政管理质量具有正向的显著影响这一假设。财政分权对于征税效率的影响是负向但不显著的。财政分权会导致对公共资源的审慎使用。尽管公共支出的增长与财政分权呈正相关关系，但是与分权的记分指数的联系不显著。财政分权与赤字的控制呈不显著的正相关关系；对公共债务的增加具有不显著的正向影响；并且能够促进公共管理透明度和问责性的提高。最后，财政分权与 GDP 的增长呈不显著的正相关关系。

巴西的财政政策协调，从财政压力到财政纪律：一个巨大的飞跃

由巴西 1988 年宪法授权的税收分配降低了联邦政府在财政政策执行方面的灵活性。新宪法将一些生产型联邦税收转交给了较低层级的管辖区，并且还提高了地方政府对联邦收入共享计划的参与程度。最具生产性质的税种之一——销售增值税被分配至各州，且州财政部长委员会（CONFAZ）得以建立，扮演协调角色。然而，联邦政府在所得税领域的灵活性仍然未受影响。这种自由化给予了联邦政府某一可能性：即，不仅影响总的可支配收入，进而影响总需求，而且也对最终收到近一半税收收益的较低层级政府的收入和财政行为产生了直接影响。这一政策工具的有效性尚待决定（是一个开放性问题），而且非常依赖于地方政府的信誉。考虑下这一情况：联邦政府决定执行自由裁量的所得税削减。考虑到州政府和地方政府在所得税收益上占据的大份额，这一措施可能会对他们的收入产生显著影响。为了弥补联邦收入的大量损失，较低层级的政府可能会选择在其管辖区内增加税率或税基，或增加其税收努力。地方政府和州政府的这些回应可能会逐渐削弱所得税作为财政政策工具的效率。因此，为了（宏观经济）稳定政策的成功执行，将需要更大程度的政府间协商、合作和协调。

新财政制度安排的一个整体影响就是限制了联邦政府对联邦制国家中政府（公共）部门支出的控制。联邦支出作为（宏观经济）稳定的工具，其成功再一次取决于地方政府在协调其支出政策方面与联邦政府的合作。宪法再一次重视财政政策的政府间协调。这种程度的协调在财政困境时期可能是无法实现的。

由联邦政府自由进行的收入减少以及对支出责任的不完全转移已进一步限制了联邦政府。联邦收入的主要来源是所得税。纳税人能更为轻易地逃避这些税收，因此其作为收入来源的相对重要性正在减少。被视为更具活力的收入来源的是增值税，已分配至州级政府。因此，联邦当局无法获得更具生产性的税收基础，以减少公共债务问题，并且在执行以财政为基础的宏观经济稳定政策方面获得更多灵活性。根据 Shah（1991、1998c）以及 Bomfim 与 Shah（1994）的论述，如果要由联邦—州委员会管理的联合联邦—州增值税能够被设置为替代联邦工业产品税、州货物流通税和市政服务税（其税收基础部分重叠）的税种，那么这一情况便可得以补救。这种联合税收有助于减轻当前的联邦财政危机，而且能够提高销售税管理的效率。他们认为，可以利用联邦政府与纯粹的地方职能相脱离并通过清除对市政当局的联邦税收转移支付来对联邦的支出要求进行削减。对市政当局的转移支付能够在州级政府得到更好管理，因为各州能够更好地获取关于其管辖区的市政财政能力和税收努力的数据。传统上服务于推进“政治分肥”而非实现国家目标的协商转移支付，一些关于其作用的再思考准备就绪。如果这些转移支付由绩效型的有条件的固定（人均）联邦转移支付所替代，以达到国家（最低）标准，那么联邦制国家中的问责性和协调性都能够得到提供。这些（制度）再安排会给联邦政府带来更大的灵活性，以努力实现其宏观经济政策目标。最后，他们提倡制定对所有层级政府以及一个联邦—州协调委员会具有约束力的财政规则来确保这些规则的强制执行。

近年来，（解决）这些问题的大部分都已取得显著进步。例如，由于联邦政府所经历的财政紧缩，协商转移支付已经变得不显著了。参议院已经为州债务规定了指导方针（第69号参议院决议，1995）：最高债务偿还不能超过净收入的16%或当前收入盈余的100%（以较少者为准），而且债务积累的增长（新的借债）在12个月的时间里，不能超过现有的债务还本付息或是净收入的27%（以较高者为准。见Dillinger，1997）。最近，在1998年进行的养老金及公务员津贴改革已经为各级政府引入了更大的预算灵活性。同样，通过让资本市场监管地方借债而实现了次优结果之后，巴西的联邦政府选择建立一组相当约束力的财政责任制度。首先，1997年9月的9696号法律为1997年12月到1998年6月之间签订的一系列债务重组合同建立了一个框架，借此，一部分债务（20%）应该用国有资产私有化的收益进行偿还，而剩余部分的州债务和地方债务要按照补贴利率在最多30年内进行重组（相当于每年6%的实际利率）。债务重组合同在范围上变得更加全面，因为27个州中的25个以及180多个城市签订了债务重组协议（Goldfajn与Refinetti，2003；国际货币基金组织，2001）。作为交换，合同要求地方政府承诺参与调整计划，其目标是在协商期间，将债务与净收入的比率减少到例均1%以下。合同为违反调整项目协议而建立了制裁措施，例如增加债务还本付息上限（年债务还本付息与净收入比率为13%到15%，超过这一部分的债务还本付息须资本化），而且要增加针对补贴利率的市场利率置换条件。债务重组合同也会对不遵守规定的州进行严厉的处罚，而且如果出现违约，会授权联邦政府拒绝给予财政转移支付，且如果这一措施力度不够，则会从州银行账户中收回本应归于该州的款项（Goldfajn与Refinetti，2003，18）。债务重组协议禁止进一步的信贷或重组业务涉及其他各级政府。这有助于避免政府间紧急救助可能性而产生的道德风险激励机制（国际货币基金组织，2001）。

在1997年的6996号法律以及补充规定的基础上，巴西联邦政府在2000年制定了《财政责任法》（Lei de Responsibilidade Fical，LRF）及其附属规定（Lei 10028/2000），对联邦政府、州政府、市政府和地方政府进行了约束。就《财政责任法》对于巴西联邦制动态的影响而言，它可能是自1988年宪法以来最重要的改革，因为州政府和联邦政府之间的后续折中不断提高了联邦政府的谈判影响力，同时也增加了联邦政府在宏观经济管理中的有效性。《财政责任法》规定了事前机构，如限制州债务、赤字和个人支出上限。根据《财政责任法》，州和市必须将债务积累水平保持在联邦参议院规定中确定的上限之下。如果地方政府超过了该债务上限，那么超过的部分必须在一年的时间内降低，在此期间，州或市将被禁止借任何新债，而且将无资格接受自由裁量的转移支付（世界银行，2002）。《财政责任法》还规定，所有新的借债都要获得中央银行的技术审批以及参议院的批准。在现任政府授权到期前的180天内，禁止进行任何借债业务（Afonso与De Mello，2000）。在人事管理方面，《财政责任法》条款规定了工资支出的上限。即工资支出不得超过联邦政府净收入的50%，而这一上限相当于地方政府的60%。《财政责任法》还将各种事后条款制度化，其目的是为了强制执行其规定。对于政府来说，对员工的冒犯或债务上限的违反，可能导致相当于那些责任人30%的年工资的罚款；对市长或领导的弹劾，而且如果违反了与选举年份有关的命令，甚至会服刑。对于资本市场，《财政责任法》声明，违反了债务上限的融资业务将被视为法律上无效，且已有的借债应不计利息地全额归还。这一条款的目标是阻止金融机构的此类借债行为。

最近几年，巴西联邦政府在确保所有层级政府的财政政策协调和财政纪律方面都取得了显著成就。到2005年6月，2000年的《财政责任法》对于巴西的财政绩效产生了显著的正面影响。所有的州和联邦政府都遵守了人事支出上限的规定（当前收入的50%）。而在债务方面，27

个州中（包括联邦特区）只有 5 个州仍然高于收入的 200% 的上限，这是由 2002 年的货币贬值造成的。92% 的市政当局已经将其债务降到了收入的 1.2 倍水平以下，而且只有少数大的市政当局具有无法维持的债务水平。到 2004 年，所有的州都实现了基本盈余（Levy，2005）。

中国的财政管理：一个未解决的挑战

1980 年之前，中国财政体制的特点是先进行分权征税，然后进行集中转移支付——也就是说，所有的税收和利润都要上交到中央政府，然后根据由中央通过与地方的双边谈判而批准的支出要求再转移支付返还给各省。在这一体制下，地方政府在地方经济发展方面几乎没有管理自主权。1980 年，这一体制被改变成了包干制。在新的制度安排下，每一级政府都要与其下一级政府签订合同，以实现一定的收入和支出目标。一个典型的合同规定了收入共享的方法，收入共享可以是上解给中央的收入百分比，或是固定费用加上百分比。这种包干体制意味着每一级政府的经济利益都能得到明显地确定。

在 20 世纪 80 代初引入的财政包干制之下，地方政府通过以下两种方法控制了有效的税率和税基：第一，地方政府通过提供不同程度的税收减免控制了税收努力。第二，地方政府已通过各种方法将预算内资金转化成了预算外资金，因此避免了与中央的税收共享。结果，中央不得不借助各种临时手段来影响地方政府的收入上解，并且这些手段造成了地方政府的不正当反应。在支出方面，当征税被分权之时，中央没有（给予）实现相应的（地方）支出削减。由于缺少集中控制的财力，外加“资本建设”的沉重负担，中央运用支出政策方面的灵活性已受到严重削弱。1979 年到 1992 年间，政府收入与 GNP 的比率从 30% 降到了 17%。日渐攀高的赤字变成了一个严重的问题，而缺少基础设施投资的资金加剧了经济中的瓶颈。

因为缺乏财力和政策工具，中央政府发现其自身处于一个愈发困难的境地，难以实现宏观经济稳定、地区均等化和公共产品供给的目标。1994 年初，中央政府发起了对税收分配制度的改革，试图解决这些难题。在新的体制下，中央将对中央税和共享税的管理和征收再次进行集权，而且通过新的收入共享方式将获得更大份额的财力。最初在主要的税收中，只有增值税得以集权。后来在2002年，个人所得税和企业所得税的管理也得以集权。增值税是按照75:25的比率（中央:地方）进行共享的，而且所有超出1993年水平的额外中央收入是按照60:40的比率分配的。收入以来源或收入点的基础返给各省。中央政府期望能够通过这些步骤，显著提高其在宏观经济管理中运用税收和支出政策的能力。然而，新体制没有解决旧体制中的很多缺陷：（1）根据所有权划分的税基将继续刺激中央在必要的时候收回企业的所有权；（2）支出责任的划分尚未明确规定；（3）新体制妨碍了地方自治，因为不允许地方政府确定地方税收的税基或税率；（4）政府间转移支付的设计尚未完全得以解决。1994年和1995年，中央政府还对省级政府、地方政府及其企业的投资强制施加了行政限制（见Ma，1995及World Bank，1994a进一步的细节）以应对通胀压力。1996年颁布的国务院第29号文件以及1997年的加强对预算外资金的预算管理的其他措施明显地限制了基层政府，尤其是农村基层政府的强征税费来为其自身支出提供资金的权力（World Bank，1998）。

1994年的《预算法》禁止中央政府向中国人民银行借债。《预算法》还要求地方政府要有平衡预算，并且限制地方政府通过金融市场和发行债券来借债（Qian，2000）。对于地方政府的借债以及无资金支持的中央指令的法律限制促使了省及地方政府承担隐性债务。此类借债通过国有实体（企业）进行了引导，例如城市建设及投资公司从银行借债或代表地方政府借债发行债券（World Bank，2005a）。这种隐性债务对于宏观经济稳定造成了巨大风险。

无资金支持的指令连同极端限制课税权力形成了基层政府建立非正式课税渠道的激励机制。这一结果可以通过省以下政府的高水平的预算外资金（自筹资金）得以证明，其中包括尽管技术上合法，却没有经过中央政府正式批准的额外收费、（一般性）收费、公用事业设施费和使用费。在安徽省的一次试点实验确定了向农民们征收人均费用，其中包括本地教育费、卫生费、民兵训练费、道路建设及维护费、退伍军人福利费和计划生育费（Yep，2004）。1996 年，这一类型的准财政收入占到了总税收收入的高达 56% 的比例（Eckaus，2003；《中国统计年鉴》，2000，257、271）或是 1995 年 GDP 的 8% ~10%（World Bank，2000）。这一非税类型的收入征管经常会加重当地民众的超额负担，在农民和地方官员之间不断产生矛盾（Lin 等人，2002；Bernstein 与 Lu，2003；Yep，2004）。如 Krug、Zhu 和 Hendrischke（2005，11）所述，省以下政府机构对收入产权的实际控制并没有被分税制所覆盖，这使得“省以下各级政府能够保留对非正式税收制度的剩余税收权利”。实际上，管理省以下税收工作的机构是由省政府与更低层级政府之间的复杂且不对称的包干制形成的。最近，中央政府已经在 2002 年通过“费改税项目”废除了农业所得税和农村的各种费用及收费。这些禁收措施对于县级财政具有不利影响，因为补偿性转移支付无法完全弥补这些正在增长的县级财政资金来源。

只要地方政府保留对提供私人产品的企业的所有权，缺少对其支出和征税责任的明确划分，并且从中央专项转移支付获取不成比例的数额，那么在地方层级上推进更严格的财政纪律在中国实际上仍然是一个不可能完成的任务。因此，财政政策协调及财政纪律在中国仍然是一个未完成的挑战。

财政政策协调：一些结论

财政政策协调对联邦制度提出了重大挑战。在这一背景下，财政规则和机构能够提供一个有用的框架，但未必是应对这一挑战的解决方案。对各级政府具有约束力的财政规则有助于维持由联合政体或分裂政体统治的国家政治承诺。协调机构在使用道德劝说时有助于促进协调响应。工业化国家的经验也表明，单方面对地方政府强加的联邦控制措施和限制措施通常不起作用。相反，以财政保守主义为基础的社会准则，如瑞士的普通投票和选民的政治激进主义则发挥了重要角色。最终，资本市场和债券评级机构提供了关于财政政策方面更为有效的纪律。在此背景下，重要是不支持州和地方债务，且不允许任何层级的政府对银行有所有权。预算过程和机构的透明度、对选民的负责性以及可比较数据的一般可得性促进了财政纪律。

确保一个经济联盟

在联邦制度中，确保一个经济联盟的四个方面与宏观经济管理有关：国内共同市场的维护、税收协调、转移支付和社会保险以及地区财政公平。

内部共同市场的维护

对于大多数进行分权化的国家来说，内部共同市场的维护仍然是一个重要的关切领域。地方政府在寻求吸引劳动力和资本方面可能会沉溺于以邻为壑政策并且在此过程中建立妨碍商品和要素流动的壁垒。因此，政府监管职能的分权化为地方单位间的不和谐经济关系创造了可能性。相应地，对于经济活动的监管，如贸易和投资，一般最好是留给联邦政府或中央政府来进行。然而，应该指出的是，中央政府本身也可能会执行不利于内部共同市场的政策。因此，如 Boadway (1992) 所建议的，通过宪法来保障商品及服务在内部的自由流动可能是将监管责任只分配给中央的最佳选择。

成熟的联邦制国家的宪法一般会提供自由贸易条款（如澳大利亚、加拿大和瑞士）、对州际商贸的联邦监管权（如澳大利亚、加拿大、德国、美国和瑞士）以及各流动性权力（如大多数联邦国家）。相比之下，在中国这样的大型单一制国家中，个体的流动性权力受到了户口登记制度的严格限制，该制度用以确定获得粮食配给、就业、住房、教育和卫生保健等福利的资格。

税收协调

通过鼓励州政府中的成本效率和财政问责，管辖区之间的税收竞争可能会变得有利。税收竞争本身也可以产生一定数量的税收协调。与此同时，分权化的税收政策可能会引起一个联邦制国家内一定程度的低效和不平等，并导致过多的行政成本。税收协调意在维护税收分权化的最佳特色，同时避免其缺点。

分权化决策带来的低效会以各种方式产生。其中一种就是，相对于其他州的居民与企业，各州可能会执行有利于其本州居民及企业的区别性政策。州政府也可能会参与执行意在吸引其他州经济活动的以邻为壑政策。低效也可能发生于这样的事实中：（税收）扭曲起因于不考虑战略目标的州政府独立选择不同的税收结构。如果州税收制度采用不同的惯例来应对同时在多个州运营的企业（以及生活的居民），那么也会造成低效。这种情况可能导致对某些形式的收入双重征税，对其他收入不征税。州税收制度也可能造成不平等，因为人员的流动性会促使它们（税收制度）放弃累进税。在一个不协调的税收制度中，行政成本也可能会过高（见 Boadway、Roberts 与 Shah，1994）。因此，税收的统一和协调会促进国内共同市场的效率，降低收取和合规成本（即税务执行费用），并且有助于达到平等性的国家标准。

欧盟对税收协调进行了重点强调。加拿大使用了征税协议、税收减免和税基共享来对税收制度进行协调。德国联邦通过将税收立法权分配给联邦政府的方法强调了税基的统一性。在发展中国家，因为税收是集权的，所以税收协调问题只与诸如印度和巴西等较大的联邦制国家有关。巴西将商品流通服务税（以源头为基础）用作一种从其他地区吸引资本流入的工具，这一做法已成为地区间出现冲突的一个领域。虽然州委员会寻求对商品流通服务税的税基和税率进行了协调，但有证据表明，委员会拒绝的一些税收减免总之有很多州都在使用。各州也可以依靠税基的减少或允许未加索引的付款延迟（Longo，1994）。例如，某些东北部的州已经向工业提供了 15 年的商品流通服务税收延期。在通胀环境中，这一措施可以充当吸引国家其他地方资本的一种重要诱导因素（Shah，1991）。

尽管从理论上看，税收协调在单一制国家背景中是一个不成问题的问题，但是中国地方政府对非正式税收体制和税收优惠的大量使用将这一问题提升到了一定的突出位置。

转移支付以及社会保险

随着公共产品和服务的提供，向个人和企业进行的转移支付构成了政府大部分的支出（尤其是在工业化发达国家中）。这些转移支付有些是为了普遍意义的再分配，而有些转移支付则是为了执行行业政策或实现地区发展。一些转移支付还为了社会保险意义上的再分配，例如失业保险、医疗保险和公共养老金。有几个因素影响着转移支付的责任分配。如果是向企业进行转移支付，很多经济学家就会认为，这些转移支付不能首先使用。假定这些转移支付能首先使用，然而，如果在省级而非联邦层面上使用，那么它们（转移支付）有可能更加扭曲，因为转移支付的目标一般是要按公司来增加资本投资，而公司在各省间是流动的。对于拨给个人的转移支付，因为大部分是为了再分配，所以其分配会围绕着联邦政府承担公平性的主要责任程度来进行。从经济学视角来看，转移支付仅为负的直接税收。可以认为的是，转移支付应当由控制直接税收的相同层级的政府进行控制，这样它们可以为公平目的而得以整合，也可以为效率目的在整个国家内得以协调。当一个国家认识到几种类型的转移支付可以解决公平性或社会保险不同方面问题的时候，在中央层级上进行的一体化就会得到提高。将失业保险与所得税制度或与支付给贫困人口的抚恤金进行协调会有优势。将拨给个人的转移支付分散到各省可能会导致国内共同市场的低效、财政不公平和跨管辖区的以邻为壑政策。根据这一指导方针，正如大多数单一制国家所为，大部分联邦制国家都会将失业保险和社会保险分配到国家层面上。中国是一个重要的例外，在那里，这些责任被视为地方的责任。

政府间的财政转移支付

在联邦制制度中，政府间（联邦—州）的转移支付提供了重要的目标：减轻结构失衡、修正财政低效和不公平、提供效益外溢补偿以及实现财政协调。最重要的关键考量就是转移支付的设计必须符合转移支付的目标，而专项的政治分肥转移支付应当避免。工业国家的经验表明，缺乏精心设计的财政转移支付项目，成功的分权化是无法实现的。这些转移支付的设计必须简单、透明且符合其目标。结构合理的转移支付会增加对公共服务供给、财政制度问责以及财政协调的竞争，就如同一般的收入共享有可能逐渐削弱转移支付一样。从比较视角看待财政转移支付设计和实践，结果表明，与单一制国家相比，联邦制国家一般会更注重这些转移支付的激励效果。

地区财政公平

虽然我们因为缺少数据而没有解决地区公平问题，但是或许应该进行几点非正式的评论。如前所述，地区不公平对于分权的联邦制度而言是一个关注的领域，且大多数这样的制度都会试图通过国家政府的支出权力或通过兄弟项目来解决这一问题。成熟的联邦制国家，如澳大利亚、加拿大和德国，都有正式的均等化项目。而在发展中国家的制度设计中，分权化的这一重要特征并没有受到足够重视。尽管在很多发展中国家存在横向财政不平衡，但是明确的均等化项目都是未曾尝试过的，即便均等化目标的实现在巴西、哥伦比亚、印度、墨西哥、尼日利亚和巴基斯坦等运用一般性收入共享机制的国家间接地尝试过。这些机制通常会将不同且冲突的目标组合到同一个公式中，并且明显缺乏单独的目标。因为这些公式缺少明确的均等化标准，所以无法令人满意地实现地区公平性目标。

尽管单一制国家更容易解决地区不公平问题，但是有趣的是，单一制国家在解决这些不公平时的记录比联邦制国家更糟糕（Shankar 与 Shah, 2003）。Von Hagen（2005，23）也总结道：“令人惊讶的是，可能没有明确的证据证明单一制国家的地区风险分担比联邦制国家还要大。”

财政分权及财政绩效：一些结论

财政分权对于宏观经济管理提出了重大挑战。这些挑战需要对货币和财政制度进行仔细设计，从而克服与“公共财产”资源管理问题或与寻租行为有关的不利激励因素。联邦制国家的经验表明，需要通过有意义地借鉴和改编财政制度以创建与公平参与相容的激励机制，并克服不完全契约。这解释了为何在货币和财政政策管理、透明和可问责的治理的大多数方面，分权的财政制度似乎要比集权的财政制度做得更好（见表3－2）。

表3－2　　财政分权及财政绩效：实证结果总结

财政绩效指标	财政分权的影响
中央银行独立性	正向且显著
货币供给增长	正向但不显著
通货膨胀	负向但不显著
对通货膨胀及宏观经济不平衡的管理	正向但不显著
债务管理的质量	正向但不显著
财政政策及制度的质量	正向且显著
征税的效率	正负向混合但不显著
对税金的审慎使用	正向且显著
政府支出的增长	负向且显著
对财政赤字的控制	负向但不显著
公共债务的增加	正向但不显著
政府（公共）部门管理：透明性和可问责性	正向且显著
GDP 增长	正向但不显著

来源：Shah（2005b、2006b）。

发展中国家应吸取的教训

下面的发展中国家中财政体制改革的重要教训可以从以往经验回

顾中得以提炼：

- 货币政策最好授权给独立的中央银行，其唯一的任务就是物价稳定。此类分配的政治灵活性会在联邦制度下得到提升（分权的财政制度）。

- 财政规则对于财政纪律来说既不是必要的也不是充分的。然而，财政规则连同作为“看门人”的政府间议会或委员会为财政纪律提供了一个有用的框架，并为具有分裂政治体制的国家提供财政政策协调。在此背景下，一国可以利用工业化国家的“黄金准则”经验、马斯特里赫特类型的指导方针、“一般预算指令”，以建立国家特定的指导方针。为了确保能够自愿遵守这些指导方针，适当的制度框架必须得以建立。预算过程和制度的透明度、对选民的责任性以及各级政府财政状况的比较数据的一般可得性，进一步强化了财政纪律。

- 财政部门的完整性和独立性促进了政府（公共）部门的财政审慎性。为了确保此类完整性和独立性，任何层级政府不能对财政部门拥有所有权及优先使用权。在此环境中，资本市场和债券评级机构将会提供有效的财政政策纪律。

- 为确保财政纪律，各级政府必须正视其决策所造成的财政后果。如果中央政府不担保州政府和地方政府债务的偿还；如果中央银行不充当中央政府最后的借债人角色，那么这一情况就有可能出现。

- 关于各级政府角色的社会规范和共识以及对政府权威的限制对于分权决策的成功至关重要。缺乏这些规范和共识，中央的直接控制措施将失效，并且政府间的博弈会导致功能失调的结构。

- 税收分权是地方政府信贷市场准入的一个前提条件。在具有高度集权税基的国家中，地方政府不受限制的信贷市场准入对国家政府宏观经济稳定政策造成风险，因为私有部门期望在出现违约时更高层级政府提供紧急援助，而且适当忽视了此类借债的风险。

- 可能需要更高层级的机构援助来为地方资本项目融资。此类援助可采用建立以商业原则为主题的市政金融公司的形式，通过使用上级政府的高级信贷评级来降低借债成本，并通过市级评级机构来确定信贷价值。

• 国内共同市场最好是通过宪法担保得以维护。发展中国家的政府通常扮演不了这一角色。

• 发展中国家的政府间转移支付会破坏财政纪律和问责，同时构筑了转移支付的依赖性，对财政上处于劣势的地区造成慢性的经济扼杀。另外，设计得当的政府间转移支付可以提高公共产品供给的竞争性，促进财政协调、地方政府问责及地区公平。现在很容易获得关于这些转移支付设计的大量理论和实证指导方针。

• 管辖权分配的定期回顾对于随着不断变化的经济政治现实而重新分配责任很有必要。随着全球化和本土化发展，尽管国家政府在（宏观经济）稳定和宏观经济控制方面的直接作用可能会随时间减少，但是在协调和监督方面的作用有望增加，因为政体和地方政府在这些领域承担完善的角色。宪法及法律制度和机构必须服从及时的调整，以适应不断变化的环境。

• 最后，与常见的误解相反，分权的财政制度为完善的宏观经济治理提供了更大的潜力。这一点往往被认定为分权的财政制度需要不同参与者（即决策的核心）角色的更大明确性；需要支配参与者互动的规则的透明性以确保公平参与。

附　录

经过立法的财政规则：对于财政结果是否重要？

在过去的十年中，财政规则，作为对于预算平衡、债务限制、税收及支出控制和新税收及支出普通投票的法律控制手段，来到了政策讨论的舞台中央，从而力求恢复面临财政压力的国家中的财政审慎性。这些讨论中的核心问题就是立法规定与财政绩效之间的联系。有很多关于这一主题的文献都没有得出与因果关系有关的法定性结论（见 Kopits，2004 年对新兴市场的财政规则的经验的研究）。这些文献认为，某些具有立法财政规则的国家，如1995年到2003年的瑞典和意大利以及2001年之后的规则都实现了财政绩效的大幅转变。印度自2003年以来也出现了进步。其他具有立法财政规则的国家，如美国、德国、法国和新西兰在同一时期却表现得并不好。而在另一方面，一些没有立法财政规则的国家，如加拿大、澳大利亚和英国，也成功地实现了财政调整，但是日本却没有成功（见《加拿大金融》，2004，74）。法国和德国没有遵守《增长及稳定性公约》规定（立法财政规则）的情况进一步说明了用财政规则来限制联邦制国家中大型构成单位的困难。

通过对这些经验的进一步研究证明，成功的财政调整需要持续的政治承诺。此类承诺在一党执政的国家中很容易就能够获得，如加拿大、英国和澳大利亚。但是，这样的承诺可能不会在具有比例代表的国家（巴西）或多党合作政府的国家（印度）或立法职能与执行职能分离的国家（如美国、巴西）中出现。这些国家中的财政规则能够有助于限制政治分肥，因此能够提高财政纪律。这一经验的一个重要例子就是巴西。巴西是一个大型的高度分权的联邦制国家，拥有26个州和1个联邦地区，人口为1.82亿（2005年）。在20世纪90年代中期，价格（宏观经济）稳定政策以及GDP增长的相关下降造成了在联邦层面、州层面和地方层面越来越大的财政不平衡情况。大部分州都面临财政危机，因为州债务长远与GDP的比率达到了GDP的3%，而且越来越高的人工支出（在一些州和地方政府中，达到了运营支出的90%）限制了满足不断增长的社会服务需求的能力。根据这一情况，联邦和州财政秘书长对澳大利亚和新西兰进行了考察，以了解可以解决即将到来的财政危机的选择。在1997年，从新西兰的奥克兰市回国之前，他们达成了一个共识，那就是巴西必须在各级政府上建立财政规则，来化解危机。在通过一项运动为未来的立法建立共识的时候，联邦政府还开展了一个州财政强化项目，鼓励州政府在双边基础上与联邦政府签订正式的合同，从而关闭或出售州立银行，并执行支出限制条件。到2002年，政治共识已经达成，执行了对所有政府均有约束力的严格的财政规则。这一立法被称为2000年《财政责任法》，禁止政府间的债务融资，对债务和人员支出进行了严格的限制，制定了可辨认的财政目标和透明的准则及调解准则，而且提出了机构处罚和个人处罚规定，包括各级政府的政治官员的罚款和有期徒刑。这一立法对于财政绩效产生了积极影响——到 2004 年，所有的州都实现了初步盈余，所有的州都将人员支出限制到了当前收入的 50%，且所有的州和市都减少了债务负担。

印度是一个大得多的国家，但是与巴西相比，其分权化程度较低。印度拥有 28 个州和 7 个邦，以及 10 亿人口（2001）。印度的财政状况与 20 世纪 90 年代的巴西相似，而且在联邦和州层面上应对财政不平衡的做法也是紧随巴西的脚步。卡纳塔克邦在执行财政责任立法方面走到了领先地位（从 2002 年 8 月开始），并在减少收入和财政赤字并引入财政透明度方面建立了特定的目标。在此之后，联邦政府在 2003 年 8 月执行了其自身的立法。后来，7 个州也如法炮制。在 2005 年 4 月，第十二届财政委员会在其向政府提交的报告中建议通过联邦协助来鼓励制定州财政责任立法，并为各州遵守立法增加激励措施。事实证明这一措施是非常有效的，而且到 2007 年 12 月，大部分州都执行了财政责任立法。需要注意的是，与巴西不同，印度的立法没有规定在出现不遵守规定时的机构处罚和个人处罚，而且对于支出和债务限制没有严格的财政规则，而是提出了长期目标。但是，这样的立法提出了消除收入赤字和限制财政赤字的时间表。尽管现在判断这一立法的效果还为时过早，但是最初的结果显然是不错的，而且有几个州已经成功地减少了运营赤字（详见 Howes，2005）。更重要的是，这一立法产生了新的政治动态。例如，奥里萨邦的州长已经使用了立法财政规则通过其内阁同僚以及州立法机构来限制支出需求。

总之，虽然立法财政规则对于成功的财政调整来说既不是必要的也不是充分的，但是却有助于形成持续的政治承诺，从而实现更好的财政结果，尤其是在具有分裂的政治制度或联盟体制的国家中。

第四章

地区收入差距和收敛：测度和政策影响评估

Raja Shankar 和 Anwar Shah

地区不平等代表了大多数国家始终存在的发展挑战对于那些在其辖区内具有大型地理区域的国家尤甚。全球化增加了这些挑战，因为它重视技能。因为全球化，技能而非地区的资源基础决定着地区的竞争力。技能型劳动力以非技能型劳动者为代价而获益。因为富裕地区通常具有受教育程度较高并且技能更熟练的劳动力，所以贫富地区的差距拉大了。在联邦制国家，地区差距的拉大代表了严重威胁，因为国家无力应对此类不公平就导致了不团结的潜在性，在极端情况下造成解体。尽管在缩小地区差异方面的政策挑战很大，但是联邦国家中的权力划分缩减了工具选择方面的联邦灵活性。相比之下，单一制国家的中央政府在其选择方面相对不受约束。在这些情况下，发展经济学存在一个假设：分权化的财政体制将导致持续扩大的地区不平等。本章试图提供一个对该假设的实证检验。

本章组织结构如下：下一节介绍性地概述了文献中可用的地区差

距的各种测度。然后，这一章对 8 个样本工业国家 1 和 18 个样本发展中国家中的差距测度进行了评估。为了分析的目的，这些国家被进一步分为联邦制国家和单一制国家。本章为更小子集的 14 个国家提供了一些关于人均收入方面的地区差距的历史趋势的证据。最后一节提供了一个关于地区发展的国家政策方面的总结性记分卡。

地区测度

收入差距可以用几种方式测量。本章关注了两种测度方法：静态和动态。静态测度提供了这些差距在某个时间点的“快照”（简况），而动态测度充分体现了历史趋势。下面的小节对这两个测度进行了描述。

地区差距静态测度

地区差异的测度是一项艰巨的任务，而且没有一种的统计测度方法能够充分体现其种种维度。认识到这些困难，本章便采用了各种测度以突出这些差距的不同维度。接下来的几段简要描述了这些选定的测度方法。

最大—最小值比率

具有最高收入（最高人均 GRDP）的地区的人均地区生产总值（GRDP）与具有最低收入（最高人均 GRDP）的地区的人均地区生产总值（GRDP）的比较提供了对这些差距范围的测度。如果这个测度值小（接近 1），则不同地区就具有相对平等的收入。如果这个测度值大，则解释就更有问题。两者的高比率可以归因于人均 GRDP 分布的实质变异，或者该比率可能表明异常值的存在。不过，最大—最小值比率（MMR）提供了一种快速、容易理解，且在政治上强有力的地区收入差距测度。

变异系数

变异系数（CV）是文献中使用最广泛的地区差距测度方法之一（例如，Akita 和 Lukman，1995；Decressin，1999；Dev，2000；Lyons，1991；Nagaraj、Varoudakis 和 Véganzonés，2000；Raiser，1998；Sacks，1999；Tsui，1996；Williamson，1965）变异系数是一种平均数周围离差的测度方法。离差可以用几种不同的方式计算得出。若干作者都使用过实际人均 GRDP 对数的标准偏差（Bajpai 和 Sachs，1996；Cashin 和 Sahay，1996；Garcia 和 Soelistianingsih，1998；Jian、Sachs 和 Warner，1996）。但是，在这项研究中，变异系数试图体现人均 GRDP 离差。这种测度方法被标准化后可以用来作国家间及时间方面的比较（尤其是只有在当前价格中可用的 GRDP 数据的条件下）。在接下来的分析中，变异系数是用两种方式来计算的：简单变异系数和加权变异系数。简单变异系数是一种未加权的测度值，如方程（4.1）所示：

$$CV_U = \frac{\sqrt{\sum_i \frac{(y_i - \bar{y}_U)^2}{N}}}{\bar{y}_U} \tag{4.1}$$

其中，y_i是地区 i 人均收入；N 为地区数量，$\bar{y}_U$ 是平均人均 GRDP。$\bar{y}_U$ 计算的是人均地区收入平均数，但并没有用人口来做加权计算，如下所示：

$$\bar{y}_U = \frac{1}{N}\sum_{N}^{1} y_i \tag{4.2}$$

方程（4.2）与 Williamson（1965，11）的未加权变异系数公式略有不同，其中平均收入 $\bar{y}$ 是国家平均人均 GRDP。Williamson 测度方法不适合这一应用，因为分母使用加权测度，而分子则使用未加权测度。测度值 CV_u 从 0 到 $\sqrt{N-1}$不等：0 时的完全不平等，等于不同地区的人均 GRDP；$\sqrt{N-1}$时的完全不平等，即相当于只有一个地区拥有全部的国内生产总值（GDP）。虽然 $\bar{y}_U$ 这种测度方法可用于不同国家不同时间的地区差距比较，但是由于不平等值对地区数量敏感，所以国与国之间的对比是存在问题的。

加权变异系数（CV_w）可以在一定程度上解决这个问题，其中每个地区偏差用其在全国人口中所占比例进行加权计算。这一测度值用下面的方程（4.3）计算：

$$CV_w = \frac{\sqrt{\sum_i (y_i - \bar{y})^2 \frac{p_i}{p}}}{\bar{y}} \tag{4.3}$$

其中，y_i 是地区 i 的人均收入；$\bar{y}$ 是全国平均人均 GDP；p 是全国人口数量；p_i是地区 i 的人口数量。当地区 i 拥有全部 GDP 时，测度值 CV_w 从完全平等的 0 到完全不平等的$\sqrt{(P - p_i)\ / p_i}$不等。在跨国家范围的比较时，这种测度方法要优于 CV_u，因为不平等的测度不是取决于地区数量，而是地区人口比例。

相对平均偏差

Williamson（1965，16）和 Kakwani（1980，79）认为，人均 GRDP 相对均偏差（Rw）的计算如下：

$$R_w = \frac{\sum_i |y_i - \bar{y}| \frac{p_i}{P}}{\bar{y}} \tag{4.4}$$

其中，y_i 是地区 i 的人均收入；$\bar{y}$ 是全国平均人均 GDP；P 是全国人口数量；p_i 是地区 i 的人口数量；Rw 用地区人口比例进行加权。因为变异系数是通过方差计算的，它未必对异常值敏感，而 Rw 则可以避免这一问题。因此它可以用于检查变异系数结果。测度值 Rw 从完全平等的 0 到完全不平等的 2 不等。Kakwani（1980）用 2 除 Rw，得到相对平均偏差的测度值，因为这种方法给出了与完全不平等测度值 1 相等的合乎要求的性质。然而，由于 Rw 只用于检查变异系数结果的异常值影响，所以本章在这方面并不认同 Kakwani（1980）的看法。

基尼系数

和变异系数一样，基尼系数被广泛应用在不平等研究文献中

（Kakwani 和 Son，2005；Tsui，1996；Yao 和 Liu，1998）。顺着 Kakwani（1980）的文章可知，未加权基尼系数（G_U）计算如下：

$$G_U = \left(\frac{1}{2\bar{y}_U}\right)\frac{1}{n(n-1)}\sum_i^n\sum_j^n | y_i - y_j |, \tag{4.5}$$

其中，y_i 和 y_j 分别是地区 i 和地区 j 的人均收入；n 是地区数量；$\bar{y}_U$ 是人均 GRDP 未加权平均数。测度值 G_U 从完全平等的 0 到完全不平等的 1 不等。因此，如此计算出的基尼系数是人均 GRDP $n(n-1)$ 差值的算术平均数，再除以这一平均值的最大可能值 2 $\bar{y}_U$，即得出绝对值。

加权基尼系数（G_w）用各自人口比例对人均 GRDP 的每个差值进行加权，计算等式如下（4.6）：

$$G_W = \left(\frac{1}{2\bar{y}}\right)\sum_i^n\sum_j^n | y_i - y_j | \frac{p_i p_j}{P^2}, \tag{4.6}$$

其中，$\bar{y}$ 是人均 GDP 全国平均值；p_i 和 p_j 分别是地区 i 和地区 j 的人口数量；P 是全国人口数量；n 是地区数量。测度值从完全平等的 0 到完全不平等的 1 -（p_i/P）不等。如果 p_i 小于 P，即人口比例小的地区生产出全部 GDP，则完全不平等值将接近于 1。

泰尔指数

泰尔指数（T）是本章所使用的最后一个不平等测度方法。它是一种对不平等性的信息或熵的测度方法。根据 Theil（1967）的观点，其计算如下：

$$T = \sum_i x_i \log\left(\frac{x_i}{q_j}\right) \tag{4.7}$$

其中，x_i 是地区 i 的 GDP 比例；q_i 是地区 i 的人口比例。对于相等的人均 GRDP 而言，即 GRDP 与地区人口数量成比例，泰尔指数为 0。在全部收入都来自地区 i 的情况中，泰尔指数则变成了 log（p_i/p）。其中，p 是国家总人口数；p_i 是地区 i 人口数量。此处注意，随着地区 i 人口比例减少，如果地区 i 获得了全部收入，则泰尔指数上升。

地区不平等的动态概念

尽管地区收入差距的“快照视图”具有启发性，但是一个长远的视角更有助于确定公共政策的影响。实现这种视角需要制定一个静态测度的时间表，以及辨别这些不平等是否表面上随时间减少（*收敛假设*）或增强（*发散假设*）。一个强有力的收敛假设表明，无论初始条件如何，假如技术变化的传播和采用不受限制的话，那么要素生产率和收入水平都将实现平等。相比之下，较弱的收敛假设则需要竞争激烈的市场结构为生产要素配置传达正确信号（参见 Boldrin 和 Canova，2001）。在较弱的收敛假设下，单一的技术区别无法解释生产率要素的区别。由于缺乏有竞争力的价格信号，如我们所观察到的那些地区激励和补贴而产生的价格信号、幼稚产业保护和贸易壁垒可能会使要素生产率和收入方面的差异继续存在。

从概念层面上讲，地区收敛处在完全竞争、没有外部效应的不变规模收益以及国家—民族内（在资源禀赋、地形、人口构成、人力资本、政治及法律环境、非正式文化等方面）相对均匀同质的地区间自由和无成本的要素流动的条件下是得以确保的。这一地区收敛要求政治单位与拥有各种合理禀赋的且大小合理的地理区域相适应，如此一来地区收入差距归因于政策和制度上的考量而非简单的不可抗力因素。例如，分别由沙漠、山地和可耕地组成的三个完全不均衡的异质地区之间是不该被期望存在收敛的。

随着规模收益的增加，以及投资和增长的外部性，地区收敛变得更加难以实现。强有力的非收敛（差异）假设更多强调路径依赖（初始条件很重要）、规模收益增加以及投资外部性是要素生产率和增长方面差异的来源（参见 Krugman，1991；Romer，1990）。规模收益增加的实现、某一个地区而非其他地区中完全流动性下的聚集经济或者这两者（即规模收益增加与聚集经济）都将加重地区发散。如果要素（由于阻碍）不能或不愿（例如出于年龄和民族考量）移动，发散也会发生。在强有力的发散假设下，收入水平和资源禀赋的不平等将阻碍地区增长率方面的收敛。

在较弱的发散假设下，达到发达地区物质资本和知识资本的最低门槛对于增长路途的持续发散是有必要的。因此，达到这些要素最低门槛的一些地区可能形成俱乐部或增长极，它们可能比其他地区增长更快并实现俱乐部收敛。因此，打破这种地域权力集中的公共政策可能需要在国家增长和克服地区不平等（在欧盟背景下，有关这一问题的讨论参见 Boldrin 和 Canova，2001）之间作出权衡。在联邦制国家中，地区不平等对于评估任何可能观察到的权衡方面可能被赋予重要意义。《地区收入差距和收敛》一节提供了关于各国所作出的权衡选择结果的经验性证据。

两种统计概念有助于地区不平等的动态研究。首先，地区收入离差性随时间推移而减少被称为收敛（西格玛）收敛。其次，相对贫困地区通过快速增长而实现收入追赶称为贝塔（β）收敛（Barro 和 Sala－i－Martin，1995，383）。《地区收入差距和收敛》一节提供了 16 个国家西格玛（∑）收敛和 8 个国家贝塔（β）收敛的经验性证据。

地区不平等：不同国家的简述

仅有少得出奇的发展中国家有可用的地区收入数据。8 个工业国家和 17 个发展中国家的此类数据可用。在下面的讨论中，作者分别提出了工业国家和非工业国家地区收入差距的测度，还对联邦和单一制国家经验进行了比较。

工业国家

表 4.1 是作者对 7 个工业国家——包括 4 个联邦制国家和 3 个单一制国家人均 GRDP 的地区差距不同测度进行的计算。介绍了统一的德国以及德国统一前德意志联邦共和国（FRG）各州的差距测度。正如预期的那样，德意志联邦共和国差距比统一的德国要小。

通过对样本中大多数不平等的测度，联邦制国家地区差距水平比单一制国家低。这一结果对更适合不同国家间比较的人口加权测度而言尤为真实。图 4.1 显示了工业国家的地区差距的加权测度。图上加权变异系数按降序排列。除了英国，样本中的联邦制国家的所有差距测度值都比较低。

如表 4.1 所示，关于几乎所有的测度方面，加拿大和美国具有最低水平的不平等。此外，加权值小于未加权值，表明具有极端人均 GRDP 的各省或各州一般人口较少。英国紧随加拿大和美国之后，然后是德意志联邦共和国和西班牙。法国和意大利地区差距最高。英国和意大利加权和未加权差距值相似，表明处于不同收入分布点的地区拥有相似的人口规模。正如所预期的那样，单一制德国比前德意志联邦共和国各州差距更大。加拿大和美国加权值都比较低。西班牙和法国的加权的差距测度值均高于未加权的测度值，这就意味着在这些国家中具有极端人均 GRDP 的地区人口规模更大。用以检查几个极端偏差的相对平均偏差只有在英国和德意志联邦共和国明显不同。

表 4.1　　　　工业国家中的地区差距

国家		年份	最大—最小值比率	简单变异系数	加权变异系数	相对平均偏差	未加权基尼系数	加权基尼系数	泰尔指数
联邦制	加拿大	1997	1.838	0.201	0.137	0.123	0.118	0.067	0.008
	德意志联邦共和国[a]	1998	1.718	0.195	0.137	0.127	0.113	0.068	0.006
		1995 ~ 1997	2.033	0.241	0.207	0.140	0.128	0.076	0.010
	西班牙	1995 ~ 1997	1.866	0.189	0.210	0.189	0.111	0.118	0.022
	美国	1997	1.927	0.162	0.122	0.097	0.190	0.039	0.007
		1995 ~ 1997	3.048	0.341	0.262	0.197	0.191	0.122	0.027

续表

国家		年份	最大—最小值比率	简单变异系数	加权变异系数	相对平均偏差	未加权基尼系数	加权基尼系数	泰尔指数
单一制	法国	1995 ~ 1997	2. 039	0. 178	0. 267	0. 206	0. 096	0. 126	0. 032
	意大利	1995 ~ 1997	2. 228	0. 262	0. 264	0. 243	0. 152	0. 145	0. 037
	英国	1995 ~ 1997	1. 794	0. 177	0. 178	0. 123	0. 085	0. 083	0. 015

注：a：统一前德意志联邦共和国各州。

资料来源：作者基于附件 4B 中所列来源进行的计算。

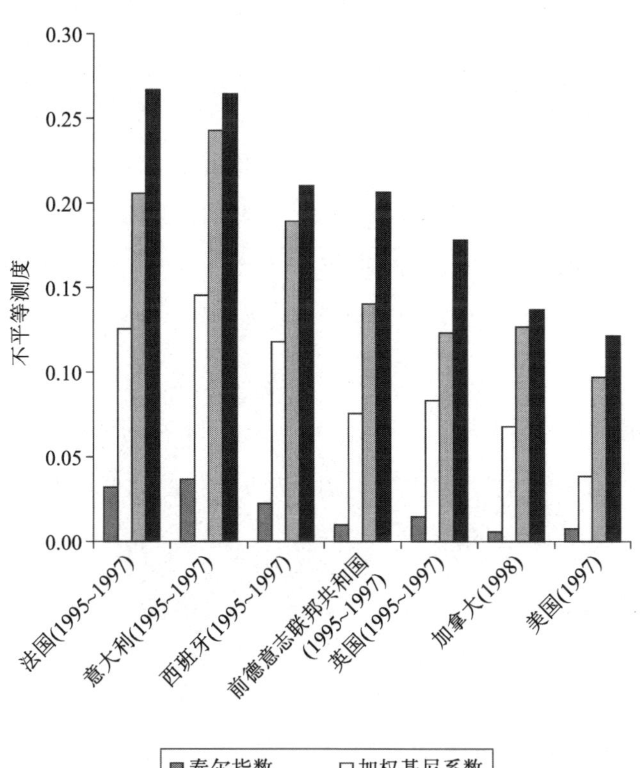

图 4.1 工业国家中的地区差距

资料来源：作者基于附件 4B 中所列来源进行的计算。

非工业国家

表 4.2 是作者对 18 个发展中国家——包括 5 个联邦制国家和 13 个单一制国家地区差距的不同测度的计算。一般而言，关于不平等的所有测度，发展中国家差距均大于工业国家。除了巴基斯坦和罗马尼亚以外，所有发展中国家的差距都比样本中差距最大的工业国家——意大利的差距还要大。平均而言，如果采用加权变异系数，发展中国家差距比工业国家大 4 ~6 倍。

如同工业国家的案例一样，一般情况下，单一制发展中国家比联邦制发展中国家差距大。图 4.2 呈现了 1997 年的发展中国家加权的不平等测度值或 1997 年之前最新的可用数据。国家按加权变异系数降序排列。不平等测度值最高的国家是大型的单一制国家：越南、泰国、中国和印度尼西亚。联邦制和较小单一制国家中的不平等测度值要低得多。

巴基斯坦、罗马尼亚、智利、巴西和印度尼西亚中的加权测度值低于未加权的测度值，表明具有极端人均 GRDP 值的地区人口数量较少。相比之下，较高的加权测度值意味着印度、斯里兰卡、墨西哥、中国和泰国存在极端人均 GRDP 分布的地区人口数量较大。乌兹别克斯坦、菲律宾、俄罗斯联邦、南非和越南在处于人均 GRDP 不同点的地区中拥有相对较为均等的人口分布。用于检查几个极端偏差的相对平均偏差对于巴基斯坦、俄罗斯、印度尼西亚、菲律宾、乌兹别克斯坦和越南而言，明显不同。

联邦制与单一制国家

一般来说，联邦制就人均 GRDP 而言，国家比单一制国家更均等。在本小节中，这一章着眼于分权和地区差距之间的关系。这项对三个关于哑变量（代表了一国是单制还是联邦制）的加权不平等测度进行了回归[2]。如果国家为单一制，则哑变量值为 1；如果国家是联邦制，则哑变量值为 0。对于每一种不平等测度而言，都需进行两次回归：第一次仅对单一制哑变量回归；第二次将人口自然对数作为控制变量。回归中使用的不平等测度值来源于1997年或1997年之前可用的最近一年。

表 4.2　　　　　　　　　非工业国家中的地区差距

	国家	年份	最大最小值比率	简单变异系数	加权变异系数	相对平均偏差	未加权基尼系数	加权基尼系数	泰尔指数
联邦制	巴西	1997	7.567	0.563	0.468	0.409	0.334	0.267	0.116
	印度	1997	3.811	0.387	0.414	0.334	0.226	0.227	0.082
	墨西哥	1997	5.793	0.473	0.571	0.422	0.253	0.301	0.136
		1998	5.874	0.469	0.566	0.421	0.251	0.300	0.134
	巴基斯坦	1997	1.514	0.186	0.150	0.094	0.113	0.072	0.009
		1998	1.516	0.183	0.141	0.095	0.114	0.069	0.008
	俄罗斯联邦	1997	21.307	0.625	0.645	0.387	0.283	0.280	0.153
单一制	智利	1994	5.696	0.486	0.334	0.243	0.267	0.165	0.052
	中国	1997	11.625	0.692	0.924	0.666	0.351	0.250	0.111
		1998	12.183	0.709	0.952	0.679	0.357	0.254	0.115
		1999	12.507	0.730	0.987	0.694	0.365	0.264	0.125
	印度尼西亚	1997	11.048	0.827	0.716	0.401	0.378	0.274	0.176
		1998	11.436	0.832	0.722	0.416	0.381	0.277	0.178
	尼泊尔	1996	1.440	0.157					
	菲律宾	1997	6.653	0.530	0.532	0.367	0.307	0.261	0.123
		1998	6.760	0.536	0.537	0.369	0.311	0.262	0.125
		1996	2.031	0.206					
	罗马尼亚	1996	1.783	0.189	0.174	0.132	0.106	0.090	0.012
	南非	1994	7.038	0.621	0.639	0.558	0.352	0.341	0.195
	斯里兰卡	1995	3.362	0.394	0.452	0.397	0.230	0.249	0.101
	泰国	1997	8.273	0.797	0.925	0.745	0.438	0.442	0.351
	乌干达	1997～1998	1.760	0.274					
	乌兹别克斯坦	1997	3.047	0.353	0.355	0.238	0.155	0.170	0.054
		1998	2.991	0.321	0.320	0.218	0.147	0.159	0.046
		1999	2.779	0.304	0.301	0.206	0.142	0.152	0.041
	越南	1997	24.746	1.067	0.996	0.596	0.372	0.410	0.306

资料来源：作者基于附件4B中所列来源进行的计算。

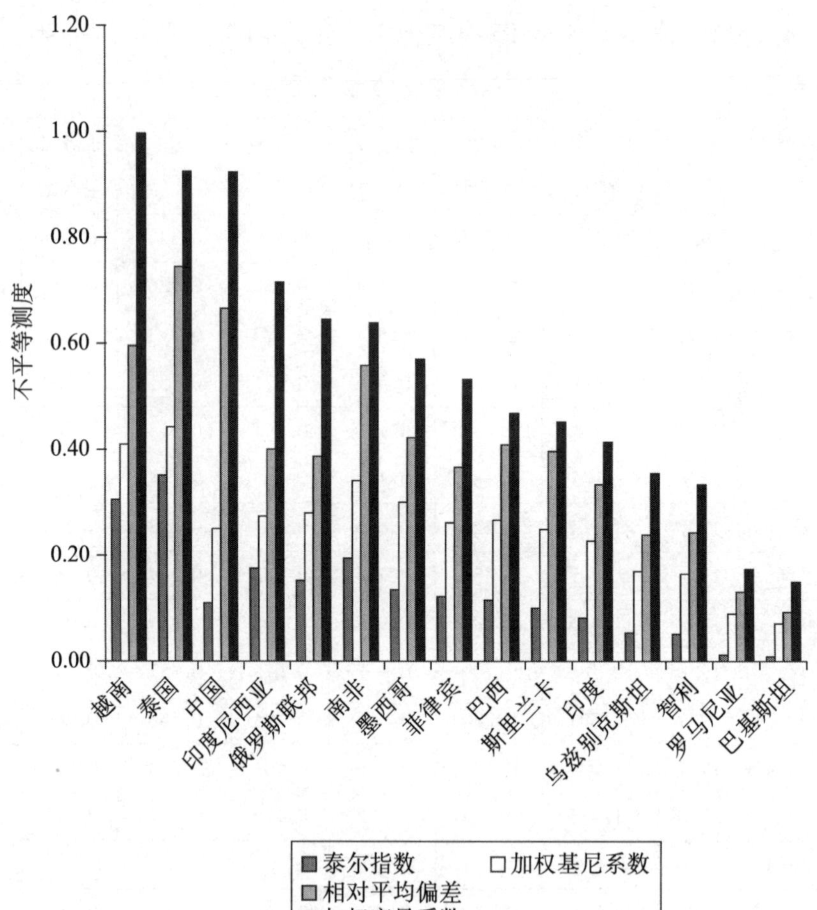

图 4.2　非工业国家中的地区差距

资料来源：作者基于附件 4B 中所列来源进行的计算。

单一制哑变量正系数是从所有回归中获得的，表明了单一制国家往往更加不平等。然而，除了加权变异系数作为自变量的情况之外，R 平方值太小或者说系数在统计角度上不显著。表 4.3 显示了加权变异系数作为自变量且国家人口自然对数作为控制变量时的回归结果。单一制哑变量系数是正的，并且统计角度上的双尾检验中显著水平为 5%。这一调查结果为该命题提供了某种证据：即集权导致了更大的地区差距。

表 4.3　　　　回　归　结　果

自变量	因变量：加权变异系数	
	回归 1	回归 2
截距	-1.86	-1.54
	0.048 **	*0.054* *
单一制哑变量	0.28	0.2
	0.016 **	*0.044* **
Log（人口）	0.12	0.09
	0.022 **	*0.036* **
发展中国家哑变量		0.28
		0.008 ***
观察次数	22	22
R 平方	0.344	0.567

注：斜体 p 值；* = 10% 水平下有效；** = 5% 水平下有效；*** =1 % 水平下有效（全部双尾检验）。

资料来源：作者的计量分析。

人口对数系数也是正的，并且统计上双尾检验中显著水平为 5%。这一发现不足为奇，因为其他条件相同时，人口较多的国家预计会有更大的地区不平等。

单一制哑变量加权的不平等测度的斯皮尔曼等级相关系数也可以用两种不同方式计算。第一，所有 9 个联邦制国家的平均水平是 5.5，并且所有 12 个单一制国家的平均水平是 15.5。第二，根据分权化程度这些国家在每组（联邦制或单一制国家）中进行排名。分权化程度被测度为国家级以下政府支出占国家总支出的比例。政府财政支出数据来自国际货币基金组织政府财政统计数据集。

表 4.4 给出了计算结果。只根据一个国家是联邦制还是单一制，第一行呈现了样本中 22 个国家的等级相关系数，第二行显示的排名结果则考虑到了每个国家分权化程度。在此情况下，样本只包含 15 个国家[3]，因为其他国家没有可用的政府支出数据。所有相关值都是正数。尽管这些值可能不是很大，不过它们对文献中的传统观点提出了质疑

（Musgrave，1959；Oates，1972）。传统观点认为，集权形式的政府形式能更好地缩小辖区间的不平等。

表 4.4　　　　斯皮尔曼等级相关系数

指标	加权变异系数	加权基尼系数	泰尔指数
联邦制/单一制	0.458	0.423	0.458
与分权化	0.382	0.371	0.411

资料来源：作者的计算。

总之，许多发展中国家持续存在显著的地区不平等。通过大多数的地区不平等测度可以得出，发展中国家地区不平等是工业国家的 2 至 6 倍。同样，单一制国家地区不平等比联邦制国家大。该调查结果对集权国家在均衡地区间经济差距方面做得更好“这种普遍假设”发起了挑战。相反，联邦制国家在确保地区公平方面有更好的记录。

地区收入差距和收敛

本节提出了 16 个不同国家中不平等的时间趋势来分辨收敛的程度。加拿大和美国是工业国家，其余的是发展中国家。发展中国家中，5 个是联邦制国家，9 个是单一制国家。

联邦制国家中的地区差距趋势

图 4.3 显示了 1980 年至 1999 年间联邦制国家中的地区差距趋势。面板 a 绘制了加权变异系数趋势；面板 b 描绘了基尼系数趋势；面板 c 则绘制了泰尔指数趋势。根据数据的可得性，不同国家的趋势是在不同的子时间段绘制出来的。表 4.5 提出了联邦制国家中关于 β 收敛的证据。这个表格包含了初始 GRDP 对数上的人均 GRDP 增长率基本回归的结果。美国、加拿大和巴基斯坦地区不平等水平最低，随后是印度、巴西、墨西哥和俄罗斯。1990 年到 1994 年，美国经历了地区不平等的下降，随后保持稳定。从 1994 年到 1998 年，加拿大的不平等基本

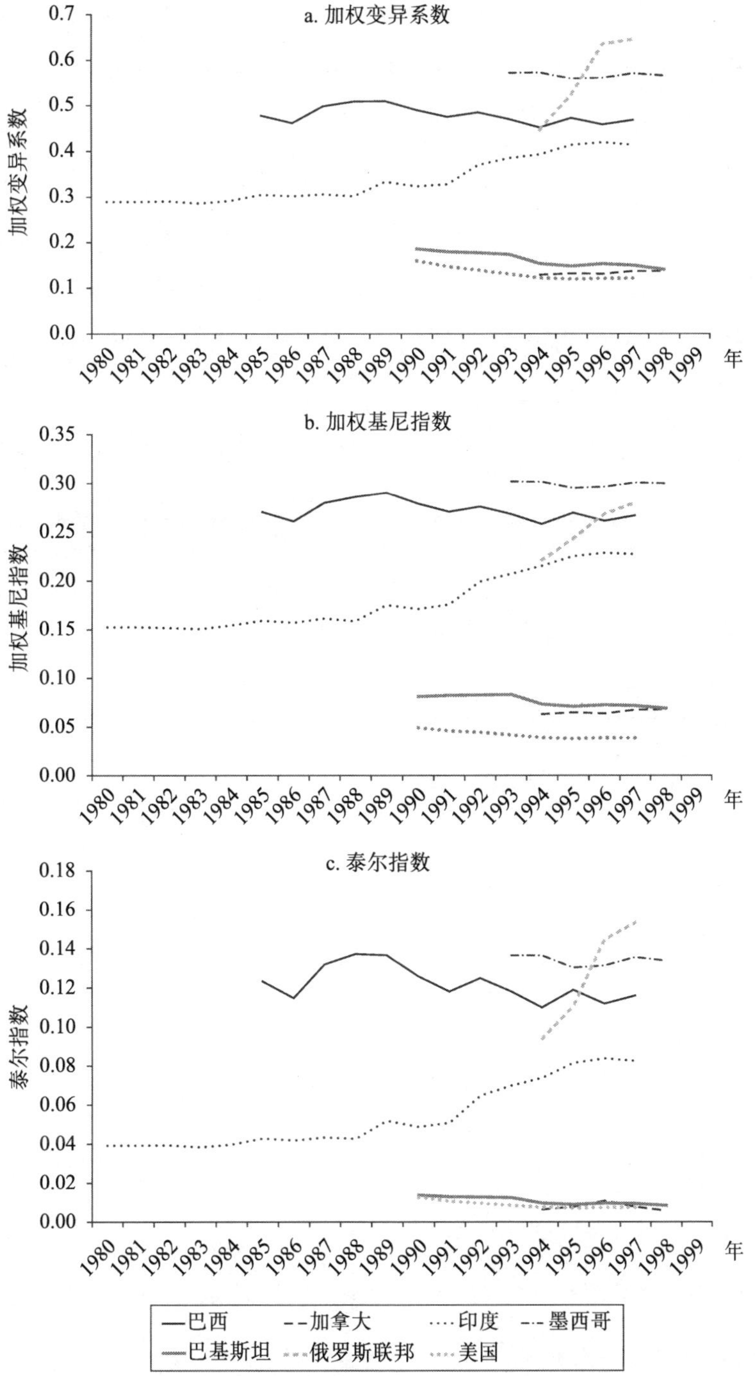

a. 加权变异系数

b. 加权基尼指数

c. 泰尔指数

—巴西　--加拿大　⋯印度　-·-墨西哥
—巴基斯坦　--俄罗斯联邦　⋯美国

图 4.3　联邦制国家中的地区差距趋势

资料来源：作者基于附件 4B 中所列来源进行的计算。

保持不变。1990 年到 1998 年，巴基斯经历了不平等的下降，1994 年则出现了相对急剧的下降。其不平等水平与加拿大和美国的不平等水平基本相当。工业国家低水平的地区不平等是预料之中的，因为它们处于经济发展的高级阶段[4]，并且它们在区际贸易和要素流动方面几乎没有障碍。巴基斯坦低水平的地区不平等。属于发展中国家的非典型，可能令人惊讶。然而，这一点可以通过下列事实进行解释：巴基斯坦省份数量少，两个最为富有的省份人口占国家人口的 80% 以上。此外，省际劳动力和资本过移显著。

表 4.5　　联邦制国家中的 β 收敛结果

国家	时期	自变量	β	P 值	R 平方	地区数量
巴西	1994 ~ 1997 年	Log（1994 年人均 GRDP）	-0.020	0.566	0.013	27
加拿大	1994 ~ 1998 年	Log（1994 年人均 GRDP）	-0.019	0.751	0.012	11
印度**	1980 ~ 1997 年	Log 年（1980 年人均 GRDP）	0.283	0.040	0.307	14
墨西哥	1993 ~ 1998 年	Log（1993 年人均 GRDP）	-0.010	0.730	0.004	32
巴基斯坦[a]	—	—	—	—	—	—
俄罗斯联邦	1994 ~ 1997 年	Log（1994 年人均 GRDP）	0.010	0.824	0.001	79
美国***	1990 ~ 1997 年	Log（1990 年人均 GRDP）	-0.297	0.000	0.462	50

注：** =5% 水平下有效；*** =1% 水平下有效（全部双尾检验）；— =无法获得。

a. 数据点过少。

资料来源：作者基于附件 4B 中所列来源进行的计算。

1980 年到 1996 年，印度经历了持续上升的地区不平等，之后的 1997 年轻微下降。自由化改革开始后，地区不平等在 1992 年大幅度地上升了。其不平等水平从 1990 年时是美国的近两倍，到了 1997 年的三倍多。这一章的调查结果表明，印度没有收敛（西格玛收敛），这与观察印度地区不平等的其他作者的调查结果一致。Bajpai 和 Sachs（1996）

发现了 1971 年到 1993 年印度各邦国内生产值发散的证据。Cashin 和 Sahay（1996）也发现了 1971 年到 1991 年印度各邦国内净产值发散的扩大。Das 和 Barua（1996）；Nagaraj、Varoudakis 和 Veganzones（2000）；Rao、Shand 和 Kalirajan（1999）；Yagci（1999）也发现了印度各邦之间类似的发散证据。其中的一些作者也发现了印度不利于 β 收敛的证据。Rao、Shand 和 Kalirajan（1999）发现，各邦人均国内生产值的增长与从 1965 年起到 1994 年和 1995 年的各个子时间段的初始水平呈正相关性。Yagci（1999）指出，自 1980 年以来较高收入的邦增长速度比较低收入邦要快。Bajpai 和 Sachs（1996）也发现了 1971 年到 1993 年间，初始的各邦国内生产值和经济增长率之间呈现微弱的正相关性关系的证据。然而，Cashin 和 Sahay（1996）报告了微弱的 β 收敛证据。但是他们也指出，每年 1.5% 的收敛速度比工业国家（澳大利亚、加拿大、日本和美国）2% 的收敛速度要慢。事实上，这一速度甚至比经济合作与发展组织国家的收敛速度还要慢，这是一个令人惊讶的结果，因为人们预期一国境内的收敛理应更快。

印度地区不平等的增加可能有几个原因：第一个原因或许是印度处于发展的早期阶段，因而处于地区不平等倒 U 形的上升面（Williamson，1965）。另一个原因可能是印度国内相对较高的邦际贸易壁垒。第三个原因可能是违反常情的中央政府地区发展政策以及政府间转移支付制度（Shankar 和 Shah，即将发表）。

巴西经历了 20 世纪 80 年代的地区不平等的上升，20 世纪 90 年代早期轻微下跌，然后 1995 年到 1997 年的缓慢上升。其不平等约为美国的 3 至 4 倍。地区不平等水平在相对狭小的幅度内保持稳定。这个时期内，加权变异系数在 0.51 ~ 0.45 之间波动。加权基尼系数变化区间为 0.29 至 0.26，而泰尔指数则保持在 0.14 至 0.11 之间（见附件 4A）。

墨西哥的地区不平等大约为美国的 5 倍，这一不平等在 20 世纪 90 年代保持基本的稳定。1995 年有些下降，当年墨西哥的经济出现 6.2% 的紧缩，这是经济大萧条以来最糟糕的经济衰退。墨西哥是样本中最为集权化的联邦制国家。州政府的财政很大程度上依赖于中央政府的拨款。1996 年，从收入共享中拨给各州的转移支付几乎是各州自有收入的 6 倍（Giugale 及其他，2000，19）。墨西哥联邦的这一高度集权性可能是其高水平地区不平等的原因之一（Shankar 和 Shah，即将发表）。

1994 年到 1997 年，俄罗斯地区不平等大幅度增加，其 1997 年的加权变异系数比 1994 年高 50%。在此期间，俄罗斯经济经历了重大的结构转型。从 1990 年到 1997 年，它经历了长期的经济衰退，当时只有 0.9% 的正增长率。日益拉大的地区不平等可能起因于俄罗斯所发生的复杂的政治和经济变革，尤其是俄罗斯的经济权力主要集中于莫斯科和其他几个地区。

单一制国家中的地区差距趋势

图 4.4 显示了单一制国家从 1978 年到 1999 年的地区不平等趋势。面板 a 绘制了加权变异系数趋势；面板 b 绘制了加权基尼系数趋势；面板 c 绘制了泰尔指数趋势。根据数据的可得性，不同国家的趋势是在不同的子时间段被绘制出来的。表 4.6 给出了单一制国家中 β 收敛的证据。这个表格包含了初始 GRDP 对数上的人均 GRDP 增长率基本回归的结果。

除了主要的越南以外，样本中较小的单一制国家具有相对较低水平的地区不平等。罗马尼亚、斯里兰卡、乌兹别克斯坦和智利具有相对较低水平的地区不平等，而菲律宾、中国、印度尼西亚、泰国和越南则有高水平的不平等。一般来说，除了一些较小的国家（不包括越南），单一制国家的地区差距水平明显高于联邦制国家。

罗马尼亚具有最低水平的不平等地区，经历了从 1993 年到 1996 年地区不平等水平的上升。通过加权变异系数来看，这一不平等要比美国高大约 1/3。1996 年到 1999 年，另一个转型国家乌兹别克斯坦经历了地区不平等的下降。其加权变异系数约比加拿大和美国高 2.5 倍。乌兹别克斯坦是一个拥有 14 个地区的高度集权国家，各个地区的一把手可以被国家总统解雇。该国最重要的活动发生在人烟稀少的地区纳沃伊，大多数的金矿和铀矿在这里被开采。由于金是该国主要的出口产品，这一因素解释了乌兹别克斯坦地区不平等的某种原因。

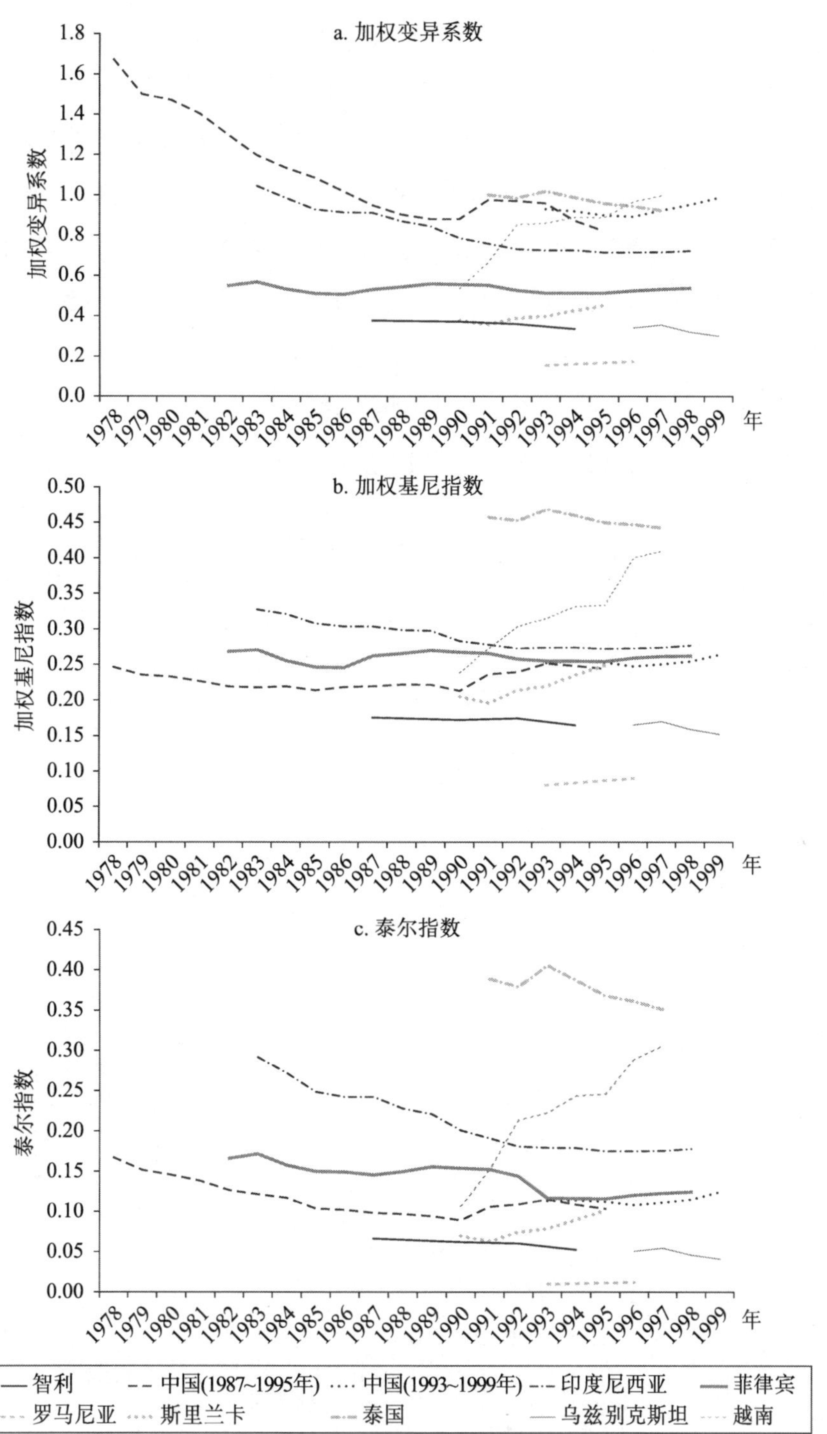

图 4.4　单一制国家中的地区差距趋势

资料来源：作者基于附件 4B 中所列来源进行的计算。

1987 年至 1994 年，智利经历了地区不平等水平的降低。其加权变异系数约为美国的 3 倍。下降可能是由于智利的发展阶段处于倒 U 形的右边（即下降面）。而且，智利的市场自由化可能导致了收敛。经济活动主要集中在中部地区。然而，由于北方繁荣的，采矿业最南端又通过汶鱼养殖、旅游业和大规模甲醇生产获得经济活力，所以集权趋势似乎已经停止了。旅游业和出口农业是中北部增长的强劲引擎，而林业、旅游业、林果生产和传统农业则对中南部很重要。此外，由于现在权力逐渐下放至自治市、各部委的地区办事处、公共机构以及其他地区组织，所以传统上强势的集权偏见出现了扭转。[5]

表 4.6　　单一制国家中的 β 收敛结果

国家	时期	自变量	β	P 值	R 平方	地区数量
智利*	1987～1994 年	（1987 年人均 GRDP）对数	-0.155	0.068	0.271	13
中国***	1978～1990 年	（1978 年人均 GRDP）对数	-0.229	0.000	0.393	28
	1990～1995 年	（1990 年人均 GRDP）对数	0.011	0.882	0.000	29
	1993～1999 年	（1993 年人均 GRDP）对数	0.052	0.273	0.044	29
印度尼西亚***	1983～1992 年	（1983 年人均 GRDP）对数	-0.164	0.000	0.505	27
	1993～1998 年	（1993 年人均 GRDP）对数	-0.030	0.356	0.034	27
菲律宾	1982～1986 年	（1982 年人均 GRDP）对数	-0.103	0.023	0.388	13
	1986～1990 年	（1986 年人均 GRDP）对数	0.063	0.499	0.040	13
	1990～1994 年	（1990 年人均 GRDP）对数	-0.048	0.439	0.051	14
	1994～1998 年	（1990 年人均 GRDP）对数	0.002	0.959	0.000	15

续表

国家	时期	自变量	β	P值	R平方	地区数量
罗马尼亚	1993～1996年	（1990年人均GRDP）对数	-0.014	0.936	0.001	0
斯里兰卡	1990～1995年	（1990年人均GRDP）对数	0.0950	0.619	0.053	7
乌兹别克斯坦	1996～1999年	（1996年人均GRDP）对数	-0.058	0.373	0.067	14
泰国	1991～1997年	（1990年人均GRDP）对数	-0.014	0.821	0.011	7
越南	1990～1997年	（1990年人均GRDP）对数	-0.068	0.652	0.004	52

注：* =10%水平下有效；** = 5%水平下有效；*** = 1 %水平下有效。

资料来源：作者基于附件4B中所列来源进行的计算。

虽然斯里兰卡在单一制国家中具有较低水平的不平等，但它比印度更加不平等。其加权变异系数是美国的4倍。1991年，斯里兰卡经历了不平等水平的下降，之后便稳步上升。农村地区基础设施发展缓慢、工业集中靠近主要港口和机场、农业部门的不景气导致了地区间经济增长的利益分配不均。由于毗邻港口和机场，西部省份是85%的工业所在地，创造了40%以上的GDP，而因为椰子和国内农业的停滞，西北和乌瓦省等主要农业区仍然落后。[6]

20世纪90年代，越南经历了地区不平等的大幅度增长。这一时期的加权变异系数几乎翻了一倍。1990年到1992年，地区不平等激增，之后到1995年一直呈现较慢增长。1995年到1997年期间，越南经历了另一次的大幅度增长。1990年，越南的加权变异系数是美国的3倍多。1997年，加权变异系数比美国高8倍。越南在20世纪80年代末开始实行经济自由化政策之后，在20世纪90年代期间，其经济增长强劲。自1989年以来，其表现与中国类似。自1986年开始的经济改革以来，尽管在过去几年里河内—海防地区增长同样很快，但胡志明市及附近省份（特别同奈省和平阳省）还是巩固了它们作为国家工业中心地带的地位。北部山区和大部分中北部沿海省份则远远落后，它们在传统上就是该国最贫穷的地区。拉大的地区不平等在有限的程度上被预算给抵消了。该预算主要在较富裕地区筹集财政收入，但更加广泛地在基础设施、卫生和教育方面分配支出。

根据1982年到1998年的加权测度，菲律宾没有主要的可辨别的地区不平等趋势。1983年不平等趋势上升，而后下降到1986年左右，再之后上升到1989年。1989年之后，不平等下降至1995左右，并且1995年到1998年之间出现上升。菲律宾的加权变异系数从1990年美国的3.5倍左右上升到1997年的4.5倍不等。附件中的4A.11表及图表明，大于20世纪80年代未加权测度值的加权测度值，在20世纪90年代则下降到未加权测度值以下。这一发现可能意味着，大多数人口较多的地区更趋向于向平均人均GRDP附近收敛，而人口较少的地区则趋向于极端值。此外，相对平均偏差与加权变异系数显著不同，这将意味着会有极端异常值。

1997年，整体国内生产总值的P值=2420亿（857亿美元），而人均国内生产总值的P值=32961（1166美元）。这些数字隐藏了国家不同地区之间拉大的财富差距。国家首都地区即以马尼拉为中心的地区占人口总数的14%，并创造了1/3的国内生产总值。其人均GRDP远远超过了全国平均水平的2倍。只有两个地区——南塔加拉和科迪勒拉行政区——人均收入高于全国平均水平，而有四个地区只占约全国水平的一半，棉兰老岛的四个自治省则只有全国水平的1/3。这一调查结果反映了制造业活动主要集中于马尼拉地区。然而，增长点在其他地区发展起来了，近年来这些地区的工业园已成为国内和国外众多投资的焦点了。[7]

自1983年以来，印度尼西亚经历了地区不平等的不断下降。到1992年左右，下降更加明显，之后下降速度减慢。由于1997年的经济危机，1997年和1998年地区不平等略有增加。1983年，印度尼西亚的不平等几乎是印度的4倍；1985年，其加权变异系数几乎是巴西的2倍；1990年，其不平等是美国的5倍。1997年，印度尼西亚的加权变异系数是印度的1.75倍，大约比巴西高55%，相当于美国的6倍。换句话说，相比印度和巴西，印度尼西亚地区不平等的情况有了改善，但是在20世纪90年代其收敛速率还是比美国慢。

Akita和Lukman（1995）也发现，1975年到1992年加权变异系数不断下降。然而，排除采矿业，地区差距并没有明显的趋势。他们认为，加权变异系数的下降可能是归因于矿业在国民生产总值中的占比降低。Akita和Lukman还发现，这一时期第三产业对地区不平等的促成也下降了，而第二产业的促成性则增加了。1970年到1996年，印度尼西亚年平均增长率为6%。

Asra（1989）估算了1969年到1981年的地区支出不平等的基尼系数。他发现，如果人们调整了关于通货膨胀对不同支出群体的不同影响的标准不平等测度的话，那么1969年到1976年印度尼西亚的地区差距增加了，然后从1976年到1981年下降了。

Garcia和Soelistianingsih（1998）发现了1975年到1993年期间的人均GRDP的ε收敛和β收敛的证据。但是他们还发现，在1983年分布图中处于顶部和底部的地区在1993年仍然保持处于分布图的顶部和底部。这一章的数据集还表明了1983年至1998年期间的相同结果：顶部和底部地区保持不变。

从1978年到1990年，中国地区不平等下降，之后一直上升到1993年。从1993年到1996年，不平等再度下跌，然后又一直上升到1999年。中国的加权变异系数从1990年大约是美国的5倍上升到1999年的8倍。其加权变异系数已经高于样本中几乎所有其他国家。只有泰国在20世纪90年代早期和中期以及越南在20世纪90年代末的加权变异系数值较高。

然而，关于其他不平等的加权测度——加权的基尼系数和泰尔指数，中国的表现优于印尼、菲律宾、泰国和越南。这一调查结果很有趣，尤其是因为中国的加权变异系数高于未加权变异系数，而加权基尼系数低于未加权基尼系数（参见图4A.9、面板a和面板b）。这个结果可能是由于分布图中处于较低一端的各省人口较多。事实上，几乎

70%的人口分布在人均 GRDP 低于全国平均水平的省份。人均 GRDP 中位数明显低于平均人均 GRDP。例如，在当前的价格下 1978 年和 1999 年全国平均人均 GRDP 分别为人民币 357 元（210 美元）和人民币 7242 元（826 美元）。相应的人口加权中位数分别为人民币 313 元（184 美元）和人民币 5400（621 美元）。这个结果将曲解对加权变异系数的评估，且该结果是由相对平均偏差显著低于加权变异系数的这一事实而证明。

数名作者已经开始观察中国的地区不平等。Jian、Sachs 和 Warner（1996）发现，中国各省份的经济在 1952 年到 1965 年间有点收敛，然后在 1966 年到 1977 年“文化大革命”期间出现发散。1977 年以后直到 1990 年左右，在改革过程中，他们发现了 β 收敛的显著统计证据。Raiser（1998）也发现了 1978 年到 1990 左右年间 β 收敛的证据。这两项研究发现，中国不同省份的经济在 20 世纪 90 年代以后发散了。对收敛的观察产生了类似的情况。Jian、Sachs 和 Warner（1996）发现，实际人均 GRDP 对数的标准偏差从 1952 年到 1965 年略有下降，1966 年到 1977 年增加，1977 年到 1990 年显著地降了。1990 年以后的时间段经历了人均 GRDP 离差的增加。Raiser 利用变异系数，发现 1978 年到 1992 年间的类似结果。

Jian、Sachs 和 Warner（1996）指出，1952 年到 1965 年有两种力量在起作用：（1）政府诱导的对农业地区存在的偏见造成了发散；（2）未知力量推动收敛，导致了轻微的整体收敛。1966 年到 1977 年，“文化大革命”自给自足的年代导致了发散，而 1978 年以后的市场改革又导致了收敛。然而，Jian、Sachs 和 Warner（1996）指出，几乎所有收敛都归因于沿海各省份之间收入差距的缩小，而不是沿海和内地各省之间不平等缩小或内地各省不平等缩小。Raiser（1998）发现了类似的结果。沿海和内地之间的发散程度很大程度上是由赋予沿海地区（在税收和贸易政策方面）的经济特权——作为经济改革的一部分——所引起的。这些改革加重了内地贫穷、偏远和荒凉地区与肥沃的沿海三角洲和平原之间的矛盾。沿海地区已远远能够实现快速增长，而内地省份则远远落后了。

在样本中，泰国的地区不平等水平最高。从 1991 年到 1997 年，其不平等水平略有下降。加权变异系数从 1991 年美国的 7 倍上升到 1997 年的 7.5 倍多。在这一时期内，加权计量值大于未加权的测度值（参见图 4A.14），这表明人口众多的地区处于分布图的极端。虽然快速增长率导致了过去 30 年的实际人均收入水平的稳步增长，但是国家财富分配仍存在惊人的差异。东北地区人均收入只有国家平均水平的 52%，相当于曼谷大都市地区的 20%。近些年的政府已经通过推动经济分权做出了回应，整体结果令人失望。这些结果可以归功于中央在地区发展中的强大角色。自 1993 年起，尽管大约 65% 的推动投资都流向曼谷以外的地区，但是大部分仅限于距离城市 1 小时左右车程的东部沿海工业区。1997 年，虽然投资委员会在 13 个最穷的省份建立了国家第一批经济特区，但直到 1999 年初，由于观察到这些地区基础设施落后，政府的这一反应微乎其微。税收激励将成为坐落于这些特区中的 21 个行业的目标。科技更加先进的工业也建立起了专业的自由贸易区。第八个五年规划包括了分权计划，并且旧的区域制度似乎可能被更本土化的激励机制所取代。[8]

地区不平等和收敛：关于地区发展的国家政策记分卡

先前几节提出的实证分析总结在表 4.7 中。以下结论出自于这一分析：

地区发展政策在几乎所有国家——联邦制国家和单一制国家——都失败了。表 4.7 列出的 10 个具有高度或很大程度的地区收入不平等的国家中，只有一个国家（泰国）经历了地区收入的收敛。然而，联邦制国家在抑制地区不平等方面的表现要更好一些。这一结果是因为逐步拉大的地区不平等给联邦制国家构成了更大的政治风险。在这些国家中，超出极限的不平等可能导致最富裕地区和最贫穷地区提出从联邦中分离出去的要求。鉴于最贫穷的地区可能将这种不平等视为地区不公平的表现，而最富裕的地区可能认为与最贫穷地区联盟长远来看或许会阻碍其推动长远的繁荣。

表格进一步按照收敛程度对国家进行如下分类：

- 经历了地区收入发散的国家——越南、中国、印度尼西亚、俄罗斯、菲律宾、巴西、斯里兰卡、印度和罗马尼亚；
- 经历了地区收入变动不显著的国家——墨西哥和加拿大；
- 经历了地区收敛的国家——泰国、乌兹别克斯坦、智利、巴基斯坦和美国。

此处所观察到的地区发展结果对观察地区发展政策的影响提供了启迪。例如，经历了发散的国家很大程度上专注于地区发展的干预政策。与之相反的是，经历了收敛的国家对地区发展政策则采取不干涉的方法，反而专注于通过消除要素流动壁垒和保证全国基本服务最低标准的政策来促进共同经济联盟。例如，智利的地区收入收敛性很大程度上归因于经济自由化及经济中扭曲因素的移除，因此各个地区能发觉出自己在经济联盟中的比较优势。在巴基斯坦和美国，这种收敛则归因于更大的要素流动性，而非地区特定政策。矛盾的是，这些调查结果得出的结论是，即更有助于弱势地区的是创造一个公平竞争的环境，而不是遵循家长式作风的保护主义政策。

表 4.7　　地区差距和收敛：总结性观点

国家	联邦制或单一制	地区差距程度[a]	趋势：σ 收敛（C）、发散（D）或平稳（S）	趋势：β 收敛（C）、发散（D）或平稳（S）[b]
越南	单一制	高	D（1990～1997 年）	S－（1990～1997 年）
泰国	单一制	高	C（1991～1997 年）	S－（1991～1997 年）
中国	单一制	高	C（1978～1990 年）	C（1978～1980 年）
			D（1990～1993 年）	S＋（1990～1995 年）
			C（1993～1996 年）	S＋（1993～1999 年）
			D（1996～1999 年）	

续表

国家	联邦制或单一制	地区差距程度[a]	趋势：σ 收敛（C）、发散（D）或平稳（S）	趋势：β 收敛（C）、发散（D）或平稳（S）[b]
印度尼西亚	单一制	高	C（1983～1995年）	C（1983～1992年）
			D（1995～1998年）	S－（1993～1998年）
俄罗斯联邦	联邦制	高	D（1994～1997年）	S＋（1994～1997年）
墨西哥	联邦制	比较高	S（1993～1998年）	S－（1993～1998年）
菲律宾	单一制	比较高	C（1982～1986年）	C（1982～1986年）
			D（1986～1989年）	S＋（1986～1990年）
			C（1989～1995年）	S－（1990～1994年）
			D（1995～1998年）	S＋（1994～1998年）
巴西	联邦制	比较高	D（1985～1989年）	S－（1994～1997年）
			C（1989～1994年）	
			D（1994～1997年）	
斯里兰卡	单一制	比较高	D（1990～1995年）	S＋（1990～1995年）
印度	联邦制	中等至比较高	D（1980～1997年）	D（1980～1997年）
乌兹别克斯坦	单一制	中等	C（1996～1999年）	S－（1996～1999年）
智力	单一制	中等	C（1987～1994年）	C（1987～1994年）
法国	单一制	中等	—	—
意大利	单一制	中等	—	—
西班牙	单一制	低	—	—
德意志联邦共和国[c]	联邦制	低	—	—
英国	单一制	低	—	—
罗马尼亚	单一制	低	D（1993～1996年）	S－（1993～1996年）
巴基斯坦	联邦制	低	C（1990～1998年）	
加拿大	联邦制	低	S（1994～1998年）	S－（1994～1998年）
美国	联邦制	低	C（1990～1997年）	C（1990～1997年）

注：— ＝无法获得；进行研究时，尚没有可用的趋势数据。

a. “高”代表包含在我们的分析中在所有或大部分年份加权变异系数大于0.6的国家。“比较高”代表加权变异系数在0.4～0.6之间的国家。“中等”代表加权变异系数在0.25～0.4之间的国家。“低”代表加权变异系数小于0.25的国家。

b. 在β收敛列中，S后的＋（－）符号代表初始GDP对数的正（负）系数，但是在10%的水平下这个系数没有统计学意义。

c. 统一之前德意志联邦共和国各州。

资料来源：作者基于附录4B中所列来源进行的计算。

附录4A：地区差距趋势

联邦制国家：工业国家

表4A.1　　加拿大的地区差距趋势

年份	最大—最小值比率	简单变异系数	加权变异系数	相对平均偏差	未加权基尼系数	加权基尼系数	泰尔指数
1994	1.781	0.193	0.129	0.112	0.114	0.063	0.006
1995	1.785	0.205	0.132	0.118	0.119	0.065	0.008
1996	1.949	0.221	0.131	0.116	0.128	0.064	0.011
1997	1.838	0.201	0.137	0.123	0.118	0.067	0.008
1998	1.718	0.195	0.137	0.127	0.113	0.068	0.006

资料来源：作者基于附录4B中所列来源进行的计算。

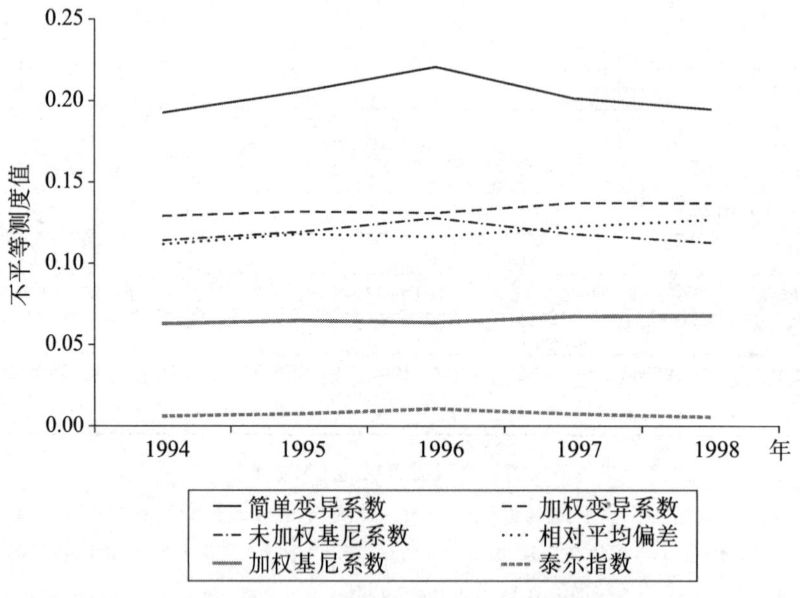

图4A.1　加拿大的地区差距趋势

资料来源：作者基于附录4B中所列来源进行的计算。

表 4A.2　　美国的地区差距趋势

年份	最大—最小值比率	简单变异系数	加权变异系数	相对平均偏差	未加权基尼系数	加权基尼系数	泰尔指数
1990	2.871	0.229	0.159	0.132	0.118	0.049	0.013
1991	2.522	0.207	0.147	0.122	0.109	0.046	0.011
1992	2.281	0.189	0.139	0.114	0.102	0.044	0.010
1993	2.157	0.180	0.130	0.105	0.097	0.042	0.008
1994	1.966	0.167	0.122	0.096	0.092	0.039	0.007
1995	1.976	0.166	0.120	0.095	0.091	0.038	0.007
1996	1.943	0.163	0.121	0.096	0.090	0.039	0.007
1997	1.927	0.162	0.122	0.097	0.090	0.039	0.007

资料来源：作者基于附录 4B 中所列来源进行的计算。

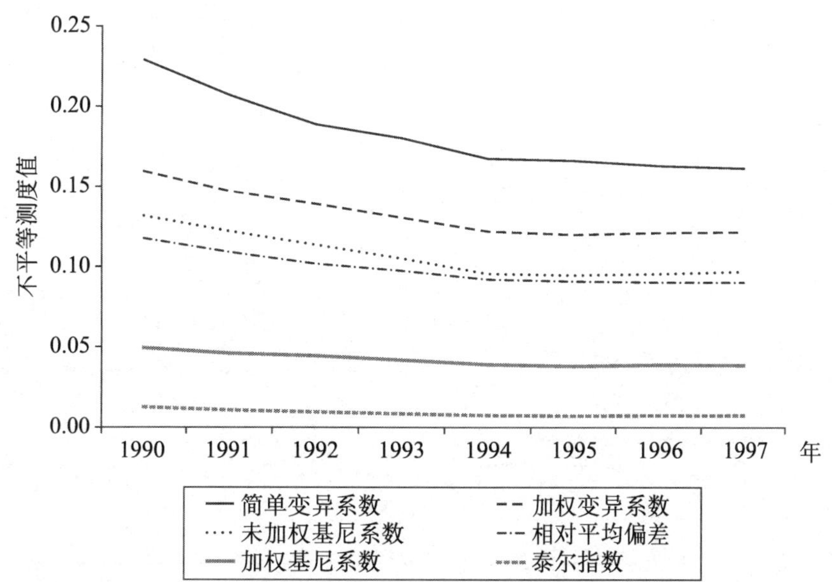

图 4A.2　美国的地区差距趋势

资料来源：作者基于附录 4B 中所列来源进行的计算。

联邦制国家：发展中国家

表 4A. 3　　巴西的地区差距趋势

年份	最大—最小值比率	简单变异系数	加权变异系数	相对平均偏差	未加权基尼系数	加权基尼系数	泰尔指数
1985	7.679	0.491	0.478	0.411	0.281	0.270	0.123
1986	6.995	0.479	0.462	0.399	0.275	0.261	0.115
1987	8.287	0.510	0.498	0.423	0.287	0.280	0.132
1988	8.457	0.525	0.509	0.434	0.296	0.286	0.137
1989	8.314	0.550	0.510	0.441	0.340	0.290	0.137
1990	7.254	0.525	0.490	0.432	0.322	0.279	0.126
1991	8.775	0.571	0.475	0.416	0.334	0.271	0.118
1992	7.771	0.567	0.485	0.432	0.340	0.276	0.125
1993	7.409	0.551	0.470	0.421	0.335	0.268	0.118
1994	6.968	0.532	0.452	0399	0.326	0.258	0.110
1995	7.576	0.551	0.473	0.419	0.333	0.269	0.119
1996	6.881	0.550	0.458	0.405	0.330	0.261	0.112
1997	7.567	0.563	0.468	0.409	0.334	0.267	0.116

资料来源：作者基于附录 4B 中所列来源进行的计算。

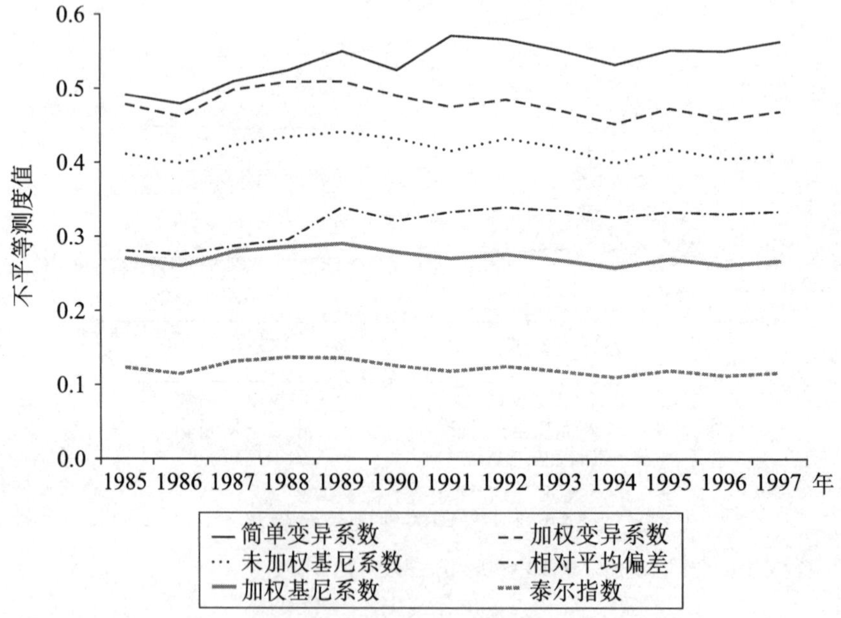

图 4A. 3　巴西的地区差距趋势

资料来源：作者基于附录 4B 中所列来源进行的计算。

表 4A.4　　印度的地区差距趋势

年份	最大—最小值比率	简单变异系数	加权变异系数	相对平均偏差	未加权基尼系数	加权基尼系数	泰尔指数
1980	2.848	0.312	0.290	0.221	0.175	0.152	0.039
1981	2.903	0.318	0.289	0.216	0.178	0.152	0.039
1982	2.867	0.327	0.291	0.211	0.182	0.152	0.039
1983	2.808	0.308	0.286	0.219	0.172	0.151	0.038
1984	2.702	0.323	0.292	0.235	0.182	0.154	0.040
1985	2.804	0.345	0.305	0.239	0.191	0.159	0.043
1986	2.712	0.342	0.302	0.239	0.190	0.157	0.042
1987	2.945	0.343	0.306	0.238	0.191	0.161	0.043
1988	2.825	0.333	0.302	0.227	0.186	0.159	0.043
1989	3.196	0.350	0.333	0.248	0.196	0.175	0.052
1990	3.034	0.345	0.323	0.240	0.195	0.171	0.049
1991	3.271	0.349	0.328	0.255	0.198	0.176	0.051
1992	3.464	0.369	0.370	0.286	0.212	0.199	0.065
1993	3.521	0.373	0.385	0.296	0.215	0.207	0.070
1994	3.576	0.375	0.393	0.312	0.219	0.215	0.074
1995	4.051	0.386	0.414	0.323	0.224	0.225	0.081
1996	3.838	0.398	0.419	0.327	0.232	0.228	0.084
1997	3.811	0.387	0.414	0.334	0.226	0.227	0.082

资料来源：作者基于附录 4B 中所列来源进行的计算。

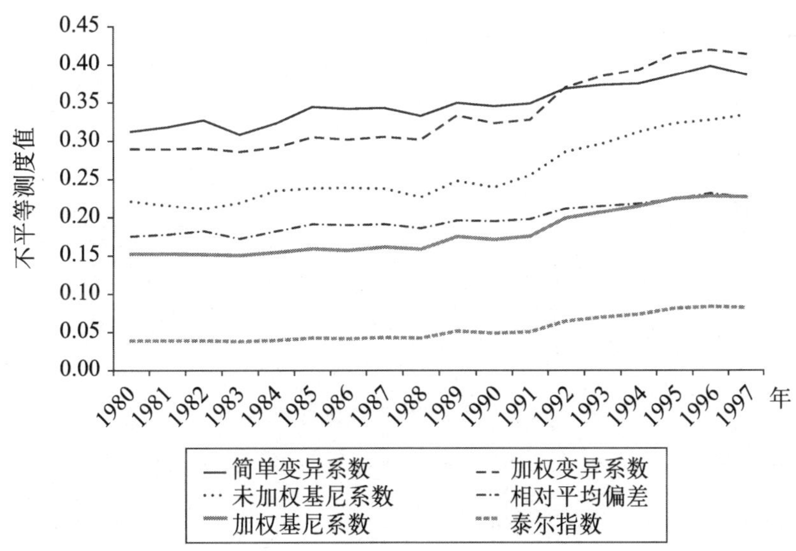

图 4A.4　印度的地区差距趋势

资料来源：作者基于附录 4B 中所列来源进行的计算。

表 4A.5　　墨西哥的地区差距趋势

年份	最大—最小值比率	简单变异系数	加权变异系数	相对平均偏差	未加权基尼系数	加权基尼系数	泰尔指数
1993	5.591	0.473	0.572	0.414	0.251	0.302	0.137
1994	5.583	0.471	0.573	0.417	0.250	0.301	0.137
1995	5.479	0.461	0.559	0.413	0.246	0.295	0.130
1996	5.618	0.464	0.561	0.415	0.249	0.297	0.131
1997	5.793	0.473	0.571	0.422	0.253	0.301	0.136
1998	5.874	0.469	0.566	0.421	0.251	0.300	0.134

资料来源：作者基于附录 4B 中所列来源进行的计算。

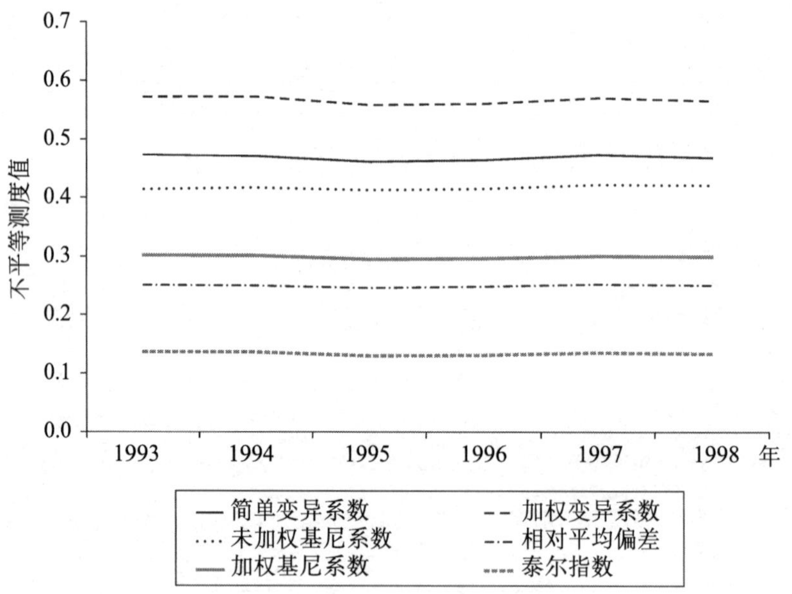

图 4A.5　墨西哥的地区差距趋势

资料来源：作者基于附录 4B 中所列来源进行的计算。

表 4A. 6　　　　　　　巴基斯坦的地区差距趋势

年份	最大—最小值比率	简单变异系数	加权变异系数	相对平均偏差	未加权基尼系数	加权基尼系数	泰尔指数
1990	1. 512	0. 215	0. 186	0. 125	0. 116	0. 081	0. 014
1991	1. 562	0. 213	0. 179	0. 118	0. 122	0. 082	0. 013
1992	1. 577	0. 214	0. 177	0. 115	0. 125	0. 083	0. 013
1993	1. 613	0. 216	0. 174	0. 109	0. 131	0. 083	0. 012
1994	1. 525	0. 191	0. 153	0. 096	0. 116	0. 073	0. 010
1995	1. 507	0. 186	0. 148	0. 094	0. 113	0. 071	0. 009
1996	1. 511	0. 188	0. 153	0. 096	0. 112	0. 073	0. 010
1997	1. 514	0. 186	0. 150	0. 094	0. 113	0. 072	0. 009
1998	1. 516	0. 183	0. 141	0. 095	0. 114	0. 069	0. 008

资料来源：作者基于附录 4B 中所列来源进行的计算。

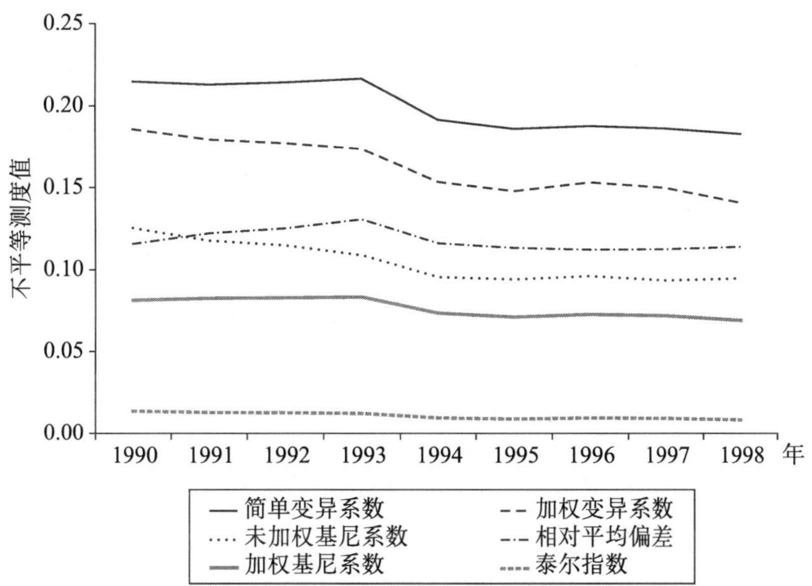

图 4A. 6　巴基斯坦的地区差距趋势

资料来源：作者基于附录 4B 中所列来源进行的计算。

表 4A.7　俄罗斯联邦的地区差距趋势

年份	最大—最小值比率	简单变异系数	加权变异系数	相对平均偏差	未加权基尼系数	加权基尼系数	泰尔指数
1994	14.065	0.479	0.447	0.313	0.247	0.221	0.094
1995	17.739	0.539	0.524	0.345	0.263	0.243	0.111
1996	20.778	0.629	0.635	0.377	0.278	0.268	0.144
1997	21.307	0.625	0.645	0.387	0.283	0.280	0.153

资料来源：作者基于附录 4B 中所列来源进行的计算。

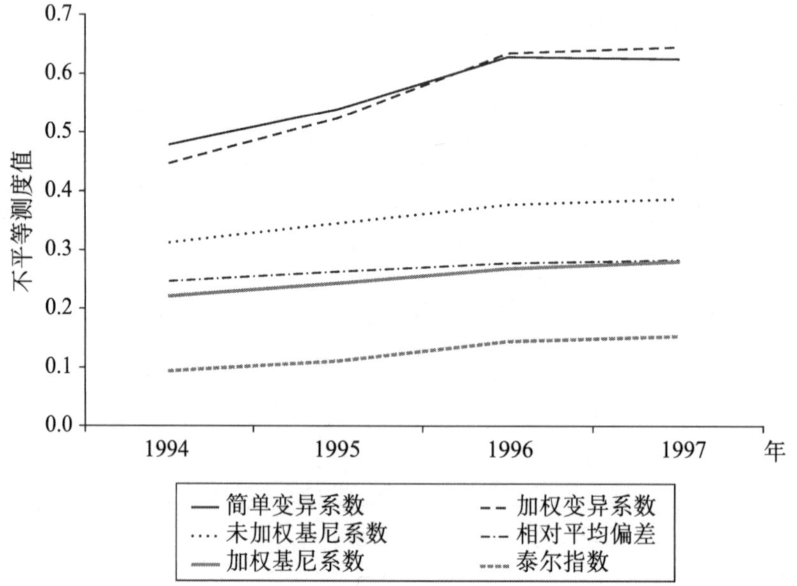

图 4A.7　俄罗斯联邦的地区差距趋势

资料来源：作者基于附录 4B 中所列来源进行的计算。

单一制国家

表 4A.8　智利的地区差距趋势

年份	最大—最小值比率	简单变异系数	加权变异系数	相对平均偏差	未加权基尼系数	加权基尼系数	泰尔指数
1987	6.841	0.599	0.377	0.250	0.313	0.176	0.066
1990	6.173	0.580	0.372	0.245	0.298	0.172	0.062
1992	5.959	0.528	0.359	0.258	0.282	0.174	0.060
1994	5.696	0.486	0.334	0.243	0.267	0.165	0.052

资料来源：作者基于附录 4B 中所列来源进行的计算。

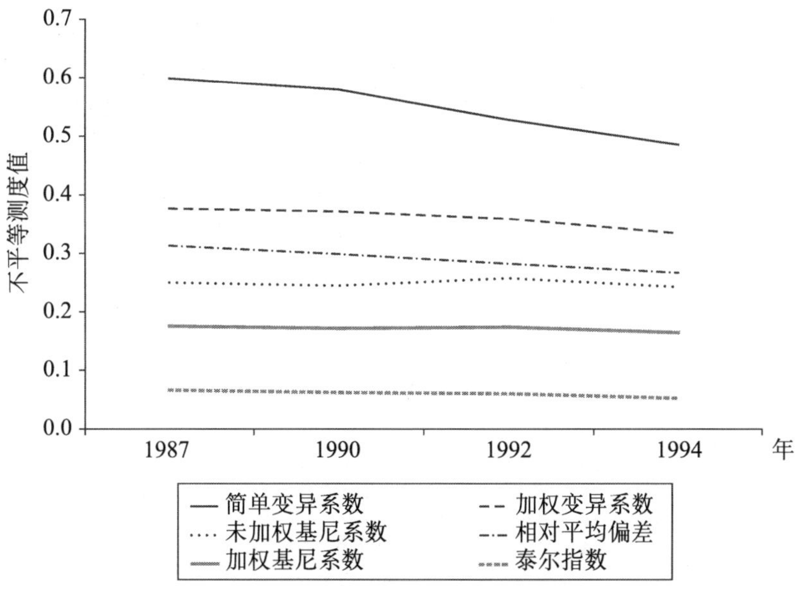

图 4A.8　智利的地区差距趋势

资料来源：作者基于附录 4B 中所列来源进行的计算。

表 4A.9　中国的地区差距趋势

年份	最大—最小值比率	简单变异系数	加权变异系数	相对平均偏差	未加权基尼系数	加权基尼系数	泰尔指数
a. 1978～1995 年							
1978	14.311	0.994	1.673	0.814	0.412	0.246	0.167
1979	12.499	0.938	1.501	0.765	0.375	0.235	0.152
1980	12.432	0.923	1.471	0.759	0.394	0.233	0.146
1981	12.442	0.891	1.403	0.741	0.362	0.226	0.138
1982	10.254	0.844	1.298	0.710	0.350	0.219	0.127
1983	9.739	0.809	1.197	0.667	0.346	0.218	0.121
1984	8.739	0.778	1.135	0.667	0.342	0.219	0.117
1985	9.131	0.757	1.086	0.606	0.337	0.214	0.104
1986	8.527	0.729	1.018	0.586	0.334	0.218	0.102
1987	7.991	0.698	0.950	0.566	0.329	0.219	0.098
1988	7.630	0.675	0.905	0.570	0.324	0.222	0.097
1989	7.321	0.652	0.882	0.580	0.317	0.222	0.094

续表

年份	最大—最小值比率	简单变异系数	加权变异系数	相对平均偏差	未加权基尼系数	加权基尼系数	泰尔指数
1990	7.309	0.644	0.882	0.581	0.311	0.213	0.089
1991	7.483	0.683	0.976	0.662	0.334	0.236	0.106
1992	8.563	0.699	0.972	0.653	0.339	0.239	0.109
1993	9.352	0.682	0.960	0.681	0.342	0.251	0.115
1994	9.648	0.635	0.874	0.663	0.332	0.248	0.108
1995	9.690	0.618	0.822	0.626	0.326	0.244	0.103
b. 1993~1999 年							
1993	9.323	0.664	0.931	0.680	0.339	0.252	0.113
1994	9.790	0.662	0.920	0.687	0.343	0.255	0.114
1995	10.223	0.669	0.900	0.664	0.345	0.253	0.112
1996	11.022	0.672	0.894	0.653	0.343	0.247	0.108
1997	11.625	0.692	0.924	0.666	0.351	0.250	0.111
1998	12.183	0.709	0.952	0.679	0.357	0.254	0.115
1999	12.507	0.730	0.987	0.694	0.365	0.264	0.125

注：中国于1993年实行一种新的统计系列，与早年分类无可比性；因此，显示两张图。

资料来源：作者基于附录4B中所列来源进行的计算。

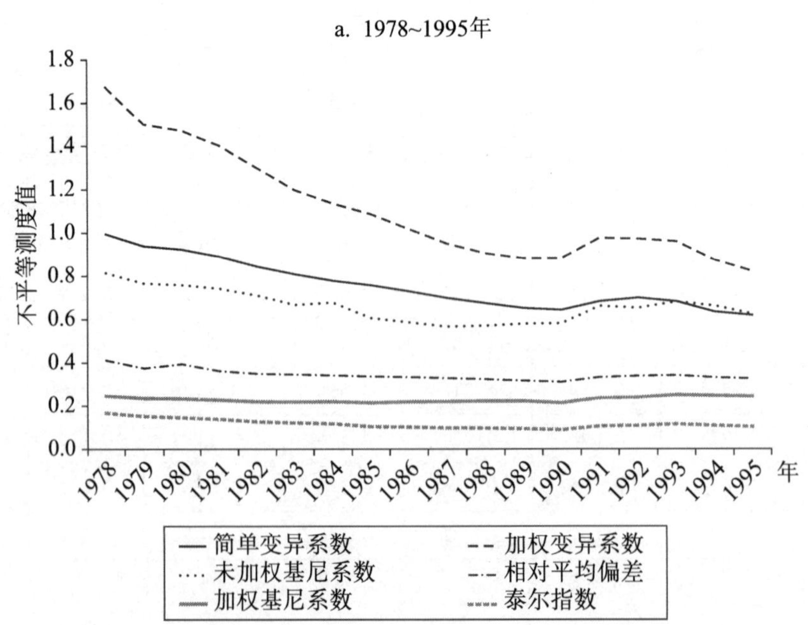

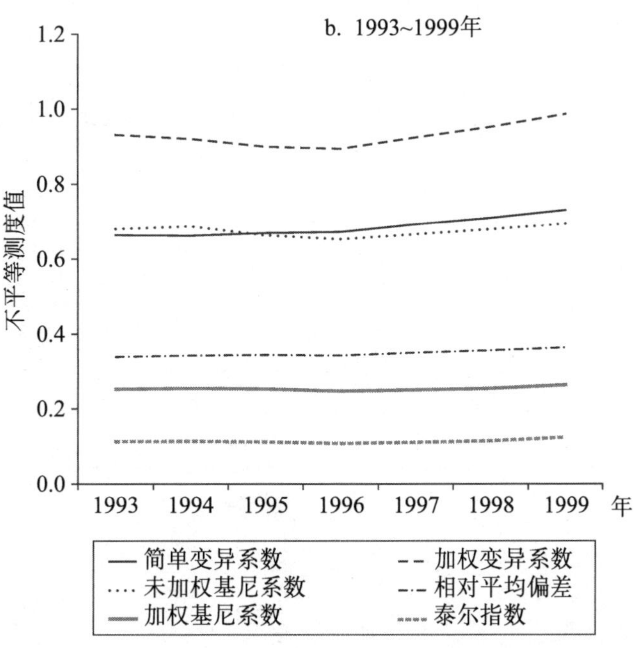

图 4A.9　中国的地区差距趋势

注：中国于 1993 年实行一种新的统计系列，与早年分类无可比性；因此，显示两张图。

资料来源：作者基于附录 4B 中所列来源进行的计算。

表 4A.10　　　　　印度尼西亚的地区差距趋势

年份	最大—最小值比率	简单变异系数	加权变异系数	相对平均偏差	未加权基尼系数	加权基尼系数	泰尔指数
1983	22. 585	1. 279	1. 045	0. 525	0. 498	0. 328	0. 292
1984	23. 515	1. 260	0. 987	0. 510	0. 496	0. 321	0. 272
1985	23. 456	1. 225	0. 930	0. 487	0. 485	0. 308	0. 248
1986	22. 142	1. 198	0. 915	0. 478	0. 477	0. 304	0. 242
1987	20. 262	1. 178	0. 913	0. 476	0. 472	0. 304	0. 242
1988	18. 337	1. 121	0. 871	0. 461	0. 459	0. 299	0. 228
1989	17. 685	1. 088	0. 846	0. 457	0. 452	0. 298	0. 221
1990	16. 514	1. 004	0. 786	0. 440	0. 426	0. 283	0. 201
1991	15. 647	0. 969	0. 759	0. 429	0. 417	0. 278	0. 191
1992	14. 691	0. 936	0. 731	0. 419	0. 407	0. 273	0. 181

续表

年份	最大—最小值比率	简单变异系数	加权变异系数	相对平均偏差	未加权基尼系数	加权基尼系数	泰尔指数
1993	12.084	0.854	0.724	0.409	0.386	0.274	0.179
1994	12.069	0.856	0.725	0.406	0.385	0.274	0.179
1995	11.320	0.832	0.714	0.402	0.379	0.272	0.175
1996	11.259	0.830	0.715	0.401	0.379	0.273	0.175
1997	11.048	0.827	0.716	0.401	0.378	0.274	0.176
1998	11.436	0.832	0.722	0.416	0.381	0.277	0.178

资料来源：作者基于附录4B中所列来源进行的计算。

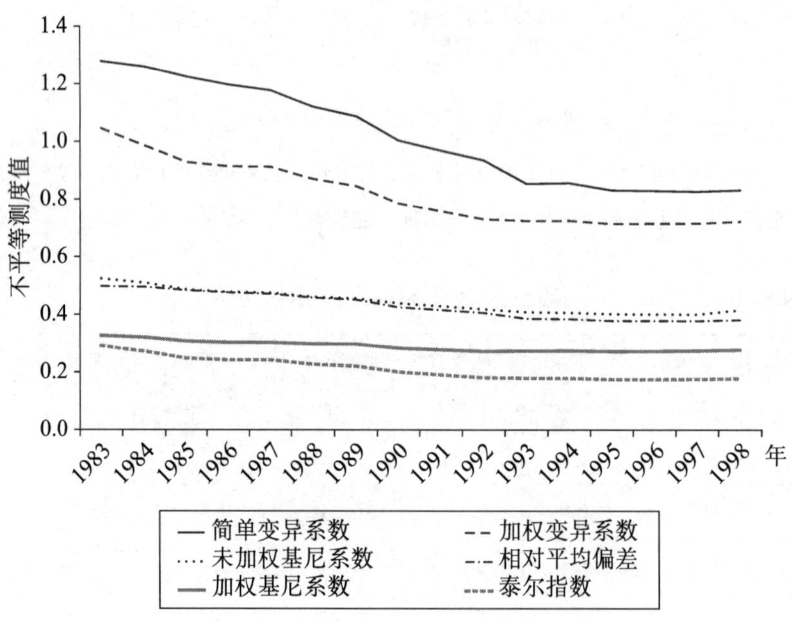

图4A.10 印度尼西亚的地区差距趋势

资料来源：作者基于附录4B中所列来源进行的计算。

表 4A. 11　　菲律宾的地区差距趋势

年份	最大—最小值比率	简单变异系数	加权变异系数	相对平均偏差	未加权基尼系数	加权基尼系数	泰尔指数
1982	5. 366	0. 506	0. 550	0. 365	0. 216	0. 268	0. 166
1983	5. 362	0. 520	0. 568	0. 368	0. 217	0. 271	0. 172
1984	4. 803	0. 485	0. 533	0. 352	0. 203	0. 255	0. 158
1985	4. 534	0. 465	0. 511	0. 338	0. 197	0. 246	0. 150
1986	4. 669	0. 463	0. 507	0. 337	0. 198	0. 246	0. 149
1987	4. 928	0. 494	0. 531	0. 360	0. 248	0. 262	0. 146
1988	4. 976	0. 504	0. 544	0. 362	0. 287	0. 265	0. 150
1989	5. 083	0. 518	0. 559	0. 367	0. 290	0. 270	0. 156
1990	5. 005	0. 515	0. 556	0. 365	0. 285	0. 267	0. 154
1991	4. 910	0. 511	0. 552	0. 364	0. 284	0. 266	0. 152
1992	4. 689	0. 494	0. 526	0. 348	0. 280	0. 258	0. 144
1993	6. 868	0. 517	0. 513	0. 351	0. 301	0. 255	0. 117
1994	6. 627	0. 515	0. 513	0. 352	0. 302	0. 255	0. 116
1995	6. 431	0. 512	0. 513	0. 353	0. 299	0. 254	0. 116
1996	6. 516	0. 525	0. 524	0. 362	0. 305	0. 259	0. 120
1997	6. 653	0. 530	0. 532	0. 367	0. 307	0. 261	0. 123
1998	6. 760	0. 536	0. 537	0. 369	0. 311	0. 262	0. 125

资料来源：作者基于附录 4B 中所列来源进行的计算。

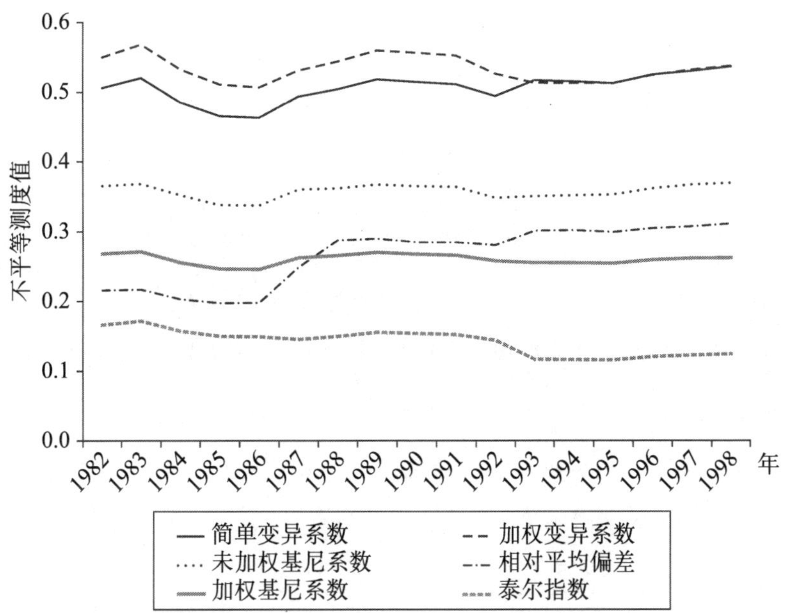

图 4A. 11　菲律宾的地区差距趋势

资料来源：作者基于附录 4B 中所列来源进行的计算。

表 4A.12　　罗马尼亚的地区差距趋势

年份	最大—最小值比率	简单变异系数	加权变异系数	相对平均偏差	未加权基尼系数	加权基尼系数	泰尔指数
1993	1.693	0.171	0.156	0.111	0.095	0.081	0.010
1996	1.783	0.189	0.174	0.132	0.106	0.090	0.012

资料来源：作者基于附录 4B 中所列来源进行的计算。

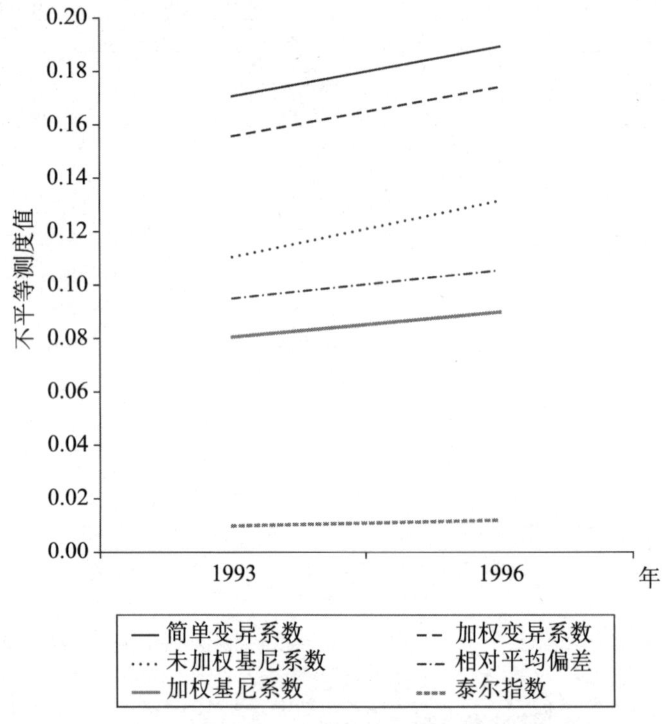

图 4A.12　罗马尼亚的地区差距趋势

资料来源：作者基于附录 4B 中所列来源进行的计算。

表 4A.13　　斯里兰卡的地区差距趋势

年份	最大—最小值比率	简单变异系数	加权变异系数	相对平均偏差	未加权基尼系数	加权基尼系数	泰尔指数
1990	2.506	0.354	0.376	0.340	0.209	0.205	0.069
1991	2.496	0.321	0.358	0.321	0.186	0.196	0.063
1992	2.769	0.345	0.390	0.344	0.200	0.214	0.074

续表

年份	最大—最小值比率	简单变异系数	加权变异系数	相对平均偏差	未加权基尼系数	加权基尼系数	泰尔指数
1993	2. 915	0. 349	0. 399	0. 351	0. 205	0. 220	0. 078
1994	3. 121	0. 374	0. 426	0. 375	0. 219	0. 235	0. 090
1995	3. 362	0. 394	0. 452	0. 397	0. 230	0. 249	0. 101

资料来源：作者基于附录 4B 中所列来源进行的计算。

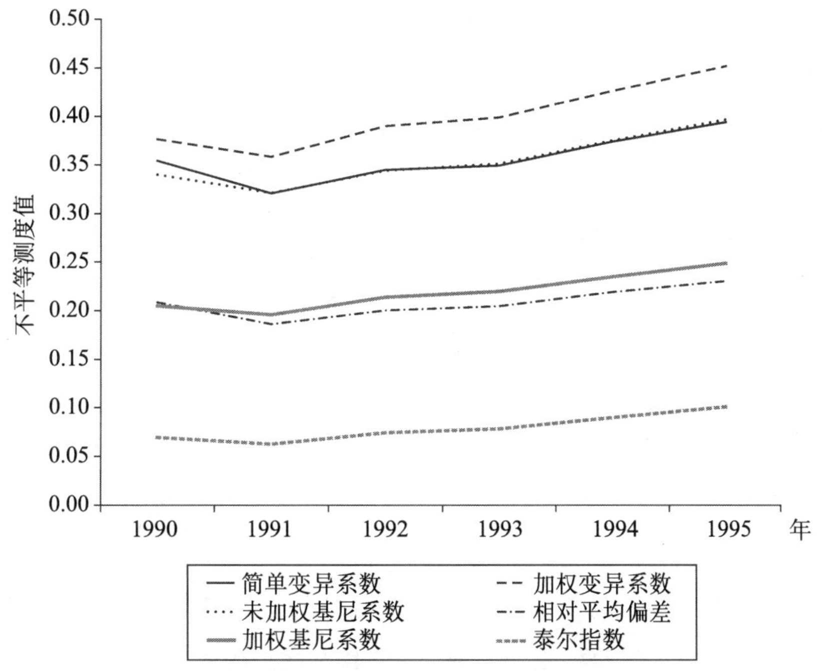

图 4A. 13　斯里兰卡的地区差距趋势

资料来源：作者基于附录 4B 中所列来源进行的计算。

表 4A. 14　泰国的地区差距趋势

年份	最大—最小值比率	简单变异系数	加权变异系数	相对平均偏差	未加权基尼系数	加权基尼系数	泰尔指数
1991	9. 320	0. 880	1. 002	0. 765	0. 451	0. 457	0. 389
1992	9. 077	0. 865	0. 986	0. 756	0. 446	0. 452	0. 379
1993	9. 774	0. 894	1. 020	0. 789	0. 463	0. 468	0. 406
1994	9. 262	0. 861	0. 989	0. 772	0. 454	0. 459	0. 387

续表

年份	最大—最小值比率	简单变异系数	加权变异系数	相对平均偏差	未加权基尼系数	加权基尼系数	泰尔指数
1995	8. 696	0. 834	0. 959	0. 754	0. 443	0. 449	0. 368
1996	8. 529	0. 816	0. 944	0. 751	0. 442	0. 447	0. 361
1997	8. 273	0. 797	0. 925	0. 745	0. 438	0. 442	0. 351

资料来源：作者基于附录 4B 中所列来源进行的计算。

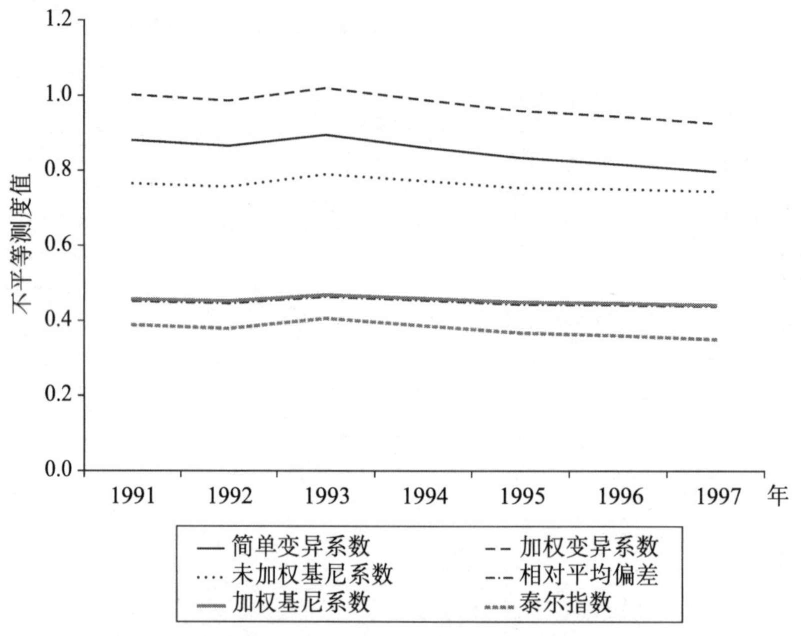

图 4A. 14　泰国的地区差距趋势

资料来源：作者基于附录 4B 中所列来源进行的计算。

表 4A. 15　　乌兹别克斯坦的地区差距趋势

年份	最大—最小值比率	简单变异系数	加权变异系数	相对平均偏差	未加权基尼系数	加权基尼系数	泰尔指数
1996	2. 840	0. 336	0. 341	0. 234	0. 149	0. 165	0. 051
1997	3. 047	0. 353	0. 355	0. 238	0. 155	0. 170	0. 054
1998	2. 991	0. 321	0. 320	0. 218	0. 147	0. 159	0. 046
1999	2. 779	0. 304	0. 301	0. 206	0. 142	0. 152	0. 041

资料来源：作者基于附录 4B 中所列来源进行的计算。

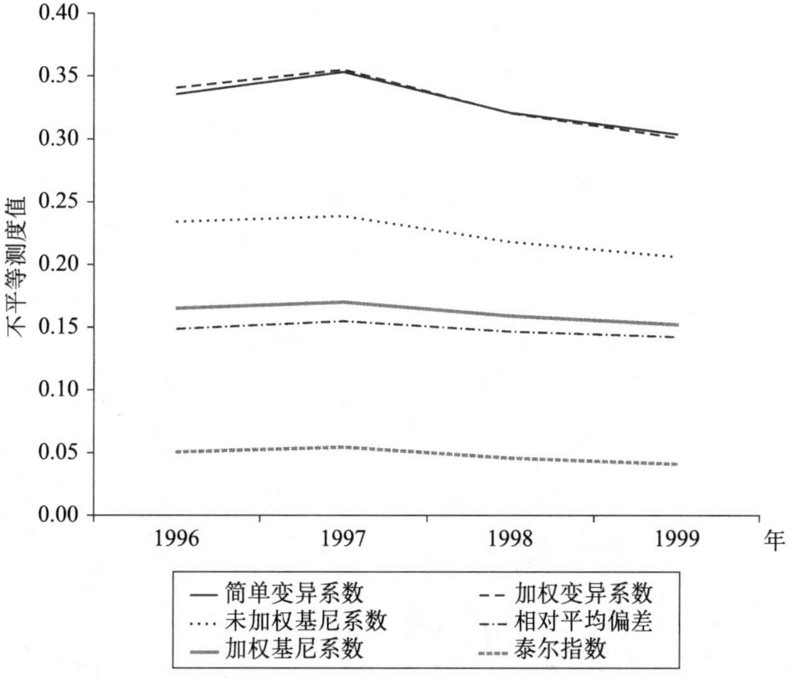

图 4A.15　乌兹别克斯坦的地区差距趋势

资料来源：作者基于附录 4B 中所列来源进行的计算。

表 4A.16　越南的地区差距趋势

年份	最大—最小值比率	简单变异系数	加权变异系数	相对平均偏差	未加权基尼系数	加权基尼系数	泰尔指数
1990	11.625	0.668	0.537	0.346	0.257	0.239	0.106
1991	14.473	0.781	0.665	0.389	0.282	0.273	0.152
1992	21.881	1.062	0.854	0.448	0.318	0.304	0.214
1993	23.082	1.058	0.862	0.471	0.327	0.315	0.223
1994	24.079	1.053	0.890	0.502	0.336	0.332	0.244
1995	23.915	1.057	0.889	0.510	0.335	0.334	0.246
1996	27.723	1.047	0.967	0.580	0.366	0.400	0.290
1997	24.746	1.067	0.996	0.596	0.372	0.410	0.306

资料来源：作者基于附录 4B 中所列来源进行的计算。

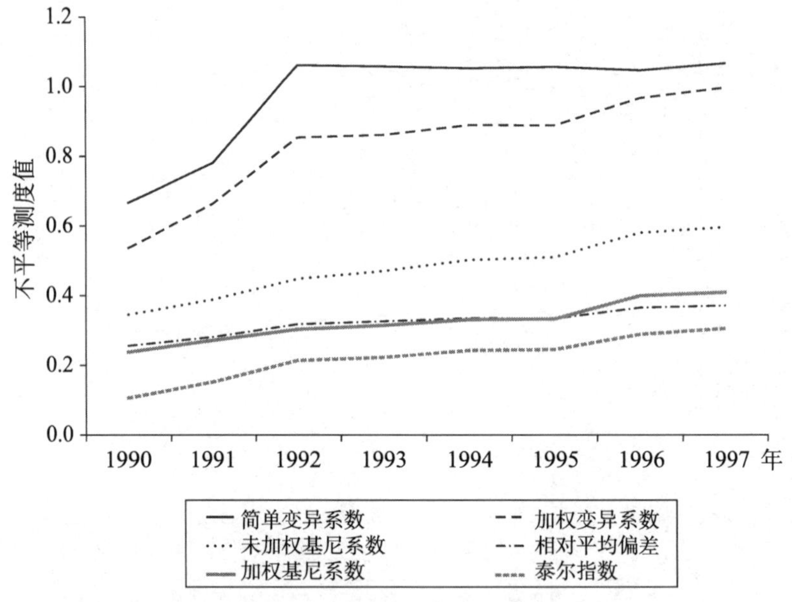

图 4A.16 越南的地区差距趋势

资料来源：作者基于附录 4B 中所列来源进行的计算。

附录 4B：数据来源

巴西：GRDP 数据来源是 Instituto Brasileiro de Geografia e Estadística、Diretoria de Pesquisas，Departamento de Contas Nacionais 和 Contas Regionais do Brasil 1985～1997 年微观数据。人口数据来自 Instituto Brasileiro de Geografia e Estadística。

加拿大：数据来自加拿大统计局、CANSIM 数据库和模型。

智利：数据来源是 Encuesta de Caracterización Socioeconómica Nacional。

中国：数据来自国家统计局的出版物。1993～1998 年的数据来自国家统计局（1999），1999 年的数据来自国家统计局（2000）。

法国、德国、意大利、西班牙和英国：这些国家的数据来源是欧盟统计局数据库。

印度：数据来自世界银行内部数据库。

印度尼西亚：数据来自世界银行内部数据库。

墨西哥：GRDP 数据来源是 Instituto Nacional de Estadística Geografía e Informática's Sistema de Cuentas Nacionales de México（墨西哥国民账户体系）。人口数据的来源是 Instituto Nacional de Estadística Geografía e Informática's XI Censo General de Población y Vivienda（1990）；Encuesta Nacional de la Dinámica Demográfica（1992）；México（1994）；Encuesta Nacional de la Dinámica Demográfica（1997）；Metodología y Tabulados México（1999）。

尼泊尔：开发区家庭收入数据来自 1998 年尼泊尔国家人类发展报告。

巴基斯坦：人口数据来自人口普查数据。非普查年人口数据是人口普查数据的推定，以人口普查年之间的增长率为计算标准。GRDP 数据为世界银行的评估值。

菲律宾：数据来自世界银行内部数据库。

波兰：来源是国家中央统计办公室 Glówny Urzad Statystyczny w Warszawie。

罗马尼亚：数据来自罗马尼亚国家统计委员会。

俄罗斯：数据来自世界银行内部数据库。

斯里兰卡：数据来自世界银行内部数据库。

泰国：数据来自世界银行内部数据库和国家政府统计。

乌干达：地区家庭开支数据来自 Appleton（1999）。

美国：人口数据来自美国人口普查。

乌兹别克斯坦：GRDP 和人均 GRDP 数据来自国家统计部内部公报。这一公报中的数据由世界银行 Sayyora Umarova 汇总。人口数据来自国家统计部年度公报。

越南：数据来自世界银行内部数据库。

本章注释

这一章是基于 Shankar 和 Shah（2003）的研究，经期刊许可转载。作者们感谢 Homi Kharas、Peter Fallon 以及世界银行分权和地方专题组成员的评论。他们也感谢下列每个人在获得应用于该研究的地区国内生产总值数据及其他信息方面给予的帮助：David Rosenblatt、Ritva Reinikka、Alberto Valdes、Viet Tuan Dinh、Hanid Mukhtar、Sayyora Umarova、Fahretin Yagci、Joachim von Amsberg、Magda Ariani、Princes Ventura、Xiofan Liu、Cornelia Giurescu、Timothy Heleniak、Marian Urbiola、Mariusz Safin 和 Joven Balbosa。

1. 这个数字包括前联邦德国和统一德国。

2. 除了尼泊尔、波兰和乌干达，作者对样本中的各国都进行了回归分析。尼泊尔、波兰、乌干达三国没有可用的数据来计算其不平等的加权测度值。

3. 这些国家包括巴西、加拿大、智利、法国、前联邦德国、印度、印度尼西亚、意大利、墨西哥、罗马尼亚、俄罗斯、西班牙、泰国、英国和美国。

4. 这一发现与 Williamson（1965）的倒 U 型理论一致，他认为在早期发展阶段不平等是不断扩大的，而到了成熟的发展阶段则会缩小。

5. 数据和信息来自智利经济学人智库国家资料。

6. 数据和信息来自斯里兰卡经济学人智库国家资料。

7. 数据和信息来自菲律宾经济学人智库国家资料。

8. 数据和信息来自泰国经济学人智库国家资料。

本章参考文献

Akita, Takahiro, and Rizal Affandi Lukman. 1995. “Interregional Inequalities in Indonesia: A Sectoral Decomposition Analysis for 1975 – 92.” *Bulletin of Indonesian Economic Studies* 31（2）: 61 ~ 81.

Appleton, Simon. 1999. “Changes in Poverty and Inequality in Uganda.” University of Bath and Centre for the Study of African Economies, Oxford, U. K.

Asra, Abuzar. 1989. “Inequality Trends in Indonesia.” *Bulletin of Indonesian Economic Studies* 25（2）: 100 ~ 10.

Bajpai, Nirupam, and Jeffrey D. Sachs. 1996. "Trends in Inter - State Inequalities of Income in India." Development Discussion Paper 528, Harvard Institute for International Development, Cambridge, MA.

Barro, Robert J., and Xavier Sala - i - Martin. 1995. *Economic Growth*. New York: McGraw - Hill.

Boldrin, Michelle, and Fabio Canova. 2001. "Inequality and Convergence in Europe's Regions: Reconsidering European Regional Policies." *Economic Policy* 16 (32): 205 ~ 53.

Cashin, Paul, and Ratna Sahay. 1996. "Regional Economic Growth and Convergence in India." *Finance and Development* 33 (1): 49 ~ 52.

Das, Sandwip Kumar, and Alokesh Barua. 1996. "Regional Inequalities, Economic Growth, and Liberalisation: A Study of the Indian Economy." *Journal of Development Studies* 32 (3): 364 ~ 90.

Decressin, Jörg. 1999. "Regional Income Redistribution and Risk Sharing: How Does Italy Compare in Europe?" IMF Working Paper 99/123, International Monetary Fund, Washington, D. C.

Dev, S. Mahendra. 2000. "Economic Reforms, Poverty, Income Distribution, and Employment." *Economic and Political Weekly* 35 (10): 823 ~ 35.

Garcia, Jorge, and Lana Soelistianingsih. 1998. "Why Do Differences in Provincial Incomes Persist in Indonesia?" *Bulletin of Indonesian Economic Studies* 34 (1): 95 ~ 120.

Giugale, Marcelo M., Vinh Nguyen, Fernando Rojas, and Steven B. Webb. 2000. "Overview." In *Achievements and Challenges of Fiscal Decentralization: Lessons from Mexico*, eds. Marcelo M. Giugale and Steven B. Webb, 1 ~ 38. Washington, D. C.: World Bank.

Jian, Tianlun, Jeffrey Sachs, and Andrew M. Warner. 1996. "Trends in Regional Inequality in China." NBER Working Paper 5412, National Bureau of Economic Research, Cambridge, MA.

Kakwani, Nanak C. 1980. *Income Inequality and Poverty: Methods of Estimation and Policy Applications*. New York: Oxford University Press.

Kakwani, Nanak C., and Hyun Son. 2005. "On Measures of Inequality and

Poverty with Welfare Implications." In *Public Expenditure Analysis*, ed. Anwar Shah, 33 ~ 48. Washington, D. C. : World Bank.

Krugman, Paul. 1991. "Increasing Returns and Economic Geography." *Journal of Political Economy* 99 (3): 483 ~ 99.

Lyons, Thomas P. 1991. "Interprovincial Disparities in China: Output and Consumption, 1952 – 87." *Economic Development and Cultural Change* 39 (3): 471 ~ 506.

Musgrave, Richard. 1959. *The Theory of Public Finance*. New York: McGraw – Hill.

Nagaraj, Rayaprolu, Aristomène Varoudakis, and Marie – Ange Véganzonès. 2000. "Long – Run Growth Trends and Convergence across Indian States." *Journal of International Development* 12 (1): 45 ~ 70.

National Bureau of Statistics. 1999. *Comprehensive Statistical Data and Materials on* 50 *Years of New China*. Beijing: China Statistics Press.

——. 2000. *China Statistical Abstract* 2000. Beijing: China Statistics Press. Oates, Wallace. 1972. *Fiscal Federalism*. New York: Harcourt Brace Jovanovich. Raiser, Martin. 1998. "Subsidizing Inequality: Economic Reforms, Fiscal Transfers, and Convergence across Chinese Provinces." *Journal of Development Studies* 34 (3): 1 ~ 26.

Rao, M. Govinda, Richard T. Shand, and Kaliappa P. Kalirajan. 1999. "Convergence of Income across Indian States: A Divergent View." *Economic and Political Weekly* 34 (13): 769 ~ 78.

Romer, Paul M. 1990. "Endogenous Technical Change." *Journal of Political Economy* 98 (5): S71 ~ S102.

Sacks, Michael Paul. 1999. "Regional Inequality and Branch Employment in Russia between 1990 and 1995." *Post – Communist Economies* 11 (2): 149 ~ 59.

Shankar, Raja, and Anwar Shah. 2003. "Bridging the Economic Divide within Nations: A Scorecard on the Performance of Regional Development Policies in Reducing Regional Income Disparities." *World Development* 31 (8): 1421 ~ 41.

——. Forthcoming. "Regional Development Policies and Regional Inequality in India." In *Challenges of Fiscal Management of States and Regional Inequity in India*, eds. Govinda Rao and Anwar Shah. New Delhi: Oxford University Press.

Theil, Henri. 1967. *Economics and Information Theory*. Amsterdam: North - Holland.

Tsui, Kai - yuen. 1996. "Economic Reform and Interprovincial Inequalities in China." *Journal of Development Economics* 50 (2): 353 ~ 68.

Williamson, Jeffrey G. 1965. "Regional Inequality and Process of National Development: A Description of the Patterns." *Economic Development and Cultural Change* 13 (4, part 2): 2 ~ 84.

Yagci, Fahretin. 1999. "Narrowing Inter - State Disparities Agenda for Fiscal and Sector Reforms." World Bank, Washington, D. C.

Yao, Shujie, and Jirui Liu. 1998. "Economic Reforms and Regional Segmentation in Rural China." *Regional Studies* 32 (8): 735 ~ 46.

第五章

通过国家级以下增值税协调州际贸易税收：国际经验教训借鉴

Maheshc. Purohit

许多国家已经引入了增值税（VAT）。然而，所有联邦政府都不能引入完全协调的增值税，不过这绝非巧合。单一制国家和联邦制国家引入增值税的关键区别在于基于设计一种目的地的国家级以下增值税。因此，在设计国家级以下增值税方面，需要讨论的重要议题涉及到对州际贸易的处理。

为了了解在联邦制国家中引入协调增值税的问题，本章提出了数个选定的联邦制国家增值税结构的案例研究——巴西、加拿大和印度。本章利用欧盟成员国协调的联邦特征，阐述了欧盟（EU）的案例。最后，本章从这些案例研究中获得了关于国家级以下增值税合理结构的经验教训。

巴　西

巴西是最古老的联邦制国家之一，在不同层级的政府之间具有综合全面的税收权力划分。整个商品和服务税收体系以各种各样的税收为特征。除了所得税和财产税，还包括联邦增值税以及州增值税。此外，还有一些市征收的级联增值税。

联邦增值税

巴西的联邦增值税体系被称为 imposto sobre industrializados（工业产品税或 IPI）。IPI 仅限于制造业，征收工业制造业增值税。也就是说，IPI 是对原材料、中间产品、包装材料和制成品所征收的税，不过要扣除其在前期交易阶段所缴税额。然而，免税商品不能扣除。农产品和矿产品也不包含在 IPI 的范围内。一般来说，尽管资本商品在可抵免税基之外，但是在巴西生产的构成部分固定资产并仅用于工业过程的机械和设备也可在增值税征收中享有课税扣除优惠。[1]和其他大多数国家一样，巴西的出口也是零税率。

尽管进口也负有缴纳 IPI 税收的义务，但免征进口关税的产品会被自动免除 IPI。同样，对指定的机械和设备的进口也免征关税。其他 IPI 免税体制包括：（1）位于玛瑙斯自由贸易区（Franca de Manaus 或 ZFM）且得到相关权力机构批准的公司销项；（2）大量通报的产品或项目；（3）某些指定的进项。

IPI 有多种税率，不同商品税率差异很大。一般来说，其 9 个类别的税率从 4% ~333% 不等。

超过一半的 IPI 收入来自于少数商品，包括车辆（16.2%）、烟草产品（13.2%）、酒水（10.1%）、化工产品（8.1%）以及金属和机械工业产品（7.0%）。

州增值税

州增值税制度被称为 *imposto sobre circulação de mercadorias e prestação de serviços*（对商品和服务的流通征税或商品流通税），其取代了 20 世纪 60 年代盛行的销售和营业额税收。

商品流通税是对生产和分配过程所有阶段的货物销售征税，包括零售业、农业和畜牧业（参考 Purohit，1997）。

与 IPI 的多种税率不同的是，货物流通税只有 5 种税率：大米、大豆、面包、盐、肉和食品 7%；资本商品 8.8%；电力消费 12%；标准税率 18%（适用于大部分产品）；限制消费项目 25%，如酒、香烟、烟草、电子产品、电子游戏、运动、通讯、汽油和酒精。

货物流通税的权限范围并不包括服务[2]。同样，它也不包括大量在巴西生产的资本货物。此外，通报中的进项和中间产品也免税，包括化肥和农药、农业生产进项、诸如中间进口商品等指定产品以及在东北部各州销售的农业设备。出口实行零税率。

区际交易的协调

巴西是除印度以外唯一采用州际交易按来源地征税原则的联邦制国家。因此，尽管出口州向区际交易征收货物流通税，但出口州征收的税率因出口目的地而不同。虽然区际交易税率一般为 12%，但从东南地区发往东北地区或中西部地区商品[3]的差异化区际税率为 7%。

为了抵消税收对这些交易的影响，进口州会提供课税扣除优惠。因为东南各州的较高出口税率是 12%，而进口到该地区的较低税率只有 7%，因为该地区也允许对进口和出口退税，所以货物流通税收入在地区间得到了有效地分配。区际交易税率由国家公共财政委员会（Conselho Nacional de Politica Fazendária 或 CONFAZ）规定。[4] 此外，CONFAZ 对一些通报产品免税，如蔬菜、鸡蛋和国内鱼类。[5]免税还包括销售至东北地区、帕拉、阿马帕州和朗多尼亚的农业设备以及农业出口免税。销往至马瑙斯自由贸易区的产品也实行零税率。

如上所述，巴西存在双重增值税体系：IPI（对制造业征收的联邦增值税）和货物流通税（对农业和工业征收的州增值税）。联邦增值税主要是对特定商品征税，亦即仅限于制造业并提供很多免税项目，但也存在几个问题。税收不是中性的，企业家往往低估他们的产量，从而减少其税务负担。IPI 是对国内生产的机械而非对进口机器免税，因而在该体系中产生了扭曲。IPI 和货物流通税没有得到协调，它们分别独立于彼此而运作。另外，独立的服务税收未能与 IPI 或货物流通税整合，而是由市政当局根据总销售额进行征税。

加　拿　大

加拿大是较好地实现了联邦增值税与州销售税或增值税之间协调的联邦制国家的典型例证（参考 Purohit，2001c）。

联邦层级

在联邦层级，全面增值税被称为商品劳务税（GST），自 1991 年开始征收。它涵盖了所有商品的销售和服务，税率为 6%。

虽然范围全面，但货物劳务税仍免除对特定商品和服务的税收。对年度应纳税营业额低于 30,000 加元的小型经营者和进行偶尔销售（如二手汽车的私人销售）的私人个体免征增值税。住房租金（除了临时住所）、大多数医疗和牙科服务、金融服务、[6]托儿服务和教育服务也免征增值税。此外，旧屋转售免缴增值税。有些个人和机构因为对其给予的宪法豁免而免缴增值税。居住在保护区的土著印第安人也免征采购增值税。

某些采购包括基本杂货（除了小吃、非食品饮料、预制食品和餐厅膳食）、处方药和医疗器械——是零税率的。对省级和地区政府通过相互协定或条约而进行的所有采购实行零税率。农民采购一般也是零税率的，包括大批量购买种子和肥料。出口也属于零税率交易。具有外交豁免权的个人和组织有资格以零税率采购商品。

货物劳务税立法允许对指定机构的进项给予退税，包括自治市、学术机构（如大学和公立学院）、学校和医院。[7]虽然这些机构没有免税优惠，但是享有采购部分退税的特殊待遇。自治市享受的退税率为57.14%、大学和公立学院为66%、学校为68%、公立医院为83%。政府注册慈善机构和非盈利组织采购时有权享有50%的退税。

省层级

除了联邦政府征收商品劳务税，艾伯塔以外的所有省份也对有形动产征税。[8]税收结构因省而异。

不列颠哥伦比亚、曼尼托巴、安大略、爱德华王子岛和萨斯喀彻温五省征收零售税，称为省级销售税（PST）。其中，爱德华王子岛所征销售税也包括联邦货物劳务税。其余各省对货物劳务税以外的价格征收省级销售税。这五个省政府征收的省级销售税在范围上相差很大。

魁北克征收省级增值税，称为魁北克销售税（QST）。魁北克征收魁北克销售税，货物劳务税由联邦政府征收。魁北克对省际销售和出口免征销售税。该省将货物劳务税额及其净征税成本提交给联邦政府。

自从1991年引进货物劳务税以来，联邦政府一直努力协调货物劳务税和省级销售税。在长时间谈判后，联邦政府于1996年最终与新不伦瑞克、纽芬兰和新斯科舍三省达成一项协议，引进合并销售税（HST）来取代货物劳务税和省级销售税。

合并销售税于1997年4月1日生效，是由联邦政府征收的增值税，税率为14%，由两部分组成：6%的联邦税率和8%的省级税率。联邦政府对该税进行立法和管理。各省从联邦政府获得其分成。尽管在分配公式中还考虑一些其他变量，但分成主要是根据消费进行分配的。因为在旧体制下省级消费税以较高税率征收，所以当各省首次引入合并销售税时也都收到了补偿其税收损失的调整援助。4年内获得9.61亿加元。

在加拿大的体系中，省际交易不征税。在有零售税的某些省份，不对省际交易征税。在其他省份，此类交易在增值税制度下也是免税的。

因此，加拿大联邦成功地形成一套从经济角度来看在本质上是合理的体系。也就是说，没有级联元素，省际交易是不需要缴税的。然而，没有完美的或接近完美的协调。加拿大增值税和销售税体系给出了三种明显不同而有趣的情况：

- 独立的联邦和省级增值税，由省管理；
- 联合的联邦和省级增值税，由联邦管理；
- 独立管理的省零售税。

欧　盟

欧盟的增值税结构也可以被视为联邦制度下的增值税，增值税向所有成员国征收。

欧盟已经确保由成员国征收的内部贸易税是合理的，并坚称任何希望成为欧盟成员的国家都采用增值税，并且不对各成员国之间的交易征税。后者已经通过废除财政边界和使增值税的有效征收基于目的地而得以实现。

欧盟的增值税范围包括商品和服务。税基和税率在 1977 年通过的第六号指令中得到基本协调。此外，通过规定增值税标准税率达到了某种程度的税率协调，降低一些指定项目的一种或两种税率以及解除边界控制后最低 5% 的税率。1992 年，成员国的财政和经济部长达成了 15% 的标准税率共识。

因此，欧盟已经用完全协调的增值税成功地保护了共同市场。为此其提出了两种制度：清算中心机制和延期付款制度。

清算中心机制

最初，欧盟中增值税的协调也是通过建立清算中心机制提出的。欧洲共同体委员会规定，成员国境外的交易将被征税，并且进口将享有境外增值税退税。为了使目的地原则得以运行，出口国将征收的出口增值税交给进口国管理当局。只有净余额需要通过中央交易所机制解决。通过合计所有收取和索要注册经销方的对欧盟成员国的销售及购物增值税，每个成员国有望计算其每月在欧盟内部贸易中销售及采购的增值税总额。轧差是以整个欧盟而不是依据每个成员国进行清算。所以，每个国家将制作一个月度报表，记录自己与其他成员国贸易中增值税“总进项及销项数额”。报表将建立一个索赔或支付（机制）。在这个体系中，清算是一个不断进行的过程。

虽然清算中心机制的益处十分明显，但欧盟成员预计，会有关于涉及大笔资金流动的索赔准确性问题出现。欧洲共同体委员会提出通过标准化审计追踪以及成员国改进的控制和协调能力来应对这个问题。随后，委员会提议在成员国消费估计的基础上进行清算。

然而，由于在清算中心的运行中出现执行不对称的问题，成员国在政治上或管理上还没有准备好执行清算中心机制制度。

延期付款制度

欧盟随后采用延期付款制度这一过渡性体制来处理欧盟内部的供应（出口）和采购（进口）。结合这一过渡体制，欧盟建立增值税信息交换制度以监管对商品供应和采购征收的增值税（参考 Purohit, 2001a）。这一过渡性体制将欧盟跨境交易从在来源国征税改为在目的国征税。例如，一家生产制成品的法国制造公司计划从英国进口价值500 英镑的原材料，这种交易通常按照 10% 的税率征收。然而，由于交易是将商品从英国售往法国，如果商品是由英国的注册经销商销售，则交易不需要缴税。为了确保未注册经销商不能交易，英国经销商注册编号必须印在给法国经销商的发票上。因此，对于免税销售，向其他欧盟国家发送商品的供应商必须取得其在其他成员国客户的增值税注册编号，并且销售发票上还需包含该供应商的增值税注册编号。

另外，当英国供应商发送原材料时，不需要向边境海关官员提交任何文件。除了抽查药品、反恐措施等外，在过境时不得延迟货物发送。同样，法国经销商不需要为货物进入法国报关；当货物进入该国时，也不需要支付或延迟支付法国增值税。当原材料到达法国公司的营业地时，公司将把法国“采购”增值税在其增值税退税申报单上进行报账。

现在，假设法国制造商使用来自英国公司的进项生产成品。随后销售货物时，该公司将向采购者收取其采购时的增值税。如果货物从法国售往英国，这一流程则相反（Buckett，1992）。在此制度中，税收负担实际上仅仅落在消费国身上。

该方案原本预计仅在1993年之前适用；[9]然而，成员国之间关于如何构建新体制没有达成共识。因此，这一过渡性的体制目前还继续生效（欧洲共同体委员会，1987，7）。

小船模型

尽管前面的例子与一些联邦国家中存在的例子相关，但是公共财政文献中提出了一些需要认真考虑的建议。Varsano（2000）提出了称为*小船模型*的双重增值税。该模型是一种基于目的地的消费型双重增值税，对州际出口不实行零税率。

Varsano的模型显示，由出口商品的来源省（或州）征收的税款不可跨越边境（或者用船的术语来讲，它不能穿过河流，且在很多案例中边境恰巧也如此）。如果非要跨境，就必须进行退税以防止下一交易中的双重征税。然而，货物来源省不能向进口商提供退税，因为进口商是另一个辖区内的纳税人。

为了建立基于目的地的征税体系，该模型使用双重增值税：对所有省份征收的联邦增值税和每个省各自征收的省级增值税。该模型进一步声称，为了联邦增值税的目的，省边界便无关紧要了，因为联邦增值税是全国范围内征收的。然而，当商品流出该省时，省级增值税的税收管辖范围就结束了。因此，作为联邦纳税人的进口商和出口商将包含在联邦增值税中的省级增值税跨境转移。换言之，联邦政府征收了省级增值税和联邦增值税，并为进口商提供相应的退税。结果是，国家级以下增值税转到了河对岸，而免受先前税收的影响，并且准备继续作为一个省级目的地的税种。

这一简单程序能够自动地且实际上不费成本地涵盖属于正常税收体系管理下的注册经销商之间的交易，这些交易构成了州际贸易的大部分。如果进口商是一个可以确认的家庭（远程销售）、未注册的经商者或不在增值税体制下缴税的小型注册经销商，则须使用不同方案。省级税收单独向联邦政府缴纳，这样一来省级税收的总额是可以确定的。各省之间税收收入的分享是与其各自的增值税收入成比例的。[10]

小船模型要求注册交易商区分其销售总额的四个部分：

- 州内销售，包括对另一辖区的无法辨认的居民的销售（跨境购物），联邦和州税率都适用；
- 对注册纳税人进行的州际销售（除了受特殊简化税收制度管理的小型交易者），在这种情况下省级税收为零税率，且联邦税是以一个等于联邦税率与省级税率之和的税率进行的征收；
- 向未注册交易者、不属于以上情况的小型交易者以及其他辖区下可辨认家庭（远程销售）进行的州际销售，适用于联邦和省级税率，但省级税收支付给联邦政府（直接支付的补偿增值税或 CVAT）；
- 出口到其他国家的商品实行零税率。

在增值税征收期结束时，每一个注册交易者须对三条关于税收的信息负责：(1) 净省级纳税义务（省级纳税义务与省级退税之间的差额，直接支付的补偿增值税除外）；(2) 净联邦纳税义务（联邦纳税义务和联邦退税之间的差额）；(3) 支付给联邦政府的直接支付的补偿增值税，此项收入分配给各省。[11]

提议的程序优于欧盟的两种方法。首先，与其他方法相比，其管理成本微不足道。对于纳税人而言，会计和管理程序成本较低，比现存的税收安排省事。对于公共部门而言，不需要新的机构来管理该程序；甚至各省之间对直接支付的补偿增值税的分配可以由征税银行自动管理。所有银行需要知道如何分配省级增值税收入，需要进行统计并根据最现代的信息进行分配。

相比之下，欧盟的清算中心方法虽然在最新数据的基础上能准确分配成员国之间的收入，但包含在发票中的信息收集和处理成本相当高。当采用以总量为基础的方法时，处理收入分配的信息就永远是滞后的。此外，联邦可能也无法拥有可靠的消费数据。因为贸易价值从一个省流向另一个省，从前者得到的信息应当与从后者获得的信息相同，并且任何产生的差异都会引起联邦内部的冲突。

印　度

印度的间接税制度十分独特，因为在印度宪法下，联合政府有权在对货物的生产或制造征收广泛范围的联邦消费税，且邦政府有权征收货物销售税。税收服务权力没有专门分配给任何政府，而是载入联邦权限的剩余条目中。[12]

然而，在宪法的特殊规定下，各邦被授权以娱乐税、电力税、机动车税、旅客和商品税、入境税、商品入市税等形式对一些服务征税。由于宪法规定下权力的二分法，印度对欧式增值税的采用相当迟缓。然而，多年以来，印度已经能采用双重增值税了：联邦层级的增值税，被称为中央增值税（CenVAT），以及邦层级的增值税，称为邦增值税。

中央增值税

联合政府对制造业中几乎所有制成品征收中央增值税。中央增值税最初是一种消费税，被称为联合消费税（UED），以非常低的税率对约 12 种产品征收。随着时间的推移，税率增长，税基加大，越来越多的商品项目被列入联合消费税的范围内。当时，联合消费税主要对制成品征收，但它也涉及原材料、中间产品和资本货物。

1986 年，通过引入修正增值税（Modvat），中央增值税改革第一次启动。[13]修正增值税提供进项退税。这一方案在 1987 年延伸至一些额外商品。1991 年开始采用自由化和全球化政策以来，修正增值税进一步延伸至大量商品。[14]渐渐地，越来越多的商品项目被纳入修正增值税的管辖范围。现在几乎涵盖了除高速柴油、车用汽油（汽油）和火柴盒以外的所有商品项目。修正增值税程序也经过了全面改革，使得当时存在的联合消费税率转变为完整的中央增值税体系。

中央增值税允许对通过联合消费税（修正增值税或中央增值税）或其他消费税形式征收的所有进项税收给予即时退税。额外的关税被给予进项退税，被称为是反补贴税（CVD），[15]该税在进口时征收。然而，对于资本货物，在一个财政年度中只可申请50%的退税；如果货物仍在使用（除了备件和器件），其余的退税便可以在下个财政年度申请。只有生产免税的最终产品的制造商不允许获得这一退税。然而，在同一工厂中同时生产缴税和免税最终产品的制造商可以享受这一退税。[16] 2006~2007年联邦预算将中央增值税改为16%和8%的双重税率结构。

在征收中央增值税的同时，联合政府征收代替销售税的附加消费税[17]、纺织品和织物附加消费税以及指定商品税。纺织品附加消费税和指定商品税主要是为发展相关行业收集资源。联邦税务部门在其他联邦部门的帮助下管理这些税收。

服务税

因为征收服务税的权力没有明确地分配给任何一级政府，联合政府运用联邦权限中的剩余条目，于1994年7月1日开始有效征收这一税项。最初，只对一般保险、证券经纪人和电话服务三种服务征税。税收范围逐步扩大，目前对100种服务征收。标准税率为12%。缴纳的商品和服务的进项税收可享受进项退税。因此，在某种意义上，服务税是与中央增值税相结合的。

联合政府已经修改了宪法，通过在第七附表中加入第92（C）条使服务税包括在联邦权限中。这一规定使联合政府在需要时可以将这一税项单独或同时分配给各邦。

邦增值税

除了联合政府税（亦即，与中央增值税结合的所有制成品和服务税的中央增值税），各邦对邦内销售商品征收邦增值税。

根据印度宪法，尽管对邦际贸易征税的权力属于联合政府，但联合政府已经将这一税项分配给各邦。因此，虽然联合议会为此税项立法，但由各邦管理。

引入邦增值税前的发展情况

引入邦增值税前，各邦征收第一级联销售税。此外，许多邦还征收其他销售税，如附加销售税、流转税或附加费。各州的这些征税存在很大差异。

第一级联销售税受过不少劣势之苦，如级联式和不可控制的税收归宿、税率多样性、公司的垂直整合以及税收体系中缺乏中立性和效率（参考 Purohit，2001b）。由于当时盛行税收结构的明显不足，于是印度努力采用国家级以下增值税制度将其取代。

印度邦财政部长委员会（分别在 1995 年和 1998 年）和首席部长委员会（1999 年）建议用国家级以下增值税代替销售税。这项建议于 1999 年 11 月 16 日得到首席部长和财政部长大会的批准。[18]不过，引进增值税前有些准备工作是必要的。首先，各邦试图通过两项重大改革使其现有销售税制度合理化。

第一项改革是在现有销售税结构中采用四种税率（0、4%、8% 和 12%）。除了两个特殊的税率：1% 和 20% 之外，这些税率还适用于几个指定的商品项目。经过建议的税率为下限，各邦可以对在罗列范围内的任何商品采用较高税率。这种可能性抑制了税率战争和各邦间的贸易转移。[19]

第二项改革是关于销售税税收激励的废除。在过去，各邦都给予新兴产业此类激励。销售税激励免除对进项采购以及制成品销售的征税。税收激励还适用于销售税贷款和延期缴税。各类研究和委员会报告都[20]反对此类税收激励。在收入损失方面，各邦总共牺牲了 25% 的销售计税基础。此外，激励也带来了税收竞争或税收战争以及其他在联邦中有害的税收实践。[21]所有国家级以下政府现在已经停止给予新兴工业销售税收激励了。已给予当前现有企业的税收减免仍然适用。然而，引入增值税后，这些激励机制已经变成延期缴税或赋税减免制度，这并不影响增值税交易链。

邦级增值税的引入

改革实施后，引进的增值税取代了当时盛行的销售税。2003 年 4 月 1 日，哈里亚纳邦成为第一个引入增值税的邦。2005 年 4 月 1 日起，大多数邦（18 个邦）实行了增值税。[22]其余各邦最终紧随其后。[23]

因此，所有的邦都实行邦增值税制度。税收范围包括除柴油、汽油、航空涡轮燃料、天然气和酒以外的所有商品。邦增值税有两个基本税率类别——4% 和 12.5% （标准税率）——还有一些免税商品项目。此外，有两个特殊类别：金、银和首饰税率为 1%；石油产品为 20%（Purohit，2006）。

邦际税收的协调

如前所述，印度宪法仅授权各邦对邦内交易征税。邦际交易属于联合政府的管辖权范围。

联邦政府颁布了《1956 年中央销售税法案》，以确定支配这种销售税的课税原则。根据该法案，当商品出售到另一个邦时，这一税项在来源地征收。尽管征税权力仍然隶属于联合政府，但税收已经分配给各邦。因此，根据来源地原则（表 5.1），管理、征收和保留来自中央销售税（CST）收入的权力属于出口邦。当货物卖给注册经销商时，这种交易的税率目前为 3%，卖给未注册经销商或消费者时，税率为 10%。[24]对未注册经销商以较高的税率征税，意在阻止他们为了竞争优势进行邦际贸易。

此外，需要某些文件程序确定货物确实是卖给另一个邦的经销商。目的地邦销售税部门官员通过发布 C 表格管理这些文件。C 表格必须提交给来源地邦的官员，使经销商能够以 3% 的较低税率征收中央销售税。

表 5.1　　　　　　中央销售税在消费邦的级联效应

指　　标	基于来源地的中央销售税，税率为 4%（卢比）	基于目的地的中央销售税，税率为 0（卢比）
生产原材料的 A 邦		
原材料采购价格	100.00	100.00
附加价值	50.00	50.00
销项价值	150.00	150.00
征收的中央销售税	6.00	0.00
生产中间产品的 B 邦		
从 A 邦采购的采购价格，包括中央增值税	156.00	150.00
附加价值	78.00	75.00
出售给 C 邦的销项价值	234.00	225.00
征收的中央销售税	9.36	0.00
在 C 邦采购中间产品的采购价格	243.36	225.0
附加价值	121.80	112.50
出售给 D 邦时 C 州制成品的价值	365.16	337.50
征收的中央销售税	14.60	0.00
D 邦商品采购价格	379.76	337.50
附加价值	189.88	168.75
销项价值	569.64	506.25
消费的 D 邦以 10% 的税率征收的中央销售税	56.96	50.62
出口邦征收的中央销售税总额	29.96	0.00
消费者总课税负担	86.92	50.62

资料来源：作者的计算。

注：上述计算假设税负转嫁。中央销售税税率从 4% 降低至 3%，2007 年 4 月 1 日起生效。

中央销售税的逐步淘汰

因为中央销售税是扭曲的，并且打破了印度共同市场的交易链，因此政府已经决定逐步淘汰中央销售税，每年减少 1%，2010 年 3 月 31 日降低至零。

然而，中央销售税一直是出口邦重要的收入来源（产生约 16% 的销售税收入）（参考表 5.2）。因此，将中央销售税减少到零，会导致

表 5.2　印度各邦中央销售税的收入分配

邦	1995～1996 年		2001～2002 年		2004～2005 年		2005～2006 年		2006～2007 年（修订估计）		2007～2008 年（预算估计）	
	数量（1000 万卢比）	比例（%）	数量（1000 万卢比）	比例（%）	数量（1000 万卢比）	比例（%）	数量（1000 万卢比）	比例（%）	数量（1000 万卢比）	比例（%）	数量（1000 万卢比）	比例（%）
安得拉邦	520.54	10.64	646.07	5.88	1051.96	7.36	1017.37	6.52	1691.06	8.92	1791.06	9.00
阿萨姆邦					6.79	0.05			506.61	2.67	557.26	2.80
比哈尔邦			115.00	1.05	61.11	0.43	54.18	0.35	89.61	0.47	113.36	0.57
邦恰蒂斯加尔邦			376.19	3.42	326.69	2.29	415.19	2.66	700.00	3.69	850.00	4.27
果阿邦	15.84	0.32	36.10	0.33	64.49	0.45	71.48	0.46	75.00	0.40	89.00	0.45
邦古吉拉特邦	555.26	11.35	1015.71	9.25	1607.40	11.25	1915.21	12.27	2050.00	10.82	3069.05	15.42
哈里亚纳邦	451.22	9.23	838.15	7.63	1061.89	7.43	1244.46	7.97	1915.95	10.11	2256.55	11.33
喜马偕尔邦	17.61	0.36	43.14	0.39	37.54	0.26	80.49	0.52	74.99	0.40	119.85	0.60
恰尔肯德邦			259.93	2.37	527.52	3.69	650.79	4.17	650.79	3.43	738.65	3.71
卡纳塔克邦	240.65	4.92	679.35	6.18	1164.07	8.15	1255.23	8.04	1858.68	9.81	2035.67	10.23
喀拉拉邦	166.89	3.41	260.98	2.38	361.24	2.53	486.36	3.12	510.24	2.69	569.25	2.86
中央邦	341.94	6.99	332.54	3.03	470.89	3.30	416.64	2.67	608.59	3.21	694.25	3.49

续表

邦	1995～1996 年		2001～2002 年		2004～2005 年		2005～2006 年		2006～2007 年（修订估计）		2007～2008 年（预算估计）	
	数量（1000 万卢比）	比例（%）	数量（1000 万卢比）	比例（%）	数量（1000 万卢比）	比例（%）	数量（1000 万卢比）	比例（%）	数量（1000 万卢比）	比例（%）	数量（1000 万卢比）	比例（%）
马哈拉施特拉邦	1154.13	23.60	2036.99	18.54	2417.10	16.92	2318.18	14.85	2514.00	13.27	2055.00	10.32
梅加拉亚邦	15.74	0.32	21.11	0.19	19.84	0.14	13.72	0.09	35.64	0.19	35.64	0.18
奥里萨邦			51.82	0.47	410.16	2.87	487.55	3.12	546.64	2.89	443.57	2.23
旁遮普邦	201.33	4.12	620.47	5.65	479.24	3.36	356.60	2.28	357.52	1.89	254.00	1.28
邦拉贾斯坦邦	81.90	1.67	199.80	1.82	296.76	2.08	348.23	2.23	378.52	2.00	436.92	2.19
泰米尔纳德邦	701.34	14.34	1546.72	14.08	1493.64	10.46	1860.84	11.92	2271.22	11.99	1958.93	9.84
北安查尔邦			398.01	3.62	793.29	5.55	1014.10	6.50	142.37	0.75	160.00	0.80
北方邦			498.37	4.54			883.09	5.66	1120.00	5.91	682.00	3.43
西孟加拉邦	426.01	8.71	302.66	2.76	629.98	4.41	713.97	4.57	846.05	4.47	994.11	4.99
所有邦	4890.40	100.00	10985.68	100.00	14284.10	100.00	15610.97	100.00	18947.48	100.00	19908.12	100.00

资料来源：作者的计算。

注：上述计算假设税负转嫁。中央销售税税率从 4% 降低至 3%，2007 年 4 月 1 日起生效。

这些邦的重大收入损失。因此，这些邦很长时间内都不同意降低中央销售税。最终，联合政府宣布下列补偿措施：

- 撤回交给政府部门的邦际销售的中央销售税税率优惠的收入，反对提交 D 表格；
- 允许各邦对烟草征收 12.5% 的增值税；
- 将目前征收服务税的 33 种服务转移至各邦，并且将 44 种新的服务税分配给它们（征税时）；
- 如果前三种措施不能完全弥补收入损失，则通过 2007 ~ 2008 年、2008 ~ 2009 年和 2009 ~ 2010 年的预算援助弥补收入差距。

当中央增值税逐渐淘汰时，一种有效跟踪邦际交易的管制框架——税收信息交换制度（TINXSYS）——建立了。设置税收信息交换制度的过程基本上已经完成，所需数据正由各邦上传。

推荐的选择方案

寻找合适的州际交易税收解决方案前，应该考虑在州际税收制度中什么样的特征可取。连同改革的其他目标一起，例如中性、效率、透明，由于缺乏公司的垂直合并、各州（邦）的自治，对于任何经过推荐的解决方案而言的行政管理权宜的各方面需要考虑在内。考虑州际交易税收问题的合理解决方案的可取特点时，可以从本章讨论的不同的联邦规划中获得借鉴。

第一，加拿大和欧盟的国际经验表明，不应该有成本级联和增加。即便在采用了基于来源地的州际税收制度的巴西，这一制度也确保了消费州中由于课税抵扣导致级联效果这一情况不发生。

第二，国际经验中出现三种可选的方案：（1）清算中心机制；（2）小船模型；（3）州际销售免税。

清算中心机制的优势是，所有州的交易税率都相同。因此，不需要区分州际和州内交易。然而，清算中心机制的关键问题涉及将征收税收转移到中央池以及由中央池根据各州进口情况向有关各州重新分配征收的税款。对于许多国家而言，这方面的工作往往很繁重，且在税收管理中没有实现合理的计算机化是不可行的。事实上，正是出于这些原因，在欧盟国家这种机制没有被采用。

不过，只有当联邦增值税和州增值税具有相同范围时，小船模型才能够实现。对于州际销售的零税率而言，联邦国家可有三种选择：

■ 州增值税的零税率。没有独立州际交易税的州增值税零税率，将把州增值税转换为基于目的地的增值税。直到商品出口之后，这种税才在州内征收。商品出口时，已征收的所有州税将被退还，实际上意味着所有税收只在消费州征收。

■ 预付增值税。至于预付增值税（参考 NIPFP，1994 年；Poddar，2001 年；Purohit，2007 年），进口州的交易者将对进口产品收取增值税。进口经销商将向出口经销商提供支付证明。提交证明后（例如，以税务存款单的复印件形式），来源地州中的销售就将是零税率。在这种情况下，进口州的注册经销商将有强大的动力来预缴税费，然后在目的地州销项可以被抵扣。未注册的经销商或消费者将会选择支付地方税或目的地税。该制度不会给出口州和进口州经销商增加任何额外管理负担。

■ 基于目的地的中央采购税。基于目的地的中央采购税（DBCPT）的主要特点如下：首先，进口商将税款支付到目的地州的银行账户中。也就是说，虽然州内销售税将付给经销商，但州际采购税将支付到目的地州的银行账户中。进口商将向出口商提供税收支付收据。[25]收据可以作为出口证据，出口商不基于原产地征收任何税收。根据州际采购税的缴纳证明，出口经销商对出口州进项税进行退税。注册交易商缴纳的基于目的地的中央采购税将有资格在目的地州获得进项退税。如果基于目的地的中央采购税的缴纳凭证丢失，则将征收出口州增值税，就像商品在本州内出售一样。

这样一种制度不需要任何清算中心机制。同样地，它也不需要紧密统一的州际或国家协调，尽管来源地州和目的地州应该有动力来监控该制度下缴纳税额的真实性。对于来源地州而言，监控对于进项税退税非常重要。对于进口州而言，监控对于地方税下的零税率也很重要。

结　论

在尝试引进增值税时，大多数联邦国家会遇到州际贸易的税收协调问题。加拿大和欧盟的例子显示，不应基于来源地征税。巴西的案例研究表明，如果基于来源地征税，则需要在进口州中提供扣税。这种方法将使税收基于目的地，并且充当了联邦制结构中的一种平衡机制。文献中现有的其他模型表明，中央和州增值税在将来源地州税收向目的地州税收转变时能够相互支持。然而，另外两种建议：预付增值税和基于目的地的中央采购税也是有用的模型。

本章注释

1. 虽然财政部公布了税收抵扣资格，但税收制度的协调者也批准了额外的退税项目。

2. 由市政当局单独对服务征税。这些机构征收的服务税是一种级联税。

3. 9个州位于东北部，4个位于中西部，7个位于北部。这些州被认为是欠发达的州。在所有州中，有6个州被认为是发达的州。

4. 国家财政委员会由各州代表和27名顾问组成。任何决议都需要全体一致通过。1988年宪法加强了国家财政委员会的立法作用。现在，委员会促成了税收优惠条约，并协调了税率。

5. 虽然国家财政委员协调了州际贸易，但一些州仍试图作出不允许的让步（如授予延期缴税权以吸引产业）。

6. 这些项目包括贷款利息、账户费用、信用卡费用和股票或者其他证券交易中的佣金。

7. 这个组被称为MASH（自治市、学术机构、学校和医院）部门。

8. 艾伯塔省从汽油税中获得相当可观的收入。

9. 欧盟委员会应该在1994年12月31日前向欧盟经济和金融总司报告该体制的运转，并提交最终制度方案。然而，到2008年为止，同样的转型制度仍在运行中。

10. McLure（2000）将与提议方案相对应的税收称为补偿增值税（CVAT），这是一个恰当的专业技术名称。然而，如该例所述，补偿增值税有两种：联邦税收中包含的补偿增值税和直接支付补偿增值税。包含在联邦税收中的而非直接支付的补偿增值税引起了与联邦税相对的税收抵扣。

11. 关于净联邦纳税义务，联邦纳税义务和联邦税收抵免都包含了联邦税收中的补偿增值税的价值。关于直接支付的补偿增值税，它并不包含先前的税费抵免；退税被省级纳税义务抵消了。

12. 联邦权限中的第 97 条目被称为剩余条目，其授权联合政府追索“权限 2 和权限 3 中未列举的任何东西”，包括以上各权限中没有被提及的任何税收。

13. 这些改革以杰哈邦委员会报告为基础（印度政府，1978）。

14. 这些改革以切利亚邦委员会报告为基础（印度政府，1991 ~ 1993）。

15. 这一关税根据海关法案规定征收，该法案被称为“海关附加税”；然而，它就是众所周知的反补贴关税。进口商品的反补贴税税率与对本土制造产品征收的中央增值税税率相等。

16. 这一能力受限于某些条件，如维护用于制造免税产品的独立进项记录；支付免税最终产品总价格（不含税）的 8%；如果有少数指定项目，就支付总价格的 8% 给贷记撤销。

17. 这一税收自 1956 年以来根据联邦和各邦之间的税租安排对烟草、纺织品和糖征收。根据最初的安排，联合政府对这些商品项目征税，而各邦避免对这些商品项目征收销售税。直到最近，税收净收入在消费的基础上被分配给各邦。由于印度目前正在加快采用增值税，这一税收收益是共享的，并且现在允许各邦对这些商品项目征收增值税。

18. 关于这一推荐的背景，参考见印度政府（1995、1998、1999）。

19. 当各邦开始实施四种税率类别时，许多邦发现很难对一些商品使用最低税率。要么分类本身有问题，要么实施最低税率存在管理上的困难。因此，对被归入免税名单中的商品项目作了一些改变。其他类别中的商品项目也有些变化，因为《邦财政部长委员会的销售税制改革报告》（印度政府，1995 年 8 月）表示：“应该由特别小组对该分类进行微调。”因为采用最低税率前并未执行，所以现在这一体制已被修改了。然而，在增值税体制下，各邦有三种税率类别：0%、4.0% 和 12.5%（或者对相关邦而言可以起到税收中性作用的某种税率）。

20. 参考印度政府（1998 和 1999）。

21. 为国家首都地区进行的实证研究表明，销售税收优惠并不影响工业的位置。如果真要相关的话，只有当某一邦单独提供这种优惠时，此类激励才会有影响。从其他研究也看得出类似的结果。当所有的邦都给予此类优惠时，其最后会变成是各邦都不会获益的零和游戏（参考 Purohit 和其他人，1992）。

22. 这些邦是安得拉邦、阿鲁纳恰尔邦、比哈尔邦、达德拉—纳加尔哈维利邦、达曼—第乌邦、德里邦、果阿邦、喜马偕尔邦、卡纳塔克邦、喀拉拉邦、马哈拉施特拉邦、米佐拉姆邦、那加兰邦、奥里萨邦、旁遮普邦、锡金邦、特里普拉和西孟加拉邦。

23. 其他邦采用增值税的顺序如下：查谟邦和克什米尔邦，2005 年 4 月 4 日起；阿萨姆邦和梅加拉亚邦，2005 年 5 月 1 日起；曼尼普尔邦，2007 年 7 月 1 日起；北安查尔邦（现在称为北阿坎德邦），2005 年 10 月 1 日起；古吉拉特邦、拉贾斯坦邦、中央邦和恰蒂斯加尔邦，2006 年 4 月 1 日起；泰米尔纳德邦，2007 年 1 月 1 日起；北方邦，2008 年 1 月 1 日起。

24. 中央销售税的税率从 4% 降低到 3%，2007 年 4 月 1 日生效。

25. 当印度经销商出口商品到不丹或尼泊尔等其他国家时，这些规定在今天就是适用的。根据印度与这些国家之间的协定，出口商在那些国家缴税时，获得其在印度所付税费的退税。一般来说，经销商在那些国家缴税并基于各国提供的收据提交其在印度所付税费的退税证明。

本章参考文献

Buckett, Alan. 1992. *VAT in the European Community*. London: Butterworths.

Commission of the European Communities. 1987. *Completing the Internal Market: The Introduction of a VAT Clearing Mechanism for Intra - Community Sales*. Milan, Italy: Commission of the European Communities.

Government of India. 1978. *Report of the Indirect Taxation Enquiry Committee*. New Delhi: Ministry of Finance.

——. 1991 ~ 93. *Report of the Tax Reforms Committee*, *Vol. I to III*. New Delhi: Ministry of Finance.

——. 1995. *Report of the Committee of State Finance Ministers on Sales Tax Reform*. New Delhi: Ministry of Finance.

——. 1998. *Report of the Committee of State Finance Ministers for Charting a Time Path for Introduction of VAT*. New Delhi: Ministry of Finance.

——. 1999. *Report of the Committee of Chief Ministers on Value Added Tax and Incentives to Backward Areas*. New Delhi: Ministry of Finance.

McLure, Charles E. 2000. "Implementing Sub – national Value Added Taxes on Internal Trade: The Compensating VAT (CVAT)." *International Tax and Public Finance* 7 (6): 732 ~ 40.

NIPFP (National Institute of Public Finance and Policy). 1994. *Reform of Domestic Trade Taxes in India: Issues and Options*. New Delhi: NIPFP.

Poddar, Satya. 2001. "Zero – Rating of Inter – state Sales under a Sub – national VAT: A New Approval." Paper presented at the 94th Annual Conference of National Tax Association, Baltimore, Maryland, November 8 – 10.

Purohit, Mahesh C. 1997. "Value Added Tax in a Federal Structure: A Case Study of Brazil." *Economic and Political Weekly* 32 (2): 357 ~ 62.

——. 2001a. "National and Sub – national VATs: A Road Map for India." *Economic and Political Weekly* 36 (9): 757 ~ 72.

——. 2001b. *Sales Tax and Value Added Tax in India*. New Delhi: Gayatri.

——. 2001c. "Structure and Administration of VAT in Canada: Lessons for India." *International VAT Monitor* 12 (6): 311 ~ 23.

——. 2006. *State – VAT in India: An Analysis of Revenue Implications*. New Delhi: Gayatri.

——. 2007. *Value Added Tax: Experiences of India and Other Countries*. New Delhi: Gayatri.

Purohit, Mahesh C., C. Sai Kumar, Gopinath Pradhan, and O. P. Bohra. 1992. *Fiscal Policy for the National Capital Region*. New Delhi: Vikas.

Reserve Bank of India. Various years. *Study of State Finances*. Mumbai: Reserve Bank of India.

Varsano, Ricardo. 2000. "Subnational Taxation and the Treatment of Interstate Trade in Brazil: Problems and Proposed Solutions." *In Decentralization and Accountability of the Public Sector*, eds. Shahid Javed Burki and Guillermo E. Peary, 339 ~ 56. Washington, D. C.: World Bank.

第六章

国家级以下政府借债、破产和管制

Lili Liu 和 Michael Vaibel

由于支出责任、税收权力和地方政府借债能力的广泛分权，地方政府借债已经成为发展中国家一种重要的资金来源。[1]特别是，地方政府从金融市场借债为基础设施提供经费，[2]使债务期限与债务融资资产的经济年限匹配。此外，相对于快速发展的城市化进程中基础设施的大量需求，来自税收和转移支付的国家级收入较少，这也需要地方政府借债。

发展中国家的国家级以下债务市场也经历了显著的转变。私人资本已经出现，并在匈牙利、墨西哥、波兰、罗马尼亚、俄罗斯联邦等国家的国家级以下财政中扮演重要角色。[3]国家级以下债券与传统银行融资的竞争愈加激烈。这两种变化都得益于发展中国家的高流动性国际资本和金融市场改革。尽管如此，在许多国家，只有最有信誉的国家级以下实体可以借债。根据工业国家的标准，国家级以下债券市场仍然很小。在美国，平均每年发行 4000 亿美元的国家级以下债券。[4]相反，例如，从2001~2005年墨西哥19个国家级以下政府发行了14.4亿美元的国家级以下债券。自20世纪90年代出现广泛波动以来，国家级以下债券市场的发展很不稳定。[5]

有借债就有破产的风险，[6]20世纪90年代经历过广泛的国家级以下债务危机。许多观察家认为，门多萨和布宜诺斯艾利斯失控的省级债务是2001年阿根廷主权债务违约的重要原因之一。20世纪80年代的第一次危机之后，巴西又经历了两次国家级以下债务危机。1995年由于墨西哥特基拉危机中国家级以下债务的脆弱性使得比索贬值，并导致许多墨西哥国家级以下政府陷入债务危机。从1998~2001年，在俄罗斯的89个地区政府中至少有57个一直有债务违约问题。

即使没有明显违约或债务危机，来自借债的财政压力和隐性负债也很值得关注。在印度，从20世纪90年代末至21世纪初，由于财政赤字、债务以及或有负债的迅速增加，各邦都有财政压力。20世纪90年代，哥伦比亚、匈牙利和南非的国家级以下政府也面临财政压力。虽然中国国家级以下政府不能从金融市场直接借债，但他们通过公用事业公司、特殊目的机构和城市发展投资公司为基础设施融资进行预算外间接借债。隐性国家级以下债务值得中央政府关注。[8]

国家级以下政府破产后果严重。至少地方公共产品和服务供给可能遭到严重损害。1975年，纽约市遭受财政危机，消防、警察巡逻、垃圾收集、学校等基本服务减少。道路和桥梁维修推迟。许多基建项目被延误或者取消（Bailey，1984）。除了地方服务提供外，国家级以下政府破产可能会妨碍国家级以下信贷市场的增长以及缩减基础设施融资的财政空间。在废除种族隔离制度后开始建立统一的国家级以下财政法律框架时，南非政府认为破产程序的缺失会阻碍市政府财政中相互竞争的多元信贷市场的形成（南非国库，2001，192~93）。在罗马尼亚，由于缺乏破产的统一框架，资本市场不愿意为国家级以下政府借债人延长期限和扩大贷款（Liu和Waibel，2008）。系统性的国家级以下财政压力和破产也威胁着宏观经济和财政稳定。[9]

解决国家级以下政府破产的威胁不应依靠完全禁止国家政府借债。

国家级以下政府进入金融市场有很多益处。然而，国家级以下政府借债如缺乏监管，则将承担破产的风险，威胁到地方的服务提供以及宏观经济和财政制度稳定。未来的出路在于建立可以扩大国家级以下政府借债、加强地方财政纪律和管理潜在风险的监管框架，同时支持政府间财政制度与金融市场改革以更有效地使用资本。这一章最关键的部分是国家级以下政府借债管制框架；政府间财政制度改革和金融市场结构不在本章的讨论范围内。

本章的其余内容安排如下：下一节分析国家级以下政府借债的益处和风险；接下来的一节介绍管制国家级以下政府借债的动机和基本原理；本章最后基于跨国经验总结了国家级以下政府借债管制框架。首先，关注事前，管制详细说明借债目的、类型和程序。其次，研究实行和补充预防规则的事后破产机制，该机制主要是管制借方和贷方。最后一节得出结论。

国家级以下政府借债的益处和风险

允许国家级以下政府进入金融市场主要具有以下益处：

第一，使国家级以下政府有能力为基础设施扩展财政空间。随着各大城市努力成为创新和增长的渠道，以及大量农村人口的流入，建设基础设施的需求持续上升，尤其是城市基础设施。发展中国家前所未有的城市化规模需要为大型基础设施建设融资，资金要求已远远超出财政转移支付和国家级以下自有税收收入。[10]

第二，国家级以下政府借债可以更有效率和公平地为基础设施筹资。基础设施投资造福后代，因此后代也应该承担费用。债务期限应当与债务融资资产经济年限匹配。债务分期偿还还应与融资资产折旧相匹配。匹配资产寿命和期限是合理的公共政策，因为这些基础设施服务费用可以由服务受益人支付。[11]

第三，允许国家级以下政府进入金融市场可以使其遵循市场规律和报告要求，因而强化财政透明度、健全合理的预算和财务管理以及良治。接受独立信用评级机构严格的贷款信用评估是进入资本市场的一个先决条件。[12]它要求公布受到独立审计的公共财务账目，从而加强市场在财政监控和监督中的作用。信用评级的推广在其有广泛基础的国家级以下信贷市场的发展中是重要的一步。信用评级还将对国家级以下财政和金融风险的动态有很大影响。它们帮助国家和国家级以下政府管理与利息、汇率和期限结构相关的债务展期风险，[13]以及或有债务，例如地方管理的基础设施合同和预算外活动等。

第四，扩大国家级以下政府借债有利于深化金融市场。有众多买方、卖方和融资选择且竞争激烈的国家级以下信贷市场，如与银行贷款竞争的债券融资，可以使信贷市场多样化并降低借债成本。[14]在几个发达国家中，国家级以下债券市场占债务市场的很大部分。美国拥有最大的国家级以下债券市场。个人投资者是美国国家级以下债券最大的持有者，其次是互惠基金、银行信托账户、银行、保险公司和企业（Maco，2001）。国际资本更大的流动性以及金融工具的多样化也促进了新兴国家级以下债券市场的兴起。

尽管国家级以下政府借债有诸多益处，但由于缺乏有效的管制体系，也存在很多风险，例如巴西、印度、墨西哥、俄罗斯等国最近的国家级以下财政压力和债务危机。[15]理解这些财政和债务危机的根源有助于建立有效的国家级以下管制框架，从而最大程度地减少系统性危机的发生。例如，尽管中国和印度尚未经历明显的和系统的国家级以下政府破产，[16]许多较低层级国家级以下政府报告的财政压力和隐性负债与其他新兴经济情况具有相似性。[17]

虽然收支不平衡可能导致国家级以下财政压力，由于只有获得资金时财政赤字累积才可行，借债的管制框架深刻地影响着国家级以下政府的财政可持续发展。[18]20 世纪 90 年代，不受管制的地方政府借债在匈牙利、俄罗斯等国迅速增长，导致了国家级以下财政压力。匈牙利和俄罗斯的国家级以下政府借债也是由分权促进的，其授予地方政府债务融资自主权，但却没有提出严格的预算限制。

在具有不确定因素的宏观经济环境中，不受管制的借债是极其危险的，俄罗斯的国家级以下债务危机说明了这一点。国家级以下政府借债人自由进入市场的速度可能会超过良好收入来源和管制框架的发展，特别是在新兴的、具有投机性的和不受管制的证券市场。特别是，具有货币投机风险的不确定宏观经济环境中的国外借债代价昂贵（Alam 、Titov 和 Petersen，2004）。由于受到宏观经济政策的影响，包括利率和汇率对国家级以下政府财政状况的影响，主权评级通常为国家级以下实体的评级设定了上限。[19]

如果借债促进资本投资和经济增长，财政赤字本身可能不是问题。[20]然而，在匈牙利、印度、俄罗斯等国家的国家级以下政府为给巨额的经营赤字筹资而大量借债，这导致了债务的不可持续性问题。[21]为经营赤字借债违反公共财政的黄金法则。20 世纪 90 年代末，印度各邦的财政赤字增长都是为弥补赤字而借债引起的；例如，在危机达到顶点时，某些邦超过 70% 的新借债都是用于对现有债务进行再融资。[22]

此外，国家级以下政府债务状况存在固有展期风险，且会因宏观经济和金融冲击而加剧。在 20 世纪 90 年代中期墨西哥的宏观经济危机和 20 世纪 90 年代末俄罗斯的宏观经济危机爆发前，国家级以下政府的债务状况具有很高的风险——较短偿债期限、高偿率和可变利率。宏观经济危机暴露了国家级以下政府财政状况的脆弱性，引发了广泛的国家级以下债务危机。[23]

最后同样重要的是，或有债务是许多发展中国家财政状况恶化的主要来源，它悄悄地侵蚀着国家级以下政府财政的健康发展，从而在没有预警的情况下导致财政危机突发。20 世纪 90 年代末，在印度各邦，特殊目的机构成为规避预算紧缩的简单易行的方式。各邦为经营亏损的公共事业提供市场借债担保，这使得或有债务迅速增加。美国早期国家级以下债务的发展与今天发展中国家国家级以下债务情况具有明显的相似性。在 19 世纪 40 年代初的金融危机爆发前，很多美国的州积极为大型基础设施项目寻求债务融资。若干个州拥有参与基础设施项目融资的公共银行。一些基础设施项目由各州创建的州营企业开发；其他的由各州提供资金，但产权归私营实体并由私营实体经营。

各州都采取各种各样的方法为投资融资。一些州实行免税融资，这不会导致当前税收增高，但会导致纳税人承担或有债务。[24]

除了特殊目的机构预算外负债和国家级以下政府及其企业之间达成的不透明交易，公开的财政账目也未能显示其他隐性债务或或有债务的来源。现收现付制下增长的国家级以下公务员养老金债务已成为巴西和印度国家级以下财政良性发展日益严重的威胁。阿根廷和巴西国家级以下政府下属的银行的不良资产部分解释了20世纪90年代的国家级以下债务危机。此外，现金报告制度系统地低估了许多发展中国家国家级以下政府的财政负债。现金会计制度不能反映供应商、承包商或中央政府机构逾期债款或公务员工资和退休金延迟支付等相关信息。[25]

国家级以下政府借债行为受到政府间财政体制设计和金融市场结构的强烈影响。如果历史经验支持他们关于中央政府会为国家级以下政府的债务清偿提供隐性担保的看法，市场参与者就可以容忍国家级以下政府实行不可持续的财政政策（Ianchovichina、Liu 和 Nagarajan，2007）。基于中央政府预期或隐性担保的轻率贷款导致匈牙利、墨西哥和俄罗斯的国家级以下财政危机。此外，在巴西、[26]匈牙利、印度等国，国家级以下政府贷款主要由公共银行提供，价格回报激励较弱且伴有风险。

软预算约束是财政激励机制的一个关键方面，它允许国家级以下政府入不敷出，否定竞争激励并滋生腐败和寻租行为。[27] Webb（2004）认为，地方债务市场具有三个重要的代理问题：

- 如果作为代理人的国家级以下政府借债方预计会有财政援助，它们就有可能不向贷款方（委托人）偿还债务的动机。
- 作为代理人的国家级以下政府借债方有动机向贷款方（委托人）透露自己的某些特征，导致逆向选择。[28]
- 银行是国家的隐性代理人，它被委托维护国家支付体系和信誉，它们常常滥用这一信用：即通过借贷给信誉不高且指望万一出现麻烦时中央（或联邦）政府给予紧急援助的国家级以下政府。

这些代理问题的发生率差异相当大，这取决于各国国家级以下债务市场的结构。

管制国家级以下政府借债的基本原理

自20世纪90年代末以来，发展中国家地方政府借债管制框架的发展是国家级以下财政压力和债务危机的直接结果和应对措施。国家级以下政府借债管制框架应包括两个部分：第一，事前控制、借债管制和国家级以下财政状况监督；第二，国家级以下政府破产时的事后债务重组。在许多国家，管制框架仍在改变，将管制的各个要素结合在一起的速度也各不相同。[29]此外，管制框架与政府间财政体制改革和金融市场改革是分不开的，因为它们深刻地塑造了国家级以下政府实施可持续财政和债务政策的激励机制，并为债权人对收益和风险合理定价形成激励机制。

事先借债管制和事后破产机制是相辅相成的。破产机制使贷款方和国家级以下政府借债方规避事前管制更加费事，从而提高了预防规则的有效性。没有事后破产机制，事前管制可以很容易变成过度行政管理以及中央和国家级以下政府之间的游戏。[30]对事前管制的过度依赖，包括中央政府对个人贷款的批准，会限制市场在监控国家级以下政府借债和债务的角色。在加拿大和美国，市场在国家级以下政府借债的管制方面发挥了关键的角色。虽然，实际上发展中国家还不能依赖市场监控国家级以下政府借债，发展中国家在设计管制框架时要认真考虑到市场的作用。[31]

国家级以下政府借债立法作为一种承诺机制，允许国家级以下政府在共同框架下进入金融市场。个别国家级以下政府可以出于各种原因采用不可持续的财政政策。国家级以下政府存在“搭便车”的内在动机，其只承担不可持续财政政策的部分成本，却可获得全部利益。获得这些利益则依赖于大多数其他国家级以下政府良好的财政行为。所以，各级政府全都受益于规则制度，以此来阻止这种缺点和“搭便车”行为。承诺机制控制和协调各地国家级以下政府，让未来的政府遵循共同的借债框架（Webb，2004）。

没有事后破产机制，事前管制不太可能促成承诺。设计良好的破产机制有助于对国家级以下政府执行承诺机制和硬预算约束。[32]同样重要的是，破产程序帮助破产国家级以下政府继续提供服务并同时重组其债务。因为国家级以下政府履行公职，他们不能像私人公司一样进行清算和解散。重组是公共部门破产机制的核心。最后，国家级以下政府需要再次进入金融市场。

但破产程序必须公平对待债权人；它应该保护债权人的权利，这对形成多元国家级以下信贷市场、降低借债成本和延长债务期限至关重要。为了平衡债权人和债务人的利益，破产机制建立一套预设的规则来分配违约风险。这些规则固定了借债方和贷款方的期望，双方都要承担破产的后果。[33]随着重组更加制度化，政治临时干预的压力减小。如果中央政府事前已声明不提供任何援助，那么就要言行一致，这样才能更好匹配地方政府的动机。有效的破产和债权人权利制度有利于更好地管理金融风险。[34]

在国家级以下破产的背景下，更加需要解决债务索偿的共同框架。不仅债权人和债务人之间存在冲突，各债权人之间也存在冲突。例如，个体债权人经常提出优惠待遇要求，并威胁要改变大多数债权人和国家级以下债务人自愿协商达成的债务重组（所谓的拒不合作问题）。[35]根据合同法——而不是破产机制，债权人的补救措施对强迫履行个别偿付义务有效，但对总体破产无效。个人专门协商的成本较高、不可行且损害多数债权人的利益。如果债务集中在几家银行，则拒不合作问题就不严重。然而，随着国家级以下债券市场的发展，市场上会有成千上万的债权人，破产重组共同框架变得更为重要。

各国制定管制框架的动机差异明显，反映了一个国家的政治、经济、法律和历史背景建立框架的诱发事件。这些差异影响改革的切入点、框架设计及改革与地方政府借债立法的关系。

例如，虽然美国市政破产框架为其他国家提供了有价值的参考，[36]

但其他国家却不能一味照搬。在成熟的政府间财政体制和市场导向型金融体系背景下，《美国破产法》第 9 章的目的在于达到解决拒不合作这一局部目标。在政府间体制仍在演进或给国家级以下政府的借贷由少数公共部门主导的国家里，国家级以下破产机制的建立必须与其他改革按顺序进行。美国独特的联邦结构还深刻地影响着第 9 章的具体设计——例如，联邦法庭在破产市政当局债务调整方案中的角色。因为破产机制需要确定不同分支机构和不同层级政府的角色，国家的政治和经济历史在形成破产机制的设计中扮演着重要的角色。

国家级以下政府借债的框架：事前管制

事前管制涉及借债的事前控制和国家级以下财政状况的监控。20 世纪 90 年代，巴西、墨西哥等国广泛的国家级以下债务危机和哥伦比亚、印度等国普遍盛行的国家级以下财政压力推动这些国家通过出台和加强事前管制防止未来系统性的压力和危机。在秘鲁等国，分权最近才开始，政府强调财政可持续发展的重要性，注重把分权的风险降到最低。

为回应一波又一波的国家级以下债务危机，巴西已大力加强事前管制。[37]联邦政府在早期危机中紧急援助过国家级以下债务人，但是在第三次危机中，政府决心救助的条件是各州要进行艰难的财政和体制改革。1997 年废止无条件援助是为了规避道德风险。强化借款事前管制纳入 1997 年 25 个州和联邦政府之间的债务重组协议，并获得法律批准。2000 年的《财政责任法》将各种法律合并成一个统一框架。[38]为解决 1994 年和 1995 年金融危机引发的国家级以下债务危机，墨西哥在 2000 年建立了新的借款框架。与巴西和墨西哥的状况相比，哥伦比亚的国家级以下债务压力要小得多。但该国在各种法律的基础上建立借债框架，包括 1997 年第 358 号法、2000 年第 617 号法和 2003 年《财政透明度和责任法》。为了避免该地区其他国家所经历的国家级以下债务危机，秘鲁于 2002 年开始分权，制定了地方政府借债规则：2003 年

《财政透明度和责任法》和2005年《一般债务法》。在印度，20世纪90年代末国家财政危机之后，第12届财政委员会对财政规则和目标提出建议以及改进各州遵守规定和目标的刺激政策。[39]

在Liu和Waibel（2006）的基础上本书总结了几个国家借债事前管制的几项关键要素。

第一，只允许长期基建资本投资借债。德国、英国等一些欧洲国家制定了公共投资平衡预算网财政规则（“黄金规则”）。[40]这与先前的想法一脉相承，即认为只有这种借债是有益的（可能造福后代）。一些中等收入国家最近采用了这一黄金规则，如巴西、哥伦比亚、印度、秘鲁、俄罗斯和南非。[41]

第二，框架详细限定了关键财政变量，如财政赤字、基本赤字、偿债比率和担保上限。在印度，邦偿债比率超过20%则视为出现债务压力，中央政府会密切关注该邦的情况。[42]如第12届财政委员会所建议，财政责任立法对各邦均有强制性，至2009年财政年度时，收入赤字为零，邦财政赤字降至邦生产总值的3%。[43]哥伦比亚试图使国家级以下债务匹配偿付能力（1997年第358号法和2003年《财政透明度和责任法》）。该国还使用交通信号灯系统管理方法来管制国家级以下政府借债。禁止位于红灯区域的国家级以下政府借债，允许绿灯区域的国家级以下政府借债。红灯区域的定义是：经营性存款利率超过40%，并且当前债务与收入比率大于80%。[44]在巴西，联邦政府和各州之间签订的债务重组协议罗列了全面的财政目标——债务收入比率、基础财政收支平衡、总支出中部分人员经费、自身收入增长和投资上限——罗列了州属企业以及需要私有化或给予特权的银行。在美国，国家级以下政府借债规则取决于债务类型、用于偿还债务的收入和政府种类或形式。这些规则各州各不相同。市场在财政监督中扮演了很重要的角色（Liu和Wallis，2008）。

第三，巴西、哥伦比亚、秘鲁等国的法律框架包括国家级以下政府建立中期财政框架和透明预算过程的程序要求。这项要求是要保证财政账目朝着可持续性债务的路径发展，财政调整采取中期方法以便更好地应对冲击以及影响国家级以下财政的宏观经济变量的不同发展轨迹。透明的预算过程足以应对行政和立法部门对支出重点、资金来源和所需财政调整的辩论。根据秘鲁的财政分权法（2004），地区和国家级以下政府必须编制详细的多年预算框架，且应与中央政府的多年预算框架一致。

此外，财政透明度日益成为财政框架的不可分割的部分。透明度包括：拥有独立的国家级以下财务账目审计、定期公布关键财政数据、曝光隐形潜在债务并将预算外债务纳入预算。在印度，若干进行改革的邦已经开始将预算外债务纳入预算，在传统的现金赤字之外计算综合财政赤字；报告中的财政赤字并不能体现大型公共事业的融资赤字，而这却是各邦的隐性债务。

在巴西，各级政府权责发生制会计方法消除了隐性债务的一个重要来源：逾期债款。此外，《巴西财政责任法》（2000）第 48 条将财政透明度定为新框架的关键组成部分。建议、法律和账目将通过电子媒体等渠道公开（财政部网站上提供所有报告）。第 54 条要求各级政府发布季度财政管理报告，包含主要财政变量并表明是否完成财政目标。根据第 57 条，该报告将由审计法院核实。

事前管制不应仅针对借债方。为了提高财政透明度，墨西哥为国家级以下政府引进信用评级制度。虽然国家级以下政府参与的信用评级是自愿性的，但是 2000 年引入的银行贷款资本风险衡量的需要和 2004 年引入的贷款损失准备金的需要，旨在通过国家级以下政府信誉的市场定价来强制推行国家级以下财政纪律。在哥伦比亚，财政透明度和责任法（2003）也加强了对供给侧的管制。金融机构和国土开发机构对国家级以下政府的借贷必须符合各项法规的条件和限制，如第 617 号法和第 817 号法。否则，信贷合同无效，借入资金必须立即不计利息或无任何其他费用归还。

国家级以下政府借债监管框架：破产机制

事后管制框架，即针对破产的国家级以下政府的破产机制。[45]虽然事前管制有助于将违约风险降至最低，但不能阻止所有违约。违约可能是由于国家级以下实体主自身的财政管理不善或宏观经济或外在冲击而出现，或者以上原因兼有。破产程序需要考虑几个关键问题，即公共和私人破产之间的根本差异、司法或行政方法选择以及破产程序自身操作。主要问题是解决债权人和破产国家级以下政府借债方的不同利益。

政府提供服务的公共性质可以解释公共破产和私营企业破产之间的区别。这个因素导致了保护债权人权利和维持基本公共服务之间的矛盾。不同于公司的是，债权人对国家级以下政府违约的补救方法有限，会导致更大的道德风险（战略违约）。公司能够自行解散，而国家级以下政府不得采用这种方法。私营企业破产时，公司全部资产可以作为扣押财产。相比之下，债权人扣押国家级以下政府资产的能力在许多国家受到严重限制。国家级以下政府破产发生时，破产机制一般都是进行重组，而不是对所有资产的清算。

有两种替代性的国家级以下政府破产方法：司法和行政。也存在各种混合方法。司法程序让法院坐在“驾驶员的座位”上。法院作出重要决定，引导重组过程，包括引发市政破产的时间和方式以及法院在各个索款要求中按优先次序分配资产。司法途径具有抵消债务清偿所产生的政治压力的优点。然而，由于预算事宜授权在许多国家是行政和立法机关的责任，法院影响国家级以下实体财政调整的能力极其有限。相比之下，行政干预通常允许更高层级的政府干预相关的低层级政府，暂时直接对财政管理的许多方面负有政治责任。

由于历史、政治和经济结构以及建立破产机制的动机不同，各国采用的方法也各不相同。在匈牙利，由于渴望消除援助破产地方政府的政治压力，司法途径更受欢迎。南非的市政破产法律框架是一个在债务重组和清偿过程中将行政干预和法院作用结合在一起的混合体。[46]在市政财务困境中，采用连续行政干预：含有各种指标的早期预警制度，省级政府的干预和中央政府的干预。与此同时，南非自治市可以向法院上诉，延缓、重组或清偿债务。巴西联邦政府在前两次危机中都给国家级以下政府提供援助，第三次危机发生时却选择通过行政途径处理。联邦政府直接干预财政和债务调整，实施艰难的结构改革以消除财政破产的根源，提高财政透明度以及实施以改革条件为基础的财政和债务调整一揽子计划。[47]

美国兼有司法和行政两种途径。针对美国经济大萧条期间广泛的市政违约，美国国会于 1937 年采用《市政破产法》，[48]即今天为人所熟知的《美国破产法》第 9 章。该法案的主要目的是处理拒不合作问题。命令书只对强制执行个别未偿还债务有效，如果地方政府总体上都破产，那么命令书是无效的。[49]

第 9 章是美国各州政治分支机构和办事机构的债务重组机制。[50]第九章提出了程序机制，在此机制下，多数债权人都接受的债务重组计划对少数持不同意见的债权人具有约束力。只有债务人可以根据第 9 章提出申请。出于两个原因，许多州已经采用自己的框架处理市政财务困境：第一，市政当局是州的政治分支机构。第二，州级同意市政当局根据第 9 章在联邦法庭上提出申请的先决条件。该要求是美国宪法将对市政当局的管理权力保留给各州的一个实例。此外，联邦法院不能对债务人政策选择和预算重点行使管辖权。各州没有统一的方法：50 个州中的 21 个全部同意，3 个州增加了重要条件，27 个州根据具体情况而定（参考 Laughlin，2005）。[51]1975 年纽约破产和俄亥俄州市政财政健康早期预警系统监控是各州直接参与解决财政压力的典型案例。

司法或行政破产机制都包含三个核心要素：关于破产程序诱发因素的定义、债务人让支出符合收入、借债符合支付债务利息能力的财政调整以及债务人和债权人之间关于重组债务和潜在债务减免的协商。

特定的法律定义是启动破产程序的程序触发器。尽管美国和匈牙利将破产定义为不能偿还，但南非对财政问题和坚持实质性违反财政承诺所定的触发器各不相同。[52]在这三个国家中，破产法赋予破产法院驳回不真诚的请求的权力。因为破产程序有权免除债务，所以地方实体可以纯粹为了逃避债务而提出请求。《美国破产法》为私有债务人面对的市政申请架设了障碍，阻止战略性市政破产申请。[53]

谁能申请破产？各国合格申请人的分类是有区别的。在美国，根据第 9 章 109（c）（2），只有市政当局在破产、已经制定或试图制定计划来处理其债务且得到州的授权时才可以申请破产。与第 11 章的申请对比，第 9 章更严格的申请要求是由于美国宪法的约束。根据宪法第 11 条修正案，债权人无法违背对方意愿并在联邦法庭对市政当局提出诉讼。同第 9 章一样，Schwarcz（2002）的国家级以下政府破产示范法只允许市政当局提出申请。在南非，根据 2003 年《财政管理法案》第 13 章 151（a），任何债权人都可以提出破产程序。同样，在匈牙利，如果自治市拖欠超过 60 天，债权人可以向法院起诉。[54]

财政调整和合并是改善财政的前提条件。通常国家级以下政府自身的财政管理不善是破产的根本原因。即使国家级以下政府破产是由宏观经济波动引发的，例如受货币危机的影响实际利率急剧上升，财政调整仍然是任何破产程序所固有的。Ianchovichina、Liu 和 Nagarajan（2007）提出了分析国家级以下财政调整的框架。类似于中央政府财政调整，实际利率、经济增长（国家级以下经济）和基本财政收支平衡（国家级以下政府）决定国家级以下政府债务的可持续性。

然而，他们认为，国家级以下财政调整在性质上与国家财政调整不同。中央与国家级以下政府各自的立法授权以及政府间财政体制使前者复杂化。国家级以下政府无法发行自己的货币，不能利用铸币税融资。由于法律对提高收入的限制、依赖中央政府拨款和中央政府对工资、退休金等主要开支项目的影响，他们不能自由调节基本财政收支平衡。如果公共部门银行主导放贷，则贷款利率将获得补助，信用风险问题可能被忽视。许多影响国家级以下政府经济增长和财政健康的政策大部分或专门由中央政府设计。

即使在美国等国的分权制度下，国家级以下政府也可以自由控制支出、提高收入、影响国家级以下经济增长以及竞争激烈的资本市场中影响利率差距（与每个国家级以下实体的信誉相关），财政调整往往仍需要做出削减支出和提高收入的艰难政治选择。

债务重组是任何破产框架的核心。在行政干预下，更高层级的政府经常将国家级以下政府债务重组到长期债务工具中。1997 年巴西联邦政府及其 25 个州达成的债务协议虽然加强了事前控制，但同时也可看成是一种事后干预，因为协议可根据具体案例作为债务重组的条件。

不过，债务清偿大幅度背离应该履行合同的原则。[55]清偿通常局限于司法机制。成熟和独立的司法机制可以确保债务清偿的公平性。合同事后修改需要严格限制。如果债权人感觉自己受到不公平的待遇，则有停止借债的巨大风险。各国对公平的看法可能因为分配判断而有所不同。

债务重组和债务清偿比较复杂。但一个根本的问题是，当双方不能达成协议时，谁掌握强迫权力。[56]根据《美国破产法》第 9 章，市政债务人提出债务调整方案，强行批准可能会修改现有债务工具的条款。即便遭到债权人反对，这种调整方案仍可以被采用。第 9 章包含了第 11 章的基本要求：至少有一组受到损害的索款人认可该计划，担保债权人必须接受担保财产的起码价值。所以，无担保债权人常常失败。[57]

在匈牙利，债务委员会主席由法院指派的独立托管财产管理人担任。根据《市政债务调整法》（XXV 号法案，1996），委员会制定重整计划和债务清偿方案。[58]计划和方案在委员会获得多数投票后提交给债权人。至少要 50% 以上的债权人（且其索款额至少占到无异议总索款额的 2/3 以上）同意采取该计划，则进行债务清偿。同一组的债权人必须得到同等对待（参考《市政债务调整法》第 III 章第 23 节）。该法律还规定了资产分配优先权。如果产生关于分配的分歧，则由法院作出最后的决定，不能上诉（参考第 IV 章第 31 节）。[59]

南非的立法规定，债务清偿和理赔要求必须经法院批准。理赔要求顺序如下：（1）担保债权人，条件是：担保可靠且在强制干预前至少 6 个月提供担保；（2）1936 年《破产法案》规定的优先索偿；（3）非优先索偿（参考《市政财政和管理法案》第 13 章 155（4），2003）。

债务重新调节是合同权利中的一项重要干预。《破产法》调解债权人权利和破产之间的冲突。它能在财务困境下使债权人和国家级以下债务人的关系正式化。[60]《破产法》通过用新的法律替代合同违反行为维护法律秩序。[60]国家级以下政府破产程序表明，相比草率进行重复的、昂贵的以及常常失败的协商，通过法律指导下的机制解决财政问题更可取。

法律体系的成熟度影响了程序的选择。破产程序的实施——在企业和国家级以下的环境中。——依靠的是破产专家以及抵制政治影响和腐败的机构（法院）。在许多新兴经济体中，有限的司法和行政能力可能是一种强制约束。首先应该致力于发展机构和培训破产专业人员。在某些国家，司法制度处于萌芽阶段，正式的程序指南可能是建立成熟机制的“垫脚石”。本暂行解决方案可用于建设制度和专业能力以及消除缺乏实质性重组专业知识的担忧（Gitlin 和 Watkins，1999）。

结　　论

许多发展中国家将继续进行分权和政府间财政体制改革。与此同时，国家级以下大型基础设施需求将继续增加。由于这两种趋势，国家级以下政府借债立法有可能是政策议程中的重中之重。进行国家级以下政府借债立法时，其他国家为其提供了宝贵的经验教训。其他国家的经验在指明切实可行的操作方法的同时，也突出了事先和事后国家级以下政府借债框架设计中的潜在隐患。

国家级以下政府借债框架具有几个互补成分：第一，进入到金融市场取决于财政透明度。综合财政信息的及时提供需要国家级以下实体账户的披露和独立审计，包括所有特殊目的机构。第二，事前管制指定了借债的类型和目的、缔约债务的程序步骤以及借债的限制。第三，事后破产机制对于借债框架是十分重要的。即使很少会真正使用，它也会形成对违约的预期，允许和鼓励利益相关者有效解决国家级以下财务困境。

国家级以下政府借债行为受到政府间财政体制和金融市场结构设计的强烈影响。如果历史经验支持它们关于中央政府会为国家级以下政府的债务利息支付提供隐性担保的看法，市场参与者可以容忍国家级以下政府实行不可持续的财政政策。政府间财政转移支付制度中的软预算约束可能破坏借债规定的有效性。[61]委托代理问题对国家级以下政府借债的影响特别大，软预算约束的威胁否定了有竞争力的激励机制，有助于腐败和寻租行为滋生。如果作为国家隐性代理人的银行滥用这种信任，向信誉不高的地方政府借债，若指望国家政府在有麻烦的时候援助，则会使这种威胁加剧。

将透明度引入国家级以下财政管理体制和国家级以下政府借债应该成为优先重点政策。一方面，预算外负债尽管有潜力为迫切需要的基础设施提供资金，但具有巨大的财政风险。尽管地方政府的条件不同，清晰和透明的国家级以下政府借债框架将极大减少一系列中等收入国家的风险，同时使金融市场敞开大门。这种有序借债有助于在城市化进程不断加快的世界里为基础设施投资扩大财政空间。金融市场将在储蓄和投资之间发挥更大的作用。

即使在一些禁止国家级以下政府借债的国家，国家级以下政府经常进行预算外借债并积累隐性债务。现在清楚的是，对国家级以下政府借债的完全禁止是无效的，加上执法松散不严以及监控微乎其微。对宏观经济的担忧与国家级以下隐性债务水平相关。连同缺乏透明度和不透明的会计框架，这种情况导致了国家级以下的财务困境。

和事前管制一样，国家级以下政府破产程序总是需要适应各国的特定情况。虽然《美国破产法》第 9 章可以作为起点，但是不能照搬这一模式。第一，第 9 章的焦点是抵抗问题；考虑引入国家级以下政府破产机制的中等收入国家在国家级以下的财务困境的事后解决中可能拥有不同的政策优先顺序。第二，每个国家的政府间财政制度特性都值得特别关注。第三，破产机制的引入不仅需要与其他改革按顺序进行，如果优先考虑司法途径，也需要破产专业知识和独立法院。改革的切入点包括法律制度的成熟度，影响程序选择。

破产机制鼓励在破产背景下的自愿讨价还价；它们固定了国家级以下政府借债的风险预期回报。破产首先是对固定资产的分配争夺。在这种情况下，透明和可预测的偿付优先规则可以减少争夺，使财政压力得以更快解决。它们增加了规避事先规则所带来的难题，从而提高了预防规则的有效性。没有事后破产机制，事前管制非常容易变成过多的行政控制。

一个综合的国家级以下政府借债框架也达到了几个宏观经济目标。事前管制和事后规定，结合财政透明度，将国家级以下政府借债的系统性风险降到最低。它们减少个别国家级以下政府借债方利用共有国家信誉搭便车以及引发不可持续债务的水平。如果设计良好，该框架也会带来更多有效的信贷渠道和资源配置。

跨国经验指出这种事后机制中许多中央设计的考量。第一，在财政压力下平衡债权人权利和持续提供基本公共服务必要性之间的矛盾关系需要国家级以下债务人和债权人之间某种形式的责任共担。第二，精心设计的机制支持硬预算约束，使中央政府放弃紧急援助政策可信。当重组制度化，政治临时干预的压力就会减少。第三，不同国家的机构设置不同。某些机制让法院扮演中心角色，某些机制倾向于选择行政程序，其他机制则仍将两者结合。选择的设计在很大程度上依赖于国家的具体情况。

对于可持续的国家级以下财政和有竞争力的国家级以下信贷市场的出现，仅有国家级以下政府借债管制是不够的。更广泛的制度改革也必须协力进行。最重要的是维持宏观经济的稳定性并提高国家信用评级，因为主权评级为国家级以下政府评级设置了上限，[62]从而影响国家级以下政府借债的成本和期限。此外，政府间财政体制加强国家级以下财政道路的基础。如果不能增加财政自治权，并获得更多自身收入，国家级以下政府很少能够借凭自身力量进行可持续借债。破产程序中的硬预算约束可以被软拨款转移支付抵消。此外，通过拓宽投资者基数，发展竞争激烈的金融市场将提高资本获得的可能性。贷款工具之间的竞争，如银行贷款和债券融资，也有可能降低借债成本。引入竞争尤其对由少数公共机构主导国家级以下借债的国家具有现实意义。为了维护投资者的信心，《证券法》和反欺诈执法需要达到国际标准。

本章注释

这一章引用了 Liu 和 Waibel（2006、2008）以及 Liu（2008）的观点。这里的发现和结论是作者自己的观点。它们不一定反映世界银行、所属组织、世界银行执行董事或所代表政府的意见。

1. 发展中国家分权分析见 Shah（2004）。“国家级以下”这个术语指的是，联邦或中央政府之下所有层级的政府和公共部门。国家级以下实体包括州或省、县、市、镇、公用事业公司、学区和其他有能力进行借债的为特殊目的而建立的政府实体。

2. 金融市场这个词指的是银行系统和债券市场。

3. 公共机构在许多国家继续主导国家级以下政府贷款，如巴西和印度。

4. 2006 年 1 月 1 日，国家级以下未偿付债券达到 2.26 万亿美元。这个数字接近美国国内债券市场的 10% 和所有美国公共部门债券的 26%（作者基于世界银行 2006 年的数据计算）。4000 亿美元债券发行的数字来自 Petersen（2005）。

5. 20 世纪 90 年代出现巨大的正增长率和负增长率。在加拿大、欧洲和美国以外发行的国家级以下债券为 1992 年 57 亿美元、1993 年 94 亿美元、1994 年 120 亿美元、1995 年 222 亿美元、1996 年 127 亿美元、1997 年 43 亿美元、1998 年 44 亿美元、1999 年 15 亿美元、2000 年 64 亿美元和 2001 年 35 亿美元（汤姆森金融证券数据库，http：//www. thomson. com/solutions/financial/）。自从 2001 年以来，国家级以下债券市场在新兴市场快速扩大，如墨西哥、波兰、罗马尼亚和俄罗斯（Liu 和 Waibel，2008）。俄罗斯次主权债券市场已成为最大的新兴次主权市场，到 2006 年 6 月为止未偿付债券总量为 56 亿美元（Noel 和其他人，2006）。

6. 到期而不能偿还债务的国家级以下实体就是无力偿还者。除了违约之外（根据债务工具条款未支付），破产的特点是真正而不仅仅是暂时无法清偿所有债务，并且缺少支付整个国家级以下政府债务额利息的资源。

7. 阿根廷的案例参考 Hochman（2002）；巴西参考 Dillinger（2002）；墨西哥

参考 Barrientos（2002）；俄罗斯参考 Popov（2002）。关于巴西、墨西哥和俄罗斯的总结参考 Liu 和 Waibel（2006）。

8. 对于印度各邦财政压力的描述参考 Ianchovichina、Liu 和 Nagarajan（2007）。中国财政现状参考 Liu（2008）；哥伦比亚参考 Liu 和 Waibel（2006）及 Webb（2004）；匈牙利参考 Jokay、Szepesi 和 Szmetana（2004）；南非参考 Glasser（2005）、Liu 和 Waibel（2008）以及南非国库（2001）。

9. 例如，巴西 20 世纪 80 年代和 20 世纪 90 年代的宏观经济危机与国家级以下政府破产密切相关（Dillinger，2002）。在印度，公共财政持续的不平衡状况被广泛视为宏观经济管理最重大的挑战。大约一半的一般政府财政赤字来自各邦的财政赤字。

10. 例如，20 世纪 90 年代以来，中国每年在基础设施上投资约占国内生产总值（GDP）的 10%，国家级以下政府已经占用基础设施投资的很大一部分，特别是城市基础设施。大部分融资来自土地租赁以及将财产与土地估价证券化的公共银行贷款的收益。20 世纪 90 年代以来，印度各邦公共基础设施投资保持在邦国内生产总值的 3% 以下（Liu，2008）。在巴西，一般政府公共投资（包括基础设施投资）从 1998 ~ 2006 年减少了 50%，2006 年仅占国内生产总值的 2%。在美国，国家级以下基础设施主要通过私人资本市场筹集到的债券提供资金（Liu 和 Wallis，2008）。

11. 然而，当基础设施规划和管理不善时，为基础设施提供资金的借债让下一代负担债务的同时却不能获得相应利益。

12. 关于标准普尔、穆迪和惠誉等国际评级机构如何进行国家级以下政府信誉评级见 Liu 和 Tan（2008）。

13. 展期风险是指当国家级以下政府遇到偿债能力问题时调整债务的困难。延期偿还债务的成本显著增加。在某些情况下，债务根本不能延期。在某种程度上，展期风险是指仅限于这样一种风险，即延期偿还债务以更高的利率偿付，它可以被认为是一种市场风险。然而，除了高利率产生的纯金融影响外，因为债务无法延期或政府出资成本大量增加会导致或者加剧债务危机，所以这种债务通常单独处理（国际货币基金组织和世界银行，2001）。

14. 南非在废除种族隔离后为市政财政借债建立框架时，清楚地认识到国家级以下信贷市场竞争的益处。其《政府间财政述评报告》称："买方、卖方和金融产品多元化的积极资本市场比直接借债效率更高。第一，市政债务工具的竞争使借债成本降低，为每一种需求提供结构性选择。第二，活跃的市场对希望出售的投资者来说意味着偿债能力。偿债能力降低风险，增加潜在投资者的共同资金，从而提高效率”（南非国库，2001，192）。

15. 巴西（20 世纪 80 年代和 90 年代）、墨西哥（1994 ~ 1995 年）和俄罗斯（1998 ~ 2000 年）地方债务危机述评参考 Liu 和 Waibel（2006）。巴西参考 Dillinger（2002）和 Webb（2004），墨西哥参考 Barrientos（2002）和 Webb（2004），俄罗斯参考 Popov（2002）。

16. 尽管经济学文献从财政政策可持续性探讨破产，但在许多国家，特定的法律定义才是启动破产程序的诱发因素。从法律上来说，国家级以下政府破产是指到期时无力偿还债务；然而，在各国相关细节是有差异的。参考 Liu 和 Waibel（2008）。

17. 中国参考 Liu（2008），印度参考 Ianchovichina、Liu 和 Nagarajan（2007）。

18. 这种融资可以采取多种形式，包括直接借债和逾期债款。

19. 主权评级如何影响次主权评级参考 Gaillard（2006）。国际评级机构如何对国家级以下政府信誉评级参考 Liu 和 Tan（2008）。

20. 然而，这种说法认为，经济增长转化为支付债务利息的能力，但前提是国家级以下政府要不侵蚀其日益扩大的税基。但是，即使收益已经派上用场，借债仍然可以引起财政危机。

21. Ianchovichina、Liu 和 Nagarajan 分析了影响国家级以下政府财政可持续发展的关键因素。

22. 收入赤字是目前支出总额（如工资、养老金支出、补贴、转移支付、操作和维修费）超过总收入。印度各邦财政危机更多讨论参考 Ianchovichina、Liu 和 Nagarajan（2007）。

23. 从 1998 ~2001 年，在俄罗斯 89 个地区政府中，至少有 57 个面临违约问题。2001 年，比索危机的 6 年后，墨西哥 60% 的国家级以下政府财务上仍然面临困境（Schwarcz，2002）。一个不同的有趣之处在于，俄罗斯的国家级以下政府可以向海外借债，但这种借债在墨西哥是被禁止的。然而，墨西哥的国家级以下政府也受到外汇风险的影响，因为风险通过通货膨胀和利率传播。

24. 免税融资方案为基础设施投资筹措资金，这样税收就不用立即为工程项目融资了。例如，美国各州在 19 世纪和 19 世纪 40 年代初出现国家债务危机时如何使用免税融资方案参考 Wallis（2004）。美国经验给发展中国家的启示参考 Liu

和 Wallis (2008)。

25. 对一些发展中国家隐性和或有债务的总结参考 Liu 和 Waibel (2006)。

26. 在巴西圣保罗，债券是融资的主要方式。

27. 第二代财政联邦主义背景下的文献总结参考 Weingast (2007) 。

28. 不论借债方是否为国家级以下实体，这都是一个普遍的问题。但如果借债方是国家级以下实体，并且其财政管理体制和报告不透明，则这个问题更严重。

29. 50 多个国家的国家级以下政府借债控制框架总结参考 Ter - Minassian 和 Craig (1997)，一些国家 20 世纪 90 年代末以来的事前管制参考 Liu 和 Waibel (2006)。事后破产机制经验比较参考 Liu 和 Waibel (2008)。

30. 这一章的重点是对需求方的规定。在供应方面，各种财政体制要素都发挥作用，包括竞争和谨慎管制。

31. 南非在废除种族隔离后调整其市政财政和管理体系法律框架时确定的一个目标是培养有竞争力的私人市政信贷市场，让私人投资者扮演重要的角色（南非国库，2001，192）。

32. 如果援助制度存在，则国家级以下政府可能分享评级机构对国家的评级。国家级以下政府可能更容易且以更低成本进入资本市场。

33. 破产法发挥纪律功能（Paulus，2006）。

34. 世界银行（2005）提出了公司破产情况下债权人权力和破产标准。主要原则适用于国家级以下背景，谨记公共和私人破产的差异。

35. 《美国破产法》第 9 章的背景是无法强迫拒不合作者参与协商妥协合作 (McConnell 和 Picker，1993)。

36. 《美国破产法》第 11 章公司破产部分明显影响其他国家。同样，破产法第 9 章对匈牙利、南非等国的破产框架产生深刻影响。

37. 对国家级以下政府借债的法定控制在巴西一直存在——对新借贷和总债务的控制表示为收入比例。但是它们存在漏洞，国家级以下政府在逃避控制方面颇有创造性。20 世纪 90 年代末规定得到加强，2000 年形成统一框架。

38. 巴西债务危机和补救措施参考 Dillinger (2002)。若干拉美国家财政责任立法参考 Webb (2004)。

39. 宪法授权的财政委员会每五年召开一次，以确定中央和各州的税收共享。根据其职权范围，也可以就改善国家财政状况提出建议。

40. 营运资本短期借债仍然是准许的，但必须建立规定以防止政府将延期偿还债务作为为经营赤字进行长期借债的方式。

41. 巴西的财政责任立法严格控制当前支出，目的是达到积极的基本财政平衡。印度第12届财政委员会规定，各邦须消除收入赤字（当前支出超过总收入），这意味着借债只为资本支出融资。《哥伦比亚财政透明度和责任法》（2003）规定，基本盈余与债务清偿比率至少为100%。根据《秘鲁财政分权法》（2004）第24条和《一般债务法》（2005）第51条，借债只为基础设施项目融资。根据《俄罗斯预算法》（1998），有关地区政府的条款规定，当前支出不得超过总收入，借债只能用来为投资支出融资。《南非宪法》禁止为消费支出借债（南非国库，2001，192）。

42. 支付债务利息比率衡量债务偿付能力。许多中央政府监控国家级以下实体的债务清偿比率，但他们对偿付能力的定义不同。巴西在其《财政责任法》中将其定义为当前税收扣除转移支付后的比例。哥伦比亚在1997年第358号法中将其记录为经营成本比例。印度将它定义为支付债务利息占总收入的比率。秘鲁在2003年《财政审慎与透明度法》修正案中将其定义包括转移支付在内的现有收入比例。而俄罗斯在其《预算法》中将其表示为总预算支出比例。

43. 收入赤字定义参考注释22。

44. 1997年通过的第358号法通过建立负债预警信号引入了地方政府评级体系。这些信号基于两个指标：流动性指标（利息支付/经营成本）和偿付能力指标（债务/当前收益）。地方政府分为三个区域。红灯区域的政府不允许借债，绿灯区域的政府允许借债，黄灯区域的政府经中央政府允许方可借债。2003年通过的第795号法取消了黄灯类别。2000年通过的第617号法为可支配当前支出和非专项当前收入之间的比率设定了上限。2003年通过的第819号法实施条例通过将基本盈余和支付债务利息联系在一起为交通指示灯系统增加了第三种指标。

45. 注意到事前管制和事后破产并没有清晰的界限是很有用的。例如，财政责任规定可能包括事后后果要素。例如，印度第12届财政委员会规定，各邦须制定财政责任法和达到特定的财政目标，如消除收入赤字。委员同时为各邦提供激励机制，如用低成本债务交换高成本债务，从而达到财政目标。这种激励机制可被理解成事后后果。尽管Webb（2004）将转移支付拦截和贷款方控制机制作为事后后果的一部分，但本章的重点是破产诉讼程序本身。

46. 南非的政府分为三级：联邦、省和自治市。省通常不从金融市场借债。

47. 巴西各州债务危机和债务重组一揽子计划参考 Dillinger (2002)。

48. 1938 年《破产法》（“钱德勒法案”）50 Stat. 654 (1937)，修订了 1898 年《美国破产法》。1938 年的破产法是世界上第一部市政破产法律，即使在此之前其他国家早已考虑引进类似机制——例如，瑞士在 19 世纪下半叶引入（Meili, 1885)。1934 年，美国最高法院宣布了这项立法的先前版本不符合宪法规定（阿什顿和卡梅隆县水改进区 1 号，298 U. S. 513)。

49. 命令书是法院的命令，强制政府工作人员采取某一行动。关于第九章中命令书及其动机的具体描述参考 McConnell 和 Picker (1993)。

50. 条例制定是 19 世纪 40 年代初第一次国家级以下债务危机以来一系列地方政府借债监管改革中的又一步。19 世纪 40 年代危机之后，12 个州采用新宪法，12 个州中的 11 个要求州立法机关采用新的借债授权程序。当时的其他改革包括，开放基础设施融资和发展，以及消除免税融资（Wallis，2004)。美国经验对发展中国家的启示参考 Liu 和 Wallis (2008)。

51. 有附加条件的三个州是：北卡罗莱纳、宾西法尼亚和纽约。

52. 在《美国破产法》第 9 章中，破产的定义是：（1）到期时未偿还债务，除非这种债务是善意纠纷的对象；（2）到期时不能偿还债务。根据匈牙利 1996 年《市政债务调整法》，两大主要诱发因素在下列情况下出现：（1）债务人在收到债权人发票后 60 天内或收到未来到期债务的到期日时没有对债务提出异议或清偿债务；（2）到期日 60 天内，债务人未支付已确认的债务。

53. 只有市政当局面临破产的法定要求。109（c）部分规定了仅适用于第 9 章债务人的程序限定：要求债务人在申请前努力解决其财政困难。债务人必须达成一项计划协议或尽管通过善意谈判却仍然不能达成，或者这种谈判肯定“行不通”。同样，根据 109（c）（2）部分，市政当局需要州的许可才能申请破产。

54. 参考《市政债务调整法》（XXV 法，1996 年)。法律颁布四年后，卖主和银行均未申请破产。根据 Jokay、Szepesi 和 Szmetana（2004）的研究，这些债权人可能认为，地方政府很少有流动资产，经营削减不可能产生满足索赔的足够现金流量。

55. 在美国，美国宪法合同条款（第 I 条第 10 节第 1 款）把合同中的诚实信用原则纳入宪法形式。

56. 强制批准涉及法院确认破产计划，尽管债权人对此反对。根据《美国破产法》第 11 章 1129（b）部分，在下列情况下，法院可以确定计划：（1）至少一个受损类别接受；（2）没有不公平歧视；（3）公正平等。

57. 更多具体案例细节参考 Kupetz（1995）以及 McConnell 和 Picker（1993）。

58.《市政债务调整法》第 II 章 9（3）节规定了金融信托的独立性。

59. 资产按下列顺序分配给债权人：（1）定期人员福利，包括解雇费；（2）证券化债务；（3）中央政府税费；（4）社会保险债务、税收和公众捐款；（5）其他索款；（6）破产程序中产生的未偿债务利息和费用。

60. 美国经验表明：没有破产框架，公共部门在财政困难中会使用一切可能的专业术语质疑其未偿债务的有效性。19 世纪违约潮中的广泛挑战导致债券顾问意见的发展，证明该债务是否合法、有效和可强制执行。

61. 关于政府间财政体制方面的最新文献的深入讨论和回顾参考 Ahmad 和 Brosio（2006）。

62. 主权评级如何影响次主权评级参考 Gaillard（2006）。

本章参考文献

Ahmad, Ehtisham, and Giorgio Brosio. 2006. *Handbook of Fiscal Federalism.* Cheltenham, U. K.: Edward Elgar.

Alam, Asad, Stepan Titov, and John Petersen. 2004. "Russian Federation." In *Subnational Capital Markets in Developing Countries: From Theory to Practice*, ed. Mila Freire and John Petersen, 571 ~92. Washington, D. C.: World Bank.

Bailey, Robert W. 1984. *The Crisis Regime: The MAC, the EFCB, and the Political Impact of the New York City Financial Crisis.* Albany: State University of New York Press.

Barrientos, Laura. 2002. "Subsovereign Defaults in Mexico." Moody's Investors Service, New York.

Dillinger, William. 2002. "Brazil: Issues in Fiscal Federalism." Report 22523 - BR, Brazil Country Management Unit, PREM Sector Management Unit, Latin America and the Caribbean Region, World Bank.

Gaillard, Norbert. 2006. "Determinants of Moody's and S&P's Subsovereign Credit Rating." Paper presented at the 11th Annual Meeting of the Latin American and Caribbean Economic Association, Mexico City, November 3.

Gitlin, Richard A. , and Brian N. Watkins. 1999. "Institutional Alternatives to Insolvency for Developing Countries. " Paper presented at the conference Building Effective Insolvency Systems, World Bank, Washington, D. C. , September 29 ~ 30.

Glasser, Matthew. 2005. "Legal Framework for Local Government Insolvency. " Paper presented at a World Bank seminar, Washington, D. C. , March 8.

Hochman, Steve. 2002. " Subsovereign Defaults in Argentina. " Moody's Investors Service, New York.

Ianchovichina, Elena, Lili Liu, and Mohan Nagarajan. 2007. " Subnational Fiscal Sustainability Analysis: What Can We Learn from Tamil Nadu?" *Economic and Political Weekly* 42 (52): 111 ~ 19.

IMF (International Monetary Fund) and World Bank. 2001. "Guidelines for Public Debt Management. " IMF, Washington, D. C. .

Jókay, Charles, Gábor Szepesi, and György Szmetana. 2004. " Municipal Bankruptcy Framework and Debt Management Experiences, 1990 – 2000. " In *Intergovernmental Finances in Hungary: A Decade of Experience*, ed. Mihály Kopányi, Deborah L. Wetzel, and Samir El Daher. World Bank: Washington, D. C. .

Kupetz, David S. 1995. " Municipal Debt Adjustment under the Bankruptcy Code. " *Urban Lawyer* 27 (3): 531 ~ 605.

Laughlin, Alexander M. 2005. " Municipal Insolvencies: A Primer on the Treatment of Municipalities under Chapter 9 of the U. S. Bankruptcy Code. " Washington, D. C. : Wiley Rein & Fielding. http://www.wileyrein.com/publication.cfm?publication_ id = 11309.

Liu, Lili. 2008 " Creating a Regulatory Framework for Managing Subnational Borrowing. " In *Public Finance in China: Reform and Growth for a Harmonious Society*, ed. Jiwei.

Lou and Shuilin Wang, 171 ~ 90. Washington, D. C. : World Bank.

Liu, Lili, and Kim Song Tan. 2008. " Creditworthiness Assessment of Subnational Governments. " World Bank, Washington, D. C. .

Liu, Lili, and Michael Waibel. 2006. "Subnational Borrowing Notes on Middle – Income Countries. " World Bank, Washington, D. C. .

——. 2008. " Subnational Insolvency: Cross – Country Experiences and

Lessons." Policy Research Working Paper 4496, World Bank, Washington, D. C..

Liu, Lili, and John Wallis. 2008. "Infrastructure Finance, Debt Restrictions, and Subnational Debt Market: Lessons from the United States." World Bank, Washington, D. C..

Maco, Paul S. 2001. "Building a Strong Subnational Debt Market: A Regulator's Perspective." *Richmond Journal of Global Law and Business* 2 (1): 1 – 31.

McConnell, Michael, and Randal Picker. 1993. "When Cities Go Broke: A Conceptual Introduction to Municipal Bankruptcy." *University of Chicago Law Review* 60 (2): 425 ~ 35.

Meili, Friedrich. 1885. *Rechtsgutachten und Gesetzesvorschlag, betreffend die Schulexecution und den Koncurs gegen Gemeinden.* Bern, Switzerland: Schmid, Francke & Co.

Noel, Michel, Zeynep Kantur, Evgny Krasnov, and Sue Rutledge. 2006. "Development of Capital Markets and Institutional Investors in Russia: Recent Achievements and Policy Challenges Ahead." Working Paper 87, World Bank, Washington, D. C..

Paulus, Christoph. 2006. "Disciplining Function." Humboldt – Universität zu Berlin, Berlin.

Petersen, John. 2005. "U. S. Municipal Bond Market: Model or Maverick?" Paper presented at a World Bank seminar, Washington, D. C., October 3.

Popov, Dimitri. 2002. "Subsovereign Defaults in Russia." Moody's Investors Service, New York.

Schwarcz, Steven L. 2002. "Global Decentralization and the Subnational Debt Problem." *Duke Law Journal* 51 (4): 1179 ~ 250.

Shah, Anwar. 2004. "Fiscal Decentralization in Developing and Transition Economies: Progress, Problems, and the Promise." Policy Research Working Paper 3282, World Bank, Washington, D. C..

South Africa National Treasury. 2001. *Intergovernmental Fiscal Review.* Pretoria: South Africa National Treasury.

Ter – Minassian, Teresa, and Jon Craig. 1997. "Control of Subnational Government Borrowing." In *Fiscal Federalism in Theory and Practice*, ed. Teresa Ter – Minassian,

156 ~ 72. Washington, D. C. : International Monetary Fund.

Wallis, John Joseph. 2004. " Constitutions, Corporations, and Corruption: American States and Constitutional Changes, 1842 ~ 1852. " NBER Working Paper 10451, National Bureau of Economic Research, Cambridge, MA.

Webb, Stephen B. 2004. "Fiscal Responsibility Laws for Subnational Discipline: The Latin American Experiences. " Policy Research Working Paper 3309, World Bank, Washington, D. C. .

Weingast, Barry R. 2007. " Second Generation Fiscal Federalism: Implications for Development. " Stanford University, Palo Alto, CA.

World Bank. 2005. " Creditor Rights and Insolvency Standard. " World Bank, Washington, D. C. .

——. 2006. " East Asia Financial Sector Flagship Study. " World Bank, Washington, D. C. .

第二部分

地方财政

第七章

关于财政联邦主义的地方视角：来自工业化国家的实践、经验与教训

Melivillel. McMillan

世界各地的多元发展对地方政府的潜力更加感兴趣。值得注意的是，转轨经济国家和发展中国家在努力重新设计和重组政府时经常参照工业国家的经验，尤其是地方政府。同样，工业国家地方政府不是一成不变的，因为这些国家即便不是持续，也至少是时不时地评估并与地方政府共同探索改进之策（例如丹麦内政和健康部，2005）。工业国家建立的不同模式、组织、政府间关系，以及进行的转型为那些寻找方法来组建、增强或改革地方政府的国家提供了很多可供选择的方案和潜在见解。

本研究的目的是调查主要工业国家地方政府财政结构并借鉴他们的实践和经验。研究方法并非复制已有的对各国的研究（见 Batley 和 Stoker，1991；Hesse，1991；Shah，2006b 和其他）。事实上，尽管此处使用的数据可以用来进行有价值的广泛比较，但却不能提供来自详细的国家分析的重要细节。因此，偶尔使用这些文献有助于说明与地

方政府主要特色有关的著名实践和经验，特别是责任分配和活动资助。本章不包括许多重要的非财政特征（例如，组织和结构）[1]。

本章由两个主要部分组成。第一部分调查了预算支出方面，另一部分着眼于收入方面。本章从几个方面考量支出。特别是，区分核心活动和社会项目。同时，资本支出值得特别关注，管制职责值得提及。收入调查注重于可供选择的税收来源、非税收自有收入和政府间转移支付。本章最后得出结论和教训。

地方政府的支出责任

工业国家的地方政府有哪些职责？尤其是，地方政府将预算分配给哪些职能部门？分配比例和总额是多少？本章简单概述了许多工业国家中的活动，突出相似之处和区别。[2]关注重点几乎全部是财政方面，即地方政府支出。这部分首先列举了支出领域，说明各国之间在各领域的重要性上有很大差异。然后继续从不同角度分析了不同背景下的支出考虑。

职能支出

研究共同职能类别的支出比例是鉴别地方政府支出责任的良好开端。表 7.1 显示了 20 个工业国家地方政府 10 个主要类别的支出分配。这 20 个国家的平均比例表明，主要支出类别为教育（18.6%）、一般公共服务（16.2%）、社会保护（16.1%）和经济事务，尤其是运输（13.5%）。每个类别占平均预算的 10% 以上，总共约占地方支出的三分之二。忽略其余的“其他”类，剩下的类别从 4.3%（公共秩序和安全）到 9.8%（卫生）。

表 7.1　　2003 年地方政府不同职能支出

	国家	一般公共服务（%）	公共秩序和安全（%）	经济事务			环境保护（%）	住房和社区设施（%）	娱乐、文化和宗教事务（%）	教育（%）	医疗（%）	社会保护（%）	其他（国防）（%）	总计[b]（%）
				交通[a]（%）	其他（%）	总计（%）								
联邦制	澳大利亚	21.1	2.4	24.9	5.3	30.1	8.4	14.9	15.3	0.4	1.6	5.7	—	100.0
	奥地利	17.1	2.3	—	—	14.5	2.7	3.4	7.4	17.2	17.1	18.2	—	100.0
	比利时	23.5	11.9	—	—	11.2	5.0	1.8	8.6	19.9	2.0	16.1	—	100.0
	加拿大	8.7	9.3	11.3	1.7	12.9	5.5	7.1	7.4	41.4	1.6	6.2	—	100.0
	德国	14.9	4.5	—	—	11.8	5.9	6.8	6.6	16.5	2.0	31.0	—	100.0
	瑞士[c]	15.7	4.6	7.1	1.6	8.7	5.9	2.5	5.4	23.0	19.2	14.4	0.5	100.0
	美国[d]	5.8	10.8	6.1	1.1	7.1	…	2.1	3.4	44.2	8.7	7.5	10.5	100.0
	平均值	15.3	6.5			13.8	4.8	5.5	7.7	23.2	7.4	14.2	1.6	100.0
单一制	丹麦	4.2	0.3	2.7	2.1	4.8	0.9	0.7	2.8	13.7	20.8	51.8	0.1	100.0
	芬兰	12.2	1.6	—	—	7.4	0.8	0.9	4.9	21.4	27.5	23.3	—	100.0
	法国[c]	35.7	2.6	—	—	11.1	11.1	7.0	5.2	16.2	0.6	10.4	—	100.0
	冰岛[c]	12.0	2.1	12.8	2.0	14.8	…	6.9	14.2	29.7	1.0	19.8	—	100.0
	意大利	12.6	1.6	—	—	15.4	5.1	5.4	3.5	10.3	41.5	4.4	—	100.0
	卢森堡[c]	18.5	1.7	—	—	20.5	11.2	7.2	13.1	22.5	0.3	4.5	—	100.0
	荷兰	16.9	5.8	—	—	16.6	4.3	6.2	7.2	25.2	1.7	16.2	—	100.0
	新西兰	18.9	—	28.8	0.3	29.1	23.8	9.2	20.6	…	…	0.1	0.6	100.0
	挪威	11.2	1.0	4.5	0.7	5.2	3.6	5.0	5.2	28.7	16.7	23.9	—	100.0
	葡萄牙[c]	26.1	1.4	—	—	24.1	7.8	12.3	11.7	8.7	5.4	2.4	—	100.0
	西班牙[e]	35.1	9.5	8.4	3.9	12.3	9.6	12.5	9.8	2.9	1.8	6.3	—	100.0
	瑞典	10.7	1.1	—	—	5.3	0.7	2.8	3.2	21.5	27.3	27.3	—	100.0
	英国[f]	4.0	12.3	4.9	1.2	6.0	…	5.4	3.1	28.7	—	32.5	8.0	100.0

续表

国家		一般公共服务（%）	公共秩序和安全（%）	经济事务			环境保护（%）	住房和社区设施（%）	娱乐、文化和宗教事务（%）	教育（%）	医疗（%）	社会保护（%）	其他（国防）（%）	总计[b]（%）
				交通[a]（%）	其他（%）	总计（%）								
单一制	平均值	16.8	3.1			13.3	6.1	6.3	8.0	16.1	11.1	17.2	0.7	100.0
单一制	总平均值	16.2	4.3			13.5	5.6	6.0	7.9	18.6	9.8	16.1	1.0	100.0
单一制	范围													
单一制	最小值	3.9	0.3			4.8	0.0	0.9	2.8	0.0	0.0	0.0	0.0	
单一制	最大值	35.7	12.3			30.1	23.8	14.9	20.6	44.1	41.5	51.8	8.0	

资料来源：作者根据国际货币基金组织 2002 年、2004 年和 2005 年的数据计算。

注：— 表示无法获得；…表示不重要。除非另有说明，数据为 2003 年数据。有一个截止到 2001 年的分类修正版。环境保护作为独立分类加入，社会保障和福利变为社会保护，“其他”类被删除。其他经济事务包括燃料和能源；农业、林业、渔业和狩猎；采矿、建筑和制造业。“其他”类包括国防（丹麦和英国）和其他支出。除了这里报告的国家，希腊、爱尔兰和日本被国际货币基金组织（IMF）列为工业国家；然而，没有这段时期这些国家的任何数据。

a. 对交通支出独立统计的国家中，84.4% 的经济事务支出用于交通。

b. 因为四舍五入和统计差异，总计不能达到 100.0%。

c. 2002 年数据。

d. 2000 年数据。

e. 2001 年数据。

f. 1998 年数据。

分析的国家分为联邦制和单一制国家。将这一区别考虑在内的原因是，联邦制国家中层政府的存在可能影响支出模式。事实上，两组国家的平均值表明差异并不大。虽然排名各不相同，但教育、一般公共服务、社会保护和经济事务都是主要支出类别，占两组支出的60%以上。然而，区别也是存在的。联邦制国家公共秩序和安全支出相对较高（分别为6.5%与3.15%），教育所占比例也更大。与此同时，单一制国家卫生和社会保护地方支出平均较大。然而，在单一制和联邦制这两种政体中，即使属于同一政体的国家在支出类别比率上的差异也很大。

表7.1的突出特点是，各国职能领域支出分布非常不均匀。比例范围见表格最下方。平均起来，类别比率范围从1.3%～28.3%。除了“其他”类，最低绝对差为12个百分点（公共秩序和安全）。例如，英国和美国的地方政府投入在公共秩序和安全方面的支出比例很高，两国的地方政府承担很大比例的地方公共警务支出——甚或全部支出责任，但是在省、州或中央一级的警务支出很小（在新西兰甚至是零支出），例如澳大利亚、丹麦和法国。主要包括地方道路和交通服务的经济事务类在各国所占比例也有差别，丹麦为4.8%（挪威和瑞典的比例也比较低），而澳大利亚为30.1%（新西兰的比例也比较高）。[3]支出比例差异主要是由于地方政府对社会事业——教育（学校教育）、医疗和社会保护承担的责任不同。这些项目从基本上不占地方支出到医疗为41.5%（意大利）、教育为44.2%（美国）、社会保护为51.8%（丹麦）。在一些国家（澳大利亚、新西兰和西班牙），地方政府在社会事业上花费很少，而在其他国家，尤其是斯堪的纳维亚国家，社会事业占地方预算的绝大部分。

各种支出分配看上去可能会让人感到困惑，可能让人想要知道基本责任分配是否存在依据或者是否可以从这些国家的经验中吸取任何教训。事实上，基本的逻辑和教训都存在。然而，变化表明了各种可能性和进行适当财政设计的需要。为了理清这一问题，本章首先研究不同层级政府的责任分配。

按层级的政府支出

地方政府在公共部门和经济中的角色在不同国家各不相同。表 7. 2 清楚地体现了这种情况，其包括每一级政府的支出比例。在这里，支出指政府最终为商品和服务所投入的公共费用，不管这些资金是否来自自有收入或政府间转移支付。

单一制国家地方政府支出往往比联邦制国家更重要。正如预料中的一样，州或省级政府的存在在一定程度上减弱了中央和地方政府的作用。[4]在联邦制国家，地方政府支出平均占总体政府支出的 17. 8%，而在单一制国家平均占 29. 9%。

然而，在两种类型的国家中，地方政府角色仍存在相当大的差异。在联邦制国家，澳大利亚地方政府只占政府支出的 6. 8%，而瑞士为 25. 8%，美国为 26. 2%。瑞士和美国地方政府大约占政府支出的四分之一，其水平等于或超过 13 个单一制国家中 5 个地方政府所占比例，在这些单一制国家中地方政府支出百分比范围从新西兰的 9. 5% 到丹麦的 59. 5%。整个范围跨度很大，从 6. 8% ~59. 5%。虽然大多数国家地方政府在 15% ~35% 的范围中，差异还是很大。

地方政府的规模相对于经济的规模也各不相同。地方政府支出占国内生产总值（GDP）比例在表 7. 2 中例示。在联邦制国家，地方政府开支相当于国内生产总值的 7. 2%。但单一制国家的比例是 14. 0%，几乎是前者的两倍。这些差异（包括各个国家之间的差异）取决于政府间的责任分工以及政府在经济中的角色。单一制国家的政府支出占国内生产总值百分比比联邦制国家的百分比略大，分别为 47. 1% 和 40. 9%。

澳大利亚、新西兰等国的地方政府支出相对于国内生产总值很小（分别为 2. 4% 和 3. 4%），因为其分配的支出责任较小，且这些国家的总政府支出也相对较小（分别为国内生产总值的 35. 5% 和 36. 4%）。相反，丹麦的地方政府支出相当于国内生产总值的 33. 1%，部分原因是总政府支出高达国内生产总值的 55. 7%。即便在联邦制国家中，澳大利亚也是例外，因为其他联邦制国家的地方支出占国内生产总值的

表 7.2　　选定国家的相对政府支出

	国家	按层级的政府支出（%）			政府支出占国内生产总值百分比	地方政府支出占国内生产总值百分比
		中央	州或省	地方		
联邦制	澳大利亚	53.8	39.4	6.8	35.5	2.4
	奥地利	68.3	16.2	15.5	50.5	8.0
	比利时[a]	—	—	—	—	6.7
	加拿大	37.2	44.7	18.1	41.0	7.5
	德国	63.4	22.1	14.5	48.4	7.3
	瑞士[b]	40.1	34.1	25.8	37.4	9.8
	美国[c]	51.0	22.7	26.2	32.6	8.8
	平均值[d]	52.3	29.9	17.8	40.9	7.2
单一制	丹麦[b]	40.5	n. a.	59.5	55.7	33.1
	芬兰	61.1	n. a.	38.9	50.9	19.5
	法国[b]	81.4	n. a.	18.6	53.7	10.2
	冰岛[b]	70.8	n. a.	29.2	44.7	13.0
	意大利	68.9	n. a.	31.1	49.1	15.4
	卢森堡[b]	86.0	n. a.	14.0	41.8	5.9
	荷兰	64.8	n. a.	35.2	49.2	17.4
	新西兰	90.5	n. a.	9.5	36.4	3.4
	挪威	69.1	n. a.	31.1	48.8	15.2
	葡萄牙[b]	85.7	n. a.	14.3	46.6	6.6
	西班牙[e]	63.9	n. a.	36.1	36.9	6.5
	瑞典	55.5	n. a.	44.5	58.7	26.0
	英国[g]	73.9	n. a.	26.1	39.6	10.4
	平均值	70.1	n. a.	29.9	47.1	14.0

资料来源：作者根据国际货币基金组织 2002 年、2004 年和 2005 年的数据计算。

注：—表示无法获得；n. a. 表示不适用。除非另有说明，数据为 2003 年数据。支出扣除了向其他政府的转移支付的净值部分。

a. 由于统计差异较大，并未计算所有数值。

b. 2002 年数据。

c. 2000 年数据。

d. 观测数据平均值。

e. 2001 年数据。

f. 西班牙地区政府占 36.1% 中的 19.0%。

g. 1998 年数据。

比例范围是 6.7% ~9.8%。在单一制国家，范围更大，从 3.4% ~33.1%，所占比例非常分散。

社会事业和地方政府财政

社会事业责任极大地影响着地方政府预算。我们注意到，这些责任是不同职能支出分配差异的一个主要原因，且影响地方政府在公共部门的相对重要性。表 7.3 说明了责任对社会事业（教育、医疗和社会保护）的影响。在这个表格中，按地方政府支出占国内生产总值百分比对国家分组。澳大利亚和新西兰属于低比例组，平均为 2.9%。丹麦和瑞典属于高比例组，平均为 29.5%。中间组分为中高和中低预算比例国家。中高组由 5 个国家组成，地方支出占国内生产总值百分比从 13.0% ~19.5%，平均为 16.1%。中低组是最大的组，由 11 个国家组成，地方支出占国内生产总值百分比从 5.9% ~10.4%，平均为 7.9%。地方政府占总政府支出的比例与这种分类相同，各组平均值分别为（从低到高）8.1%、19.1%、33.1% 和 52.0%。地方政府绝对和相对规模与社会事业地方责任对应，且根本上由其决定。各组地方政府社会事业支出占国内生产总值百分比平均为 0.08%、3.40%、9.46% 和 24.18%。相比之下，非社会支出相对程度更为均匀，平均占国内生产总值的 2.8%、4.6%、6.6% 和 5.3 %。

进一步考虑地方政府社会支出。第一，因为社会事业费用昂贵，地方政府承担这种支出责任时，它们对地方预算有很大影响。除了低预算比例组（平均 3.4%），社会支出平均为地方政府总支出的 40.9%、58.3% 和 81.2%。在三组中，社会支出比例的范围从西班牙的 11.0% 到丹麦的 86.3%。西班牙比例较低，部分因为其地区政府（84% 的支出用于教育）不包括在地方政府中。地方政府可能负责或不负责较大比例的国家社会支出。数据表明的显著特征是，具有中高和高预算比例地方政府占国家社会支出的四分之一到一半（两组平均值为总值的 30.8% 和 48.6%）。其他两组中的国家，只有瑞士（地方政府社会支出占总政府社会支出的 24%）接近这一水平。在其他地方，

表 7.3　　2003 年地方政府财政中的社会事业

国家	地方政府支出占国内生产总值百分比	地方政府占总政府支出百分比	地方政府社会事业支出			地方政府非社会事业支出占国内生产总值百分比	地方政府预算转移支付融资占总预算百分比
			占地方政府预算百分比	占国内生产总值百分比	占全国公共社会支出百分比		
低预算比例							
澳大利亚	2.4	6.7	6.7	0.16	0.9	2.2	14.5
新西兰[a]	3.4	9.5	0.1	0.003	0.5	3.4	9.3
平均值	2.9	8.1	3.4	0.08	0.7	2.8	11.9
中低预算比例							
奥地利	8.0	15.5	52.5	4.20	12.5	3.8	21.0
比利时	6.7	—	38.0	2.55	6.7	4.3	49.1
加拿大	7.5	18.4	49.2	3.69	14.2	3.8	39.0
法国[b]	10.2	18.6	27.3	2.78	7.7	7.4	41.7
德国	7.3	14.5	49.5	3.61	10.4	3.7	32.5
卢森堡	5.9	14.0	27.6	1.62	4.4	4.3	40.4
葡萄牙[b]	6.6	14.3	16.5	1.09	3.7	5.5	44.0
西班牙[c,d]	6.5	17.1	11.0	0.71	2.9	5.8	38.4
瑞士[b]	9.5	25.8	56.6	5.38	24.0	4.1	17.1
英国[e]	10.4	26.1	61.2	6.36	—	4.0	70.0
美国[f]	8.9	26.2	60.3	5.37	—	3.5	39.4
平均值[g]	7.9	19.1	40.9	3.40	9.6	4.6	39.3
中高预算比例							
芬兰	19.5	38.9	72.2	14.08	40.5	5.4	26.4

续表

国家	地方政府支出占国内生产总值百分比	地方政府占总政府支出百分比	地方政府社会事业支出			地方政府非社会事业支出占国内生产总值百分比	地方政府预算转移支付融资占总预算百分比
			占地方政府预算百分比	占国内生产总值百分比	占全国公共社会支出百分比		
冰岛[b]	13.0	29.2	50.5	6.57	26.4	6.4	9.3
意大利	15.4	31.1	56.2	8.65	29.6	6.7	41.2
荷兰	17.3	35.2	43.1	7.46	26.3	9.8	61.1
挪威	15.2	31.1	69.3	10.53	31.3	4.7	34.6
平均值	16.1	33.1	58.3	9.46	30.8	6.6	34.5
高预算比例							
丹麦	33.1	59.5	86.3	28.57	47.3	4.5	37.1
瑞典	26.0	44.5	76.1	19.79	49.9	6.2	19.4
平均值	29.5	52.0	81.2	24.18	48.6	5.3	28.3

资料来源：作者根据国际货币基金组织 2005 年和其他所需年份进行的计算。

注：—表示无法获得。除非另有说明，数据为 2003 年数据。社会事业支出为教育、医疗和社会保护支出。

a. 2004 年数据。

b. 2002 年数据。

c. 2001 年数据。

d. 不包括西班牙地区政府。

e. 1998 年数据。

f. 2000 年数据。

g. 观测数据平均值。

地方支出的范围从0.5%～14.2%，平均为5.8%。因此，在我们研究的国家中（主要为斯堪的那维亚国家），40%的地方政府对社会事业负主要责任，但另外60%，仅需承担非常轻的责任。

因为社会事业通常涉及相当数量的再分配，所以通常不建议将其作为地方政府财政责任，随着社会支出占预算比例日益增加，人们可能会期望转移支付变得更加重要。但情况并非如此。虽然来自高层级政府的转移支付在低预算比例组中只占支出的11.9%，但随着其他三个预算组社会支出比例水平增加，转移支付占支出的比例实际上降低了。中低、中高和高预算比例组转移支付平均占39.3%、34.5%和28.3%。税收来源差异很大程度上能解释这个情况，进一步解释有待讨论。

社会支出责任很大程度上能解释各国地方政府的角色差异。非社会支出差异幅度要小得多。非社会支出占国内生产总值百分比范围从澳大利亚的2.2%到荷兰的9.8%，但20个国家中的17个在3.5%～7.4%的范围内。这17个国家中，联邦制国家地方政府（与州或省级政府共担责任）在该组的低水平一段，数值范围从3.5%（美国）～4.3%（比利时）。因此，各国地方政府似乎都承担一些共同的核心责任。这些地方核心活动和地方社会事业的具体内容在下一节中提供。

地方政府职能支出占国内生产总值的百分比

表7.4提供了地方政府支出的具体内容以及不同职能支出占国内生产总值百分比。分别分析社会和非社会性支出是非常有用的。首先是社会事业，具有低预算比例的澳大利亚和新西兰非常明显，因为地方政府无论以个体或集体名义都在教育、医疗和社会保护方面支出很少（在澳大利亚少于国民生产总值的0.2%，在新西兰没有有效支出）。在中低预算比例组中，教育是主要的社会支出类别。

表 7.4　　2003 年地方政府不同职能支出占国内生产总值百分比

国家	一般公共服务	公共秩序和安全	经济事务			环境保护	住房社区设施	娱乐、文化和宗教事务	教育	医疗	社会保护	其他	总计
			交通	其他	总计								
低预算比例													
澳大利亚	0.51	0.06	0.6	0.13	0.73	0.20	0.36	0.37	0.01	0.04	0.14	—	2.6
新西兰	0.64	—	0.98	0.01	0.99	0.81	0.31	0.70	—	—	0.003	0.02	3.4
平均值	0.57	0.03	—	—	0.86	0.51	0.33	0.53	0.005	0.02	0.07	0.01	2.9
中低预算比例													
奥地利	1.37	0.18	—	—	1.16	0.22	0.27	0.59	1.38	1.37	1.46	—	8.0
比利时	1.57	0.80	—	—	0.75	0.33	0.12	0.58	1.33	0.13	1.08	—	6.7
加拿大	0.65	0.69	0.84	0.12	0.96	0.41	0.53	0.55	3.09	0.12	0.46	—	8.4
法国	3.63	0.27	—	—	1.13	1.13	0.71	0.52	1.65	0.06	1.06	—	10.2
德国	1.09	0.33	—	—	0.87	0.43	0.50	0.48	1.21	0.14	2.27	—	7.3
卢森堡	1.09	0.10	—	—	1.21	0.66	0.42	0.77	1.33	0.02	0.27	—	5.9
葡萄牙[a]	1.72	0.09	—	—	1.59	0.51	0.81	0.77	0.57	0.36	0.16	—	6.6
西班牙[b]	2.28	0.62	0.55	0.25	0.80	0.62	0.81	0.64	0.19	0.12	0.41	—	6.5
瑞士	1.54	0.45	0.69	0.16	0.85	0.58	0.25	0.53	2.25	1.88	1.41	0.05	10.6
英国	0.41	1.27	0.50	0.12	0.62	—	0.56	0.31	2.97	—	3.37	0.83	10.4
美国	0.51	0.95	0.53	0.09	0.62	—	0.18	0.29	3.87	0.76	0.66	0.92	9.4

续表

国家	一般公共服务	公共秩序和安全	经济事务			环境保护	住房社区设施	娱乐、文化和宗教事务	教育	医疗	社会保护	其他	总计
			交通	其他	总计								
平均值	1.44	0.52	—	—	0.96	0.44	0.47	0.55	1.80	0.45	1.15	0.16	7.8
中高预算比例													
芬兰	2.38	0.31	—	—	1.44	0.16	0.17	0.95	4.17	5.36	4.54	—	19.5
冰岛[a]	1.56	0.27	1.66	0.26	2.92	—	0.90	1.85	3.86	0.13	2.57	—	13.0
意大利	1.94	0.25	—	—	2.37	0.79	0.83	0.54	1.59	6.39	0.68	—	15.4
荷兰	2.94	1.00	—	—	2.87	0.74	1.08	1.24	4.37	0.29	2.81	—	17.3
挪威	1.70	0.15	0.68	0.11	0.79	0.55	0.76	0.79	4.36	2.54	3.63	—	15.2
平均值	2.10	0.40	—	—	1.87	0.45	0.75	1.07	3.71	2.94	2.85	0.00	16.1
高预算比例													
丹麦	1.40	0.10	0.88	0.69	1.57	0.30	0.23	0.92	4.53	6.89	17.15	0.02	33.1
瑞典	2.78	0.29	—	—	1.38	0.18	0.73	0.83	5.59	7.10	7.10	—	26.0
平均值	2.09	0.19	—	—	1.47	0.24	0.48	0.87	5.06	6.99	12.12	0.10	29.5
总平均值	1.59	0.41	—	—	1.23	0.43	0.53	0.71	2.48	1.69	2.56	0.09	11.70

资料来源：作者根据国际货币基金组织 2002 年、2004 年和 2005 年数据进行的计算。

注：一表示无法获得。除非另有说明，数据为 2003 年数据。

a. 2002 年数据。

b. 2001 年数据。

在11个国家中有7个（或者8个）国家教育是3个社会事业中最大的一个，最高平均值为国内生产总值的1.8%。教育支出在地方政府完全负责学校支出的英国和美国特别大。然而，财政差异很大。在美国，地方教育机构自行为教育支出约筹措一半的资金，另外一半（主要）来自州转移支付。在英国，教育完全由中央转移支付资助。相反，法国的地方政府只提供学校基础设施，而在德国由中央政府提供师资。在西班牙，教育是地区政府的责任。

在这个预算组中，地方政府的医疗支出责任很小，除了奥地利和瑞士为国内生产总值的1%～2%。在英国，医疗任务完全是中央政府的责任，在法国和卢森堡几乎也是。这一组的地方政府的社会保护支出平均为国内生产总值的1.15%，但德国和英国的高比例影响了该组的平均值。这组数据中英国的比例很高，令人费解，与该国报告的数字不相符（如 King，2006）。社会保护主要为各种弱势群体提供住房援助，在很大程度上由中央政府指导和资助。在德国，地方社会救助和住房补贴由联邦政府决定和支付。

因此，该预算组地方政府在社会事业中的支出主要用于教育。医疗和社会保护方面的支出也很大，如果这些项目的支出水平达到一定显著程度，则通常由中央政府提供资金、进行指导和监督。

地方政府的社会事业支出广泛出现在各组的中高和高预算比例组中。对于中高组，教育、医疗和社会保护支出平均为国内生产总值的3.71%、2.94%和2.85%。而对于高比例组，平均值为5.06%、6.99%和12.12%。尽管如此，各国之间还有一些显著差异。地方医疗支出在丹麦、芬兰、意大利和瑞典很高（超过5%），但在冰岛和荷兰则非常低（低于0.3%）。在意大利，医疗是地方社会支出的唯一领域。丹麦的社会保护支出非常大，占国内生产总值的17.15%。丹麦的地方政府负责的社会保护事业范围广泛（包括养老金、儿童津贴、福利和就业项目），这些在其他国家通常是高层级政府的责任。然而，养老金和儿童津贴全部由中央政府筹资，福利和就业项目费用以50%:50%的比例分配。地方政府规模的增长直接关系到其社会事业支出责任的规模和幅度扩张范围。

然而，这种扩张通常伴有高层级政府的指导和支持。

地方政府的非社会事业支出整体上相对均匀。如表 7.4 所示，一般服务、公共秩序和安全、经济事务（主要为交通）、环境保护、住房和社区设施、娱乐和文化服务各组平均水平比社会事业更均衡。然而，国家间的差异相当大。例如，法国一般公共服务支出为国内生产总值的 3.63%，这个比例非常高；经济事务支出在冰岛、意大利和荷兰很高；娱乐和文化支出在冰岛相对较高；环境保护报告支出在英国和美国较低（与对这两个国家的研究的数据不同）。公共秩序和安全支出差别与地方和高层级政府治安责任分配有关。不过，环境保护、住房和社区设施、娱乐和文化方面的支出往往相对一致。

荷兰的特点十分明显。其非社会职能支出水平在这一支出类别中一直排名第一或第二，其支出水平明显最高，占国内生产总值的 9.8%（见表 7.3）。荷兰地方政府需要解决独特的水管理问题，这也可以解释为什么其经济事务支出较高，但总体支出却不高。Toonen（1991）将荷兰的情况描述为中央政府过于依赖地方政府执行国家事务。地方政府只能获得自由收入的 31%，目前仍然仅为 39%，这一点可以证明以上的说法是有道理的。Stoker（1991，18）总结了荷兰地方政府的情况，称他们“过于有雄心和负担过重”。虽然存在异常，这些数据仍可表明在大多数国家，地方政府需要对一些核心事业负责。

总之，各国之间地方政府的财政作用存在很大差异。差异主要取决于地方政府的社会事业（教育、医疗和社会保护）支出责任。虽然地方政府一般承担教育责任，但他们的医疗和社会保护责任更多样化。非社会事业职能支出责任更趋于均衡。这样，它们成了地方政府典型和常见的核心责任。

管制：完成核心服务概念

前面关于核心服务的讨论重点是支出。注意力集中在主要服务的重大预算需求方面，包括交通（例如，道路和公共交通），保护（例如，治安、火灾和紧急服务），供水、污水处理与排水，废物收集和处理，经济发展，娱乐、文化设施和服务，一般管理（例如，委员会、税收评估和征税）。这些较大的实际服务，有时也称为“家务活动”，对于完善社区机能和使其成为宜居地至关重要。第二个核心服务组也十分必要，在很大程度上发挥管理作用。这些服务体现为地方政府决定的规则，可以提高安全（例如，交通规则、防火规范和建筑规范），促进财产使用（例如，土地开发和利用规定、噪音规定和废物规定），商业管理（例如，营业执照和出租车许可证），控制潜在妨害（公共利益的人或事物）。这些活动在地方政府预算中通常不大，仅仅是支出种类中的组成要素，所以很容易被忽视。尽管如此，监督管理活动对于创造一个宜人和安全的地方环境非常重要，所以也应构成地方政府核心活动的一部分。

资本支出

地方政府负责不成比例的政府资本比例——几乎为总数的一半。国际货币基金组织的《政府财政统计年鉴》（IMF，2005）未提供资本支出本身的信息，但提供了对政府自由固定资产消耗的估计信息，包括正常使用和淘汰。消耗的资本必须重置，所以消费量反映所需的重置。表 7.5 提供显示地方政府在固定资产消耗方面作用的数据。

这一表格报告了联邦制和单一制国家政府总资本消耗占国内生产总值的百分比。整体平均值为 1.86%。地方政府资本消耗比例平均为 47%。联邦制和单一制国家地方政府平均比例基本上是相等的。希腊的地方政府比例只有 3.7%，其他地区的地方政府比例范围从西班牙的 25%（如果西班牙地区政府都包括在内则为 48%）到葡萄牙的 65.8%。平均来说，固定资本消耗相当于地方政府支出的 13.6%。尽管这个范围很广，但这个比例在总的地方政府支出小的国家往往更大（例如，澳大利亚和新西兰分别为 21.1% 和 20.3%），而在地方政府支出大的国家往往较小（例如，丹麦和瑞典分别为 3.4% 和 5.1%）。资本要求与核心服务的联系比其与社会事业的联系更紧密。

地方政府通过各种渠道为资本支出融资。这些渠道可能包括自有收入储备金（例如，税收和用户费用）、开发商捐款或费用、资本拨款和债务。高层级政府往往严格控制地方政府借债。通常，为资本支出融资的借债是允许的且受到控制，但不允许为弥补经营赤字而借债（除了在非常严格的条件下）。因此，几乎所有借债都用于资本支出。因为为负担一部分资本支出而借债是非常普遍的，所以地方政府经常出现总体赤字。表 7.5 显示净贷款/借债占收入的百分比。在有相关数据的 20 个国家中，只有 6 个国家是净贷款人。平均净借债为收入的 1.8%。这个发现意味着地方政府可能会积累债务。表 7.5 也显示了地方政府总债务占总收入的百分比，债务范围从占总收入的 23.7% ~ 78.9%，各国之间的资金来源各不相同。在一些国家（如美国），地方政府可以从私人市场甚至外国投资者那里借债，虽然国外借债并不常见且一般相对较小。而在其他国家（如澳大利亚和英国），地方政府只能向高层级政府借债。在许多情况下（加拿大的多数省），高层级政府帮助地方政府借债并通过特殊机构对其进行管制。

表 7.5　　2004 年地方政府固定资本和债务消耗

国家		一般政府固定资本总消耗占国内生产总值百分比	地方政府			
			固定资本总消耗比例（%）	不同经济类型固定资本消耗占支出百分比	净贷款/借债占收入百分比[a]	负债占总收入百分比
联邦制	澳大利亚	1.45	31.6	21.1	+0.9	46.2
	奥地利[b]	1.29	46.4	7.5	+2.2	32.1
	比利时[b]	1.57	47.9	11.2	-7.1	78.9
	加拿大	—	—	—	-3.3	71.1
	德国	1.59	58.4	12.5	-2.5	—
	瑞士	—	—	—	+2.6	—
	美国	1.29	—	—	—	—
	平均值[c]	1.44	46.1	13.1	-1.2	57.1
单一制	丹麦	1.92	60.0	3.4	-2.2	23.7
	芬兰	2.38	55.0	6.8	-3.3	48.4
	法国	2.45	63.5	15.5	-1.1	70.8

续表

国家		一般政府固定资本总消耗占国内生产总值百分比	地方政府			
			固定资本总消耗比例（%）	不同经济类型固定资本消耗占支出百分比	净贷款/借债占收入百分比[a]	负债占总收入百分比
单一制	希腊[d]	—	3.7	0.1	+1.8	—
	冰岛[e]	2.08	30.2	5.3	-4.4	47.8
	意大利[b]	1.33	62.1	5.8	-1.6	—
	日本[b]	2.76	—	—	—	—
	卢森堡	1.95	43.8	17.5	-2.5	40.4
	荷兰	2.49	64.6	10.1	-2.7	67.4
	新西兰	1.88	32.2	20.3	+5.0	64.4
	挪威	1.96	50.6	7.2	-3.0	64.5[f]
	葡萄牙[e]	2.13	65.8	25.3	-7.8	—
	西班牙[g]	1.43	25.0	7.0	-3.0	—
	瑞典[b]	2.39	57.2	5.1	-1.0	45.1
	英国	0.93	47.3	3.6	+1.0	—
	平均值[c]	2.01	47.2	9.5	-1.8	52.5
	总平均值[c]	1.86	47.0	13.6	-1.6	53.9

资料来源：国际货币基金组织 2005 年。

注：—表示无法获得。除非另有说明，数据为 2004 年数据。

a. 如果这些数据无法获得，则使用现金盈余/赤字。

b. 2003 年数据。

c. 观测数据平均值。

d. 2000 年数据。

e. 2002 年数据。

f. 2003 年比值。

g. 2001 年数据。

地方政府的收入

地方政府收入有两个主要来源：自有收入和政府间转移支付。自有收入由税收和非税收收入组成。非税收收入主要来自服务和特权费用以及房地产和投资收益。虽然各国间存在很大差异，但平均来讲税收提供约 40% 的地方政府收入，非税收来源提供约 20%，转移支付约 40%。考虑各国收入分布之前，应该调查税收和税收来源。

地方政府税收

全世界的地方政府征收多种税目。表 7.6 报告了联邦制和单一制国家征税的主要范围。[5]所得及利润税、财产税以及商品和服务税（一般销售，特殊商品和服务及其使用）是税收收入的主要来源。大多数国家使用不止一种税目。表 7.6 中的数据显示了每种来源的地方税收收入数量占国内生产总值百分比。和支出一样，总税收占国内生产总值百分比各不相同：从爱尔兰 0.6% 和澳大利亚 0.9% 的低水平到瑞典 16.5% 和丹麦 17.2% 的高水平。[6]

财产税和所得税是最普遍的地方税种。财产税是表格中 24 个国家中 22 个的收入来源，它们产生的收入总计约为国内生产总值的 1.1%。征收时，财产税可能产生相对较少收入（例如，在卢森堡为国内生产总值的 0.1%），或者可能是一个主要收入来源（在加拿大、西班牙和美国，财产税为国内生产总值的 2.6% ~2.7%）。24 个国家中 16 个地方政府的所得税及利润税有些不常见，但能产生更多收入（占总国内生产总值的 3.1%，征收地国内生产总值的 4.7%）。对所得税的属性应该谨慎对待，因为在某些情况下地方政府对这一来源产生的资金拥有很少的（甚至没有）决定权。例如，在收入共享安排中，地方政府自动得到适合作为“地方所得税”的中央所得税比例（OECD，2005，303）。奥地利、德国和西班牙是这类国家的例子。相比之下，丹麦和瑞典的地方政府设定自己的所得税率。地方所得税大小也相差很大（从美国国内生产总值的 0.2% 到瑞典的 16.5%。地方税收的自由裁量程度稍后讨论。

表 7.6　2003 年经济合作与发展组织成员国地方政府主要税收和选定其他自有收入占国内生产总值百分比

	国家	所得及利润税	财产税	一般消费税	特殊商品和服务税	使用税	其他[a]	总税收	非税收自有收入[b]	总自有收入[c]	总支出
联邦制	澳大利亚	…	0.9	…	…	…	…	0.9	1.2	2.1	2.4
	奥地利[d]	1.4	0.4	0.9	0.2	0.1	1.0	4.0	1.6	5.6	8.0
	比利时[d]	2.1	…	0.1	0.2	0.1	…	2.5	1.6	4.1	6.7
	加拿大	…	2.7	…	…	0.1	0.1	2.9	1.3	4.2	7.5
	德国	1.8	0.4	0.1	…	…	…	2.3	1.8	4.1	7.3
	瑞士	4.0	0.8	…	…	…	…	4.8	3.2	8.0	9.8
	美国	0.2	2.7	0.4	0.2	0.2	…	3.7	1.8	5.5	8.8
	平均值[e]	1.36	1.13	0.21	0.09	0.07	0.16	3.01	1.78	4.8	7.2
单一制	丹麦[d]	16.0	1.2	…	…	…	…	17.2	4.0	21.2	33.1
	芬兰[d]	9.0	0.5	…	…	…	…	9.5	4.3	13.8	19.5
	法国[d]	…	2.4	…	0.3	0.1	1.6	4.4	2.0	6.4	10.2
	希腊[d]	…	0.2	…	0.1	…	…	0.3	1.1	1.4	2.7
	冰岛	7.7	1.3	0.9	…	…	…	9.9	1.9	11.8	13.0
	爱尔兰[d]	…	0.6	…	…	…	…	0.6	—	—	—
	意大利[d]	1.6	1.1	0.2	0.9	0.5	2.9	7.2	2.1	9.3	15.4
	日本	2.9	2.1	0.5	0.6	0.4	0.1	6.6	—	—	—
	卢森堡[d]	2.3	0.1	…	…	…	…	2.4	1.3	3.7	5.9
	荷兰[d]	…	0.8	…	…	0.6	…	1.4	2.9	4.3	17.3
	新西兰	…	1.8	…	…	0.2	…	2.0	0.9	2.9	3.4
	挪威	5.7	0.6	…	…	0.1	…	6.4	3.2	9.6	15.2

续表

国家		所得及利润税	财产税	一般消费税	特殊商品和服务税	使用税	其他[a]	总税收	非税收自有收入[b]	总自有收入[c]	总支出
单一制	葡萄牙[d]	0.5	0.5	0.4	0.6	…	0.1	2.1	1.5	3.6	6.6
	西班牙[d]	2.4	2.6	2.4	1.8	0.7	0.1	10.0	0.7	20.7	6.5
	瑞典[d]	16.5	…	…	…	…	…	16.5	3.7	20.2	26.0
	土耳其	0.6	0.4	0.6	0.1	…	0.1	1.8	—	—	—
	英国[d]	…	1.7	…	…	…	…	1.7	2.4	4.1	10.4
	平均值	3.83	1.05	0.29	0.26	0.15	0.29	5.88	2.29[f]	8.79[f]	13.2
总平均值											
全部[e]		3.11	1.07	0.27	0.20	0.13	0.25	5.04	2.12[f]	7.46[f]	11.2
全部 > 0[g]		4.66	1.17	0.64	0.51	0.27	0.76	5.04	2.45[f]	7.46[f]	11.2

资料来源：作者用 OECD 2005 年中数据进行的计算。

注：OECD 即经济合作与发展组织；—表示无法获得；…表示不重要。

a. 对于联邦制国家，这一列包括地方政府（奥地利）社会保障捐款和一些其他税收，主要为商业税收（奥地利和加拿大）。同时，在奥地利还包括工资税（0.8%）。对于单一制国家，这一列包括死亡税（葡萄牙）和一些其他税收，主要为商业税收（法国和意大利）。

b. 包括财产收入、销售、罚款和多方面收入。

c. 数据来自表 7.2。

d. 这些对比排除了向欧盟支付款项。欧盟国家为截止到 2003 年 1 月 1 日的成员国：奥地利、比利时、丹麦、芬兰、法国、德国、希腊、爱尔兰、意大利、卢森堡、荷兰、葡萄牙、西班牙、瑞典和英国。

e. 所有部分的平均值，包括零值或不重要数值。

f. 观测数据平均值。

g. 值大于 0 或不重要数值部分的平均值。

地方商品和服务税（在这一列中用一般消费税收、特殊商品和服务税以及使用税表示）以某种形式存在于24个国家中的16个。然而，这些税中的任何一种只在10个或11个国家中使用，每种税收的收入都不高，使用时平均为国内生产总值的0.3%～0.8%。在西班牙，一般消费税特别重要，达到国内生产总值的2.4%，而在其他地方则不到1%。

其他税收是一些不常见税收的混合（见表7.6脚注a）。它们通常是小的收入来源，除了奥地利（主要是社会保险税）、法国和意大利（主要是商业税）。

大多数国家主要依靠一种税目。某些国家依靠财产税；另外一些国家依靠个人所得税。只有少数国家使用了多元化混合税目。表7.7显示了这种模式。表格显示了分为三类的各国税收结构：财产税高度依赖型、所得税高度依赖型和依靠混合税收来源型。9个国家的地方政府大部分税收来自财产税。百分比范围从法国和荷兰的50%以上到澳大利亚、爱尔兰和英国的100%。这一组整体来说，财产税几乎为地方税收的80%。

表7.6中财产税收入总共不超过国内生产总值的2.7%。大部分国家也使用其他税目产生收入，大多数选择商品或服务税。在这组国家中，只有美国地方政府通过所得税提高收入。法国在商业领域征收职业税（“其他”税项），它只产生超过三分之一的地方税收。

表7.7　2003年经济合作与发展组织国家地方政府税收收入构成（百分比）

国家	所得及利润税		财产税	一般消费税	特殊商品和服务税	使用税	其他
	总计	来自公司部分[a]					
财产税高度依赖型							
澳大利亚	…	…	100.0	…	…	…	…
加拿大	…	…	93.8	0.2	0.2	1.8	4.1
美国	4.8	(0.8)	73.0	11.0	4.9	6.2	…

续表

国家	所得及利润税		财产税	一般消费税	特殊商品和服务税	使用税	其他
	总计	来自公司部分[a]					
法国	…	…	54.1	…	7.6	3.1	35.2
希腊	…	…	66.9	4.1	26.0	3.0	0.0
爱尔兰	…	…	100.0	…	…	…	…
荷兰	…	…	56.6	…	1.5	41.9	…
新西兰	…	…	90.4	…	1.1	8.5	…
英国	…	…	100.0	…	…	…	…
平均值	0.53	(0.09)	81.64	1.70	4.59	7.17	4.37
所得税高度依赖型							
比利时	86.5	(17.7)	…	2.2	6.9	4.1	…
德国	74.7	(20.1)	18.6	5.5	0.5	0.5	0.3
瑞士	83.3	(10.2)	16.4	…	0.2	0.1	…
丹麦	93.0	(1.9)	6.9	…	0.1	…	0.2
芬兰	94.9	(7.4)	4.9	…	…	…	…
冰岛	78.1	…	13.0	8.9	…	…	…
卢森堡	93.5	(93.5)	5.0	…	1.0	0.2	0.3
挪威	89.2	…	8.7	…	…	2.1	…
瑞典	100.0	…	…	…	…	…	…
平均值	88.13	16.75	8.17	1.84	0.97	0.78	0.89
混合税收							
奥地利	35.7	(6.1)	10.5	22.0	4.0	1.7	25.0[b]
意大利	22.1	(2.2)	15.1	3.0	12.5	7.3	39.9
日本	45.2	(19.7)	32.2	7.3	8.5	5.8	1.0
葡萄牙	22.5	(14.8)	25.3	18.1	26.0	1.5	4.5
西班牙	24.3	(1.7)	26.0	23.9	17.8	6.7	1.3
土耳其	32.5	(10.9)	18.8	34.1	6.9	1.8	6.0
平均值	30.38	(6.15)	21.32	18.07	12.62	4.13	12.95
总平均值	40.84	(7.85)	39.01	5.85	5.24	3.99	5.21

资料来源：经济合作与发展组织 2005 年。

注：…表示不重要。由于四舍五入，数值总计不可能达到100%。

a. 来自公司所得税的地方税收百分比用圆括号表示。

b. 这一数字包括工资税（20.9%）和社会保障金（4.1%）。

所得税高度依赖型组有 9 个国家。对它们来说，所得税收入平均提供 88% 的地方税收，比例范围从德国的 74.7% 到瑞典的 100%。[7]除了在卢森堡所有地方所得税均来自公司外，个人所得税占主要地位。四个国家的公司税为零或几乎为零。在其他地方，它们占地方所得税收入的 8%（芬兰）~27%（德国）。在这一组中，财产税是第二大共同税，整体上产生第二大数量的税收（平均 8%）。商品和服务税仅仅在比利时总计超过收入的 10%。

6 个国家具有混合税收来源。在这一组中，没有一种税收占地方税收的 45.2% 以上（日本所得税）。这些国家都使用所得税和财产税，总共分别占总税收的 30% 和 21% 左右。商品和服务税在这一组中特别普遍，约占地方税收的 35%。在这一组的国家中，其他形式的税收也更为常见，虽然它们只是奥地利和意大利的主要收入来源。奥地利的其他税收在很大程度上是工资税，意大利则为商业税。

观察表 7.7 就会注意到税收分组的地域或文化模式。具有英国传统的国家在财产税组中占主导地位。10 年前，在属于混合税收型国家的法国和希腊还未进入财产税高度依赖型国家这一组别时，情况更是如此。混合税收组当时主要为欧洲南部国家（法国和希腊，没有日本，因为日本通过降低地方所得税的重要性进入混合组）。依靠所得税的这一组趋向于北欧地区，尤其是斯堪的纳维亚国家。

财产税

财产税是对范围广大的财产的征税。在最依赖财产税的国家中，这些税种几乎完全是不动产（即土地和结构）。在其他地方对财产征税时，不动产税是财产税的重要来源。但在挪威与瑞士，净财产税为地方政府产生大部分财产税收入。金融和资本交易税（特别是产权转让）是一些混合税收型国家财产税的主要部分（例如，奥地利、西班牙和土耳其）。

一个普遍的建议是让地方政府征收财产税。其好处包括以下几点（Owens 和 Panella，1991）：

- 税基的不可移动有助于防止逃税，允许辖区间的税率差异。
- 不动产税与获得利益有关，因为很多市政服务对财产有益。
- 可见。
- 收益可以预测。
- 比较容易管理。

这些原因与 Bird（1993）总结的良好地方税的特点有着密切联系：税基不可移动、足够的收入来源、稳定和可预见的收益、公平、容易管理、不可输出以及清晰可见。

财产税并非没有问题。评估必须与当前资本或租赁价值保持一致。同时，评估必须公平，即人们广泛认为的一致性。不同类型财产的市场价值评估各异——农业和住宅物业财产较低，商业和工业财产较高。此外，税率可以变化时，农业和居住财产税率也常常较低。显然，有一种将税收转变为企业财产的倾向，如果不会改变或输出财产税负担，至少能模糊财产税的纳税负担。工业税基的广泛差异更是可以造成地方政府间巨大的财政差距。虽然财产税可能与某些来自当地政府的利益有关，它们可能不会受益于社会服务，如教育（或其他具有重新分配作用的类别）。此外，财产税常被批评为与当前的支付能力不符。因此，虽然财产税在许多方面颇有吸引力，但在许多情况下可能是不合适的。

地方所得税

地方所得税被广泛使用，且已成为产生税收收入的重要手段。如果地方政府可以通过设定税率决定税收收入，那么所得税只是一种地方税。当利率由中央设定，受到严格限制，或局限于某一范围即所有辖区基本上使用相同的税率时（如在挪威和美国马里兰州），地方所得税制度则成为税收分享或税收转移支付制度。同样，如果对个人而不是商业（即企业）收入征税，则地方所得税的实行便最合适不过。日本的地方政府可以对企业收入征税，但通常这是不允许的。斯堪的纳维亚国家在尝试地方企业所得税时遇到公平与效率问题，其后就废除了地方企业所得税或（如丹麦和挪威）用企业所得税分享制度代替。将地方所得税纳入中央政府个人所得税可以使税收管理和税务执行费用最小化。中央政府为地方政府定义税基，管理和征收税款。地方政府通常设定一个单一的低税率。累进税率结构罕见但确实存在（例如日本）。如何对待来往于两地的人是个问题。在一些地方，他们不用缴税，而在其他地方可能部分甚至完全征税。向雇主征收的地方工资税在某种程度上是地方个人所得税的替代或变化。工资税往往有时故意不区别对待居民和非居民。此外，尤其是在美国的许多州，地方所得税可以在税收混合不统一的环境下征收，即与财产和销售税等其他地方税收一起征收。

地方个人所得税有许多潜在优势，包括以下几点：

- 灵活和独立自主的地方税收来源，其对纳税人来说是可见的。
- 管理和税务执行费用可以很低。
- 税收输出最小化。
- 税基相对固定因为纳税人必须（和财产税一样）改变其住所来避免地方税。
- 与财产税相比，个人所得税收入随经济活动自动增加。

考虑个人所得税主要是因为它可以带来相对可观的收入并且体现公平。地方税收占国内生产总值百分比高于平均水平的国家为高度所得税依赖型国家（不包括财产税依赖型国家）。它们也倾向于拥有高水平的支出责任，主要职责为社会事业。在某种程度上，这种安排可以起效，因为不像其他主要地方税收，地方所得税将税负累进分配，与社会事业筹款的公平性态度相一致。[8]因此，地方所得税使其他税收不可能支持的责任分配成为可能。在这种情况下，它们被广泛接受并取得成功，在很大程度上依赖于有效的均等化性，从而抵消各辖区之间财政能力的不一致，确保各辖区服务水平的相对统一。

地方销售税

经济合作与发展组织（OECD）的大多数国家的地方政府征收某种

形式的销售税，但是它们是少数国家的主要收入来源（特别是在混合税收组）。日本、西班牙和美国说明了这一点。日本各县市征收的特定税范围很广，包括产品税、轻型机动车所有或使用税、汽车购置税、烟草税、矿产税、轻油交易税、土地所有税、财产购置税、固定资产税、餐饮及酒店税、高尔夫球场税、水疗中心税、办公税、城市规划税、自来水事业和土地利润税以及狩猎税。中央政府要求并管理其中一些税项。单独来看，以上税项几乎不能产生显著收入。西班牙的市和地区当局规定的税项范围也很广泛。再者，其中一些涉及中央政府的安排，所以其地方性质值得怀疑。在美国，32 个州的约 6500 个地方政府征收地方销售税。在 28 个州，税收完全由地方政府决定。地方销售税常常纳入国家一般销售税。在某些州，特殊地区（例如，学校和交通）以及多功能地方政府可以收取销售税。在整个国家也能发现范围广、种类多的地方特定或选择性销售税。

地方销售税可以产生大量的收入，可能会很受欢迎（如美国），但是它们也有不完善的地方。其中一个问题是，不同地方政府的税基通常非常不均匀，因此，收入生成潜力差异极大，使销售税不能成为所有地方政府的可行收入来源。而且，对零售活动集中性的依赖会导致辖区间的税收转移问题。如果当地成本符合税收，则非居民的地方税收部分不是问题，但是如果发生重要赋税输出问题，公平与效率问题就会出现。边境问题是更大的担忧。消费者是移动的，边界附近的购物模式可能对销售税率的差异颇为敏感，从而导致企业地点和消费者购买行为低效。同时也存在各种操作复杂化问题。商业进项缴纳的地方销售税通常不扣除或只扣除一部分，因此，出售产品时，出现成本增加和双重课税问题。对商品征税比服务更常见，从而扭曲相对价格。相对于收入，征收一些销售税的成本（例如，一些选择性税收）可能较高。这些复杂化问题可能使经济合作与发展组织国家不那么依赖于销售税。它们也为收入共享提供了候选税项。

营业税

在许多国家，主要地方税对传统财产税或地方所得税以外的企业征收。这些税在加拿大、法国、德国和日本很著名。

在法国，职业税是一种对公司企业和非公司企业征收的税，产生约三分之一的总地方税收。自 1999 年以来，税基仅为公司固定资产的租赁价值。去除的工资部分由中央补贴补偿。在此之前，中央政府估计支付约 30% 的税收，因为须要负责超出附加值 4% 以上的任何数额的公司职业税。地方税率受到中央政府的限制。此外，估计有 80% 的税收输出到税收管辖权以外地区。

德国地方政府征收以公司利润为基础的贸易税。最高地方税率约为最低税率的两倍。该税项在国家西部产生大约三分之一的税收和 15% 的总收入。

在日本，地方政府从企业获得约 20% 的税收收入。县政府征收企业税，主要以企业净收入为基础。企业税提供了约 26% 的税收收入。市级政府从企业所得税得到约 9% 的税收收入。中央政府设定标准税率，仅允许对税率进行小改动。在若干管辖区经营的公司根据每个管辖区的商业活动量决定纳税额。

在加拿大，多数省允许特殊地方营业税。这些税收曾经达到地方税收的 10%，但据报道，这个数字在过去的 10 年中降低到只有 2.1% 左右。

额外营业税的广泛使用似乎是将更大部分地方税收负担转移至非本地居民和地方社区以外这种颇有魅力的政治努力的一部分。这种方式的税收转移和输出掩饰了本地服务成本并造成过度支出，因为地方税收并不能合理地表示成本。

非税收收入

非税收收入是指来自商品和服务销售、财产和投资收益（例如，租金、利息和企业收益）以及罚款和处罚所得的政府收入。

非税收收入平均产生21%的总收入，是地方政府收入的重要来源。因为地方政府对许多商品和服务的价格或费用征税（例如，供水和污水处理、公共交通、垃圾处理、娱乐设施和辅助改善设施，如特定性能的车道照明），所以许多非税收收入也有一个重要的配置效率作用。这些服务的收费及费用连接福利和成本，并充当用户和供给型地方政府的信号。精心设计的收费可以改善消费者和政府的决定。例如，Bird（1993）认为，地方政府应该实行与福利相关的财政，而且第一步应该是在可能的情况下对用户征收费用（和具体福利税）。

表7.8显示了税收和非税收来源的贡献以及政府间拨款。表中所罗列的国家中，地方政府非税收收入平均为国内生产总值的2.04%，占总收入的21.55%。当税收约占收入的42%时，非税收收入为税收收入的一半，占自有收入的三分之一。国与国之间非税收收入的重要性有很大差异。从非税收收入占国内生产总值百分比来看，西班牙最低，为0.70%，芬兰最高，为4.45%。同时，非税收收入在最为依赖所得税的国家更为重要，平均为2.57%。但是，从占总收入百分比方面来看，非税收收入在高度依赖财产税的国家更重要（平均为27.34%）。在那些国家，它们在自由收入中所占比例也较大（平均约为46%）。对于这个组的一些国家，非税收收入实际上超过税收收入（如澳大利亚、希腊、荷兰和英国）。

表7.8　　2003年地方政府税收、非税收和拨款收入

指标	占国内生产总值百分比			总计	占收入百分比		
	税收	非税收收入	拨款		税收	非税收收入	拨款
财产税高度依赖型							
澳大利亚	0.98	1.20	0.36	2.54	38.6	47.2	14.2
加拿大	2.93	1.33	2.81	7.07	41.4	18.8	39.7
美国	3.74	1.79	3.67	9.20	40.7	19.5	39.9
法国	4.48	2.00	4.15	10.63	42.1	18.8	39.0
希腊[a]	0.32	—	—	—	12.0	47.8	40.1
爱尔兰	0.62	—	—	—	—	—	—

续表

指标	占国内生产总值百分比			总计	占收入百分比		
	税收	非税收收入	拨款		税收	非税收收入	拨款
荷兰	1.49	2.95	11.66	16.10	9.3	18.3	72.4
新西兰[b]	1.99	0.95	0.37	3.31	60.1	28.7	11.2
英国	1.68	2.42	8.26	12.36	13.6	19.6	66.8
平均值[c]	2.03	1.81	4.47	8.74	32.23	27.34	40.41
所得税高度依赖型							
比利时	2.35	0.95	3.27	6.93	33.9	13.8	47.2
德国	2.60	1.87	2.38	6.95	39.2	25.8	32.7
瑞士[d]	4.89	3.47	1.67	10.03	48.7	34.6	16.7
丹麦	17.23	2.79	12.41	32.95	52.3	8.5	37.7
芬兰	9.43	4.45	5.15	19.04	49.5	23.3	27.0
冰岛	9.83	1.91	1.27	13.00	75.6	14.6	9.7
卢森堡	2.12	1.30	2.78	6.18	33.8	21.0	44.9
挪威	6.37	2.71	5.26	14.34	44.4	18.9	33.7
瑞典	16.52	3.73	5.04	25.73	64.2	14.5	19.6
平均值	7.93	2.57	4.36	15.02	49.07	19.44	29.91
混合税收型							
澳大利亚	4.50	1.58	1.68	8.15	55.2	19.4	20.5
意大利	6.87	1.83	6.57	15.14	45.4	12.1	41.9
日本	6.56	—	—	—	—	—	—
葡萄牙[d,e]	2.22	0.92	2.91	6.12	36.3	15.0	47.5
西班牙	2.77	0.70	2.23	5.73	48.3	12.3	38.9
土耳其	1.59	—	—	—	—	—	—
平均值	4.09	1.26	3.35	8.79	46.30	14.70	37.20
总平均值	4.76	2.04	4.20	11.58	42.13	21.55	35.30

资料来源：国际货币基金组织 2005 年；经济合作与发展组织 2005 年。

注：—表示无法获得。除非另有说明，数据为 2003 年数据。由于省略资本收入和社会保险税，百分比总和可能达不到报告总值。

a. 2000 年数据。

b. 1995 年数据。

c. 观测数据平均值。

d. 2002 年数据。

e. 数字与国际货币基金组织和经济合作与发展组织不同。

各种非税收收入来源的相对重要性见表 7.9。表 7.9 只提供了平均水平和范围。商品和服务销售占非税收收入的三分之二，范围从 42.5% ~88.2 %。财产性收入（例如，国有财产租金）是第二重要的，平均为 19.2%。罚款、违约金和没收是较小的来源，平均只有 1.5%；大多数国家未报告这种收入。其他杂项非税收收入占 13.8%。杂项收入在混合税收型国家相对更重要，财产性收入在依赖财产税型的国家相对更重要。

表 7.9　　2003 年非税收自有收入来源

国家类别	占总非税收收入平均百分比			
	财产收入	商品和服务销售	罚款、违约金和没收	其他
财产税高度依赖型	25.3	64.0	3.4	7.2
所得税高度依赖型	19.9	68.8	1.0	10.3
混合税收型	10.7	62.0	0.2	27.1
所有国家	19.2	65.5	1.5	13.8
范围	2.1 ~40.2	42.5 ~88.2	0 ~16.5	0 ~41.9

资料来源：经济合作与发展组织 2005 年。

政府间转移支付

政府间转移支付是所有工业国家地方政府的一项重要收入来源。当自有收入被认为在资助地方政府支出责任不充分或不适宜时，转移支付便发挥了作用。对表 7.8 中的国家来说，平均地方政府收入的 35.3% 来自拨款。高度依赖财产税的国家平均值略大（约为 40%），依靠所得税的国家稍低（约为 30%）。在联邦制国家，虽然转移支付所占比重貌似较低，平均为 30.1%，但其范围仍然很大（从 14.2% ~47.2%）。除此之外，模式并不明显。转移支付的贡献在各个国家均有所不同。冰岛、新西兰和澳大利亚（分别占收入的 9.7%、11.2% 和 14.2%）属于最低水平。荷兰（72.4%）和英国（66.8%）属于最高水平，但第二高的是葡萄牙，占 47.5%。很显然，政府间转移支付在各国分布范围广，但除了那些比例高的国家外，其他国家的比例都相对平均。

税收分享安排会使拨款和税收之间的区别复杂化。国际货币基金组织（IMF）和经济合作与发展组织（OECD）关于共享税收收入的标准依赖于有征税的权力以及决定收入的能力（例如，设定税率）；控制筹集资金的使用（IMF，2001，50；OECD，2005，303）。一项经济合作与发展组织税收政策研究（OECD，1999）分析了国家级以下政府税务机关。该研究同时报告了各税项产生的税收收入比例，包括共享税收。表7.10的数据主要来于该研究所提供的地方政府信息。可以看到，经济合作与发展组织把大多数国家绝大多数地方税收收入归类为由地方政府控制税率、税基或两者的收入来源（即由地方政府设定税收）。地方政府控制有限（或根本没有控制）但产生大量税收收入的共享税收安排仅存在于15个国家中的4个：挪威、奥地利、德国和葡萄牙（分别为94%、81%、47%和37%）。[9]但仍然有必要多加谨慎，因为对于这些归因可能存在不同看法。例如，在日本，经合组织指明94%的税收收入来自由地方政府设定的税收，但Mochida（2006，164）认为地方政府未能背离中央设定的标准税率意味着那些税收事实上接近税收收入共享。因此，为了平衡自有收入和转移支付间的分配，可能需要在个别国家内进行自我评估。

在以下的两节中第一节回顾了转移支付目的并提供了说明。第二节回顾拨款在整个财政安排中的作用。

拨款目的和类型

政府间转移支付出于经济和政治原因而存在。经济原因是：（1）消除因地方政府支出要求超越其收入产生能力而出现的（垂直）财政缺口；（2）减少地方政府提供公共服务能力的（水平）财政收入差距；（3）更正跨行政区溢出（外部效应）造成的分配不当。[10]实际上，拨款并非正好针对这些原因进行的。拨款通常分为有条件类和无条件类，即为特殊项目而安排的专项拨款以及受援政府可以在适当的

表 7.10 **1995 年地方政府税收自治**

不同税收类别占收入百分比

国家	地方政府控制税基和税率		地方政府共享税收收入			中央政府设定税基和税率
	地方政府设定税基和税率	地方政府只设定税率	收入分配需得地方政府同意	国家法律规定的收入分配	中央政府年预算收入分配部分	
财产税高度依赖型						
澳大利亚	主要					
加拿大[a]	主要			最小限度		
美国	主要			若干		
法国	主要					
荷兰	…	100	…	…	…	…
新西兰	98	…	…	…	…	2
英国	…	100	…	…	…	…
所得税高度依赖型						
比利时	13	84	…	2	1	…
德国	1	52	47	…	…	…
瑞士	…	97	…	3	…	…
丹麦	…	96	…	…	4	…

续表

国家	地方政府控制税基和税率		地方政府共享税收收入			中央政府设定税基和税率
	地方政府设定税基和税率	地方政府只设定税率	收入分配需得地方政府同意	国家法律规定的收入分配	中央政府年预算收入分配部分	
芬兰	…	89	…	11	…	…
冰岛	8	92	…	…	…	…
挪威	…	5	…	1	94	…
瑞典	4	96	…	…	…	…
混合税收型						
奥地利	9	11	81	…	…	…
日本	…	94	…	…	…	6
葡萄牙	49	14	…	…	…	37
西班牙	33	51	16	…	…	…

资料来源：经济合作与发展组织 1999 年。

注：……表示不重要。

a. 具有多功能（市）政府特征。多数省份的地方教育机构很少或者根本没有独立的税收权力。

时候自由使用的转移款项。针对消除财政缺口和促进均等化的转移支付通常属于无条件类，而旨在纠正溢出效应的转移支付属于有条件类。关于不同类别拨款的跨国比较最近发表了（Bergvall 和其他人，2006）。表 7.11 报告了 Bergvall 和其他人对审查的大多数国家地方政府进行的分析。[11]表 7.11 的 15 个国家中，有条件和无条件拨款通常同等重要，各占地方政府总转移支付的一半。然而，各国之间也存在较大差异。有条件的资金提供范围从总转移支付的 9.1% ~96.0%（无条件拨款正好相反）。

有条件或无条件拨款与地方政府预算中转移支付的重要性之间不存在关系。

以下是有条件和无条件转移支付的具体内容。拨款往往可以分为那些完全由拨款政府自由裁量的拨款和基于正式协议的拨款（通常是法规，有时是宪法）。如表 7.11 所示，自由裁量拨款通常占总转移支付的一小部分，平均为 13.5%。意大利为 75.5%，显然是个例外。出于资本目的的转移支付在这些国家中占自由裁量转移支付的一半和资本转移支付的绝大多数。只要处于使用中，正式安排就能提供透明度和一些确定性。有条件拨款的正式安排可能需要一部分配套的地方资金，或者可能不配套，但得到拨款仍需要满足一定的标准（例如，达到某种服务标准或特定职能以外的其他标准）。与不配套拨款相比，配套拨款是更重要的收入来源，平均分别为 10.6% 和 26.0%。然而，这两种类型范围都很大（配套和非配套拨款分别为 0 ~80.4% 和 0 ~95.7%）。

无条件转移支付由提供一般性资金的正式安排转移主导。这种拨款在表 7.11 报告的国家占无条件拨款的 80% 以上以及总转移支付的 40.6%，但各国之间的差异非常大。Bergvall 和其他人（2006）将分类财政拨款纳入无条件拨款。然而，由于分类财政拨款广泛应用于特定目的（例如，教育和社会事业），并且不改变对接受者的相对价格，所以它们同样被认为是不配套的有条件拨款。在 4 个有这种类型的拨款收入的国家中，挪威就是一个例子。然而，资金实际使用中存在相当大的灵活性。

表 7.11　地方政府接收的拨款类型

国家	有条件				无条件				总拨款占收入百分比
	正式				正式				
	配套（%）	不配套（%）	自由裁量（%）	总计（%）	一般用途（%）	分类（%）	自由裁量（%）	总计（%）	
财产税高度依赖型									
澳大利亚	…	…	17.2	17.2	82.8	…	…	82.8	14.2
加拿大	…	95.7	…	95.7	4.3	…	…	4.3	39.7
法国	6.5	0.1	5.1	11.7	81.9	6.4	…	88.3	39.0
新西兰	70.0	…	…	70.0	30.0	…	…	30.0	11.2
所得税高度依赖型									
比利时	71.6	0.1	24.3	96.0	4.0	…	…	4.0	47.2
瑞士	80.4	…	…	80.4	19.6	…	…	19.6	16.7
丹麦	66.6	0.5	2.6	69.7	30.2	…	…	30.2	37.7
芬兰	5.7	…	3.4	9.1	16.3	74.0	0.6	90.9	27.0
冰岛	3.0	8.4	9.6	21.0	79.0	…	…	79.0	9.7
挪威	12.2	9.4	23.3	44.9	…	55.1	…	55.1	33.7
瑞典	…	…	28.8	28.8	71.3	…	…	71.3	19.6
混合税收型									
奥地利	42.8	42.2	1.2	86.2	13.7	0.1	…	13.8	20.5
意大利	…	…	75.5	75.5	24.5	…	…	24.5	41.9
葡萄牙	…	…	11.4	11.4	85.0	…	3.6	88.6	47.5
西班牙	30.7	3.1	…	33.8	66.2	…	…	66.2	38.9
平均值	26.0	10.6	13.5	50.1	40.6	9.0	0.3	49.9	29.6

资料来源：Bergvall 和其他人，2006 年。

注：……表示不重要。数据为 2002 年或 2003 年数据。

无条件和有条件转移支付例证

无条件转移支付。无条件转移支付用于消除财政缺口或促进均等化，他们通常体现出以上两种目标的要素。因此，识别这种拨款仅用于一种用途或其他用途通常非常困难。收入共享和均等化拨款可说明这一点。收入共享可以看作是主要用于消除财政缺口的转移支付，但通常在均等化基础上分配，而均等化拨款一般以促进均等化为目标——尽管全部或者几乎所有的地方政府通过均等化项目获得资金并不罕见。

当高层级政府将某种收入（一般是税收）按特定比例分配给地方政府被称为收入共享。一些国家拥有这样的转移支付。下面给出一些主要案例。在奥地利，大部分税收由联邦、州和地方政府共享，定期重新协商共享安排。共享所得税为德国地方政府提供超过40%的税收收入；约5%来自增值税的一部分。自1990年以来，意大利尝试了各种专用或共享税，通过其地区政府（主要）为医疗服务提供资金。自2000年起，地区政府共享了38.55%的国家增值税以及从0.9%的个人所得税额外费中得到收入。日本的中央政府与地方政府共享来自个人和公司所得税、国家消费税以及烟酒税的收入。由于地方所得税率最高，挪威的地方个人所得税制度事实上是一种税收共享安排。从1972～1986年，美国联邦政府与地方政府共享收入。在加拿大，一些省与一些或全部地方共享选定税收收入，但数量相对较小。

虽然地方政府可能整体上缺乏足够的收入能力，但个别政府的要求各不相同。因此，共享收入通常用公式计算分配，所用公式也考虑到各个地方政府的财政能力和财政需要，指标取决于支出责任和自有收入。因此，共享收入的分配通常在均等化基础上进行。

均等化拨款远比收入共享常见。均等化转移支付直接用于减少由于创收能力或支出需要差异而产生的地方政府之间的财政收入差距。理想的情况是，妥善估计财政能力和支出要求，通过均等化拨款抵消差异。使用这种方法的国家包括丹麦、日本、瑞典和英国。均等化体现手足之情（即从富有地区流向贫穷地区，如丹麦和瑞典），或更常见的是其体现出的父亲般的关怀，即均等化转移支付来自高层级政府。通常，均等化拨款的资金来源于根据某一公式仅在地方政府间分享的共用资金（不一定取决于容量和需求），根据某一公式由地方政府共享。分享公式会考虑包括人口和其他反映财政能力（例如，人均收入税基）和需要（例如，人口、道路长度、面积或学生人数）的因素。这类例子出现在加拿大、荷兰、葡萄牙和西班牙。在某些情况下，均等化资金可能不足以满足财政不足（如果计算），而在其他情况下可能相当充足。在某些情况下，以澳大利亚为例，所有地方政府都可以得到基本的或最低人均均等化共同资金。在这种情况下，项目明显不只是纯粹考虑到均等化，同时还包含财政缺口消除转移支付元素。

有条件转移支付。如果由一个地方政府提供的公共服务为其他辖区居民带来显著利益，为更正溢出效应的转移支付则非常重要。运输、教育、休闲和文化设施、治安和某些医疗服务都属于此类。支付没有和受益很好地匹配会造成扭曲（通常担心供给不足）。拨款可以用来减少这种扭曲。通常，这种拨款是有条件的拨款（即为某一特定目的），它们往往需要一些配套的地方资金（反映地方政府的边际收益）。

专项（有条件）拨款在许多国家主导转移支付。加拿大可以说明这一情况。10 个省中只有 1 个省的一般性转移支付超过专项转移支付金额。跟许多其他国家一样，专项转移支付集中于教育和其他社会服务，经常占其费用的很大比例。在核心服务中，交通运输是一个重要的转移支付受益领域。基金资本项目转移支付很常见，但设计时要小心谨慎，避免扭曲资本和运营支出之间的分配。同时，不同的配套率（不是由不同的溢出效应证明）会扭曲各种职能的支出选择。这种扭曲是法国将资本拨款融入单一基金的原因。一个相关的问题便产生了：有条件拨款可能会激增并且规模过大、项目过杂。在许多国家，一些专项拨款被认为是没有必要的。例如，在 20 世纪 80 年代，挪威取消了 200 多项专项拨款，将其改为 4 项分类拨款，每种针对于特定范围的职能，但分配和绩效准则不同。在许多情况下，分类拨款成功地简化了拨款安排，且不会牺牲结果。

拨款政府提供所有资金并指示拨款的使用属于有条件拨款的极端版本。在这种情况下，地方自治本质上是不存在的，地方政府只是一个高层级政府的代理人，被雇佣来从事某种活动。这种“转移支付”通常很难与合同服务支付和补偿区分。丹麦对养老保障和选定的其他社会服务的安排说明了地方政府作为代理的情况。[12]类似的安排在德国也有，而且更加明显。

总结、结论和经验教训

地方政府在政府和国家经济中可能发挥相对较小或非常重要的作用。例如，在工业国家，地方政府支出占国内生产总值的 2.4% ~ 33.1%。四组国家分别是：（1）两个低预算比例国家支出平均为 2.9%；（2）11 个中低预算比例国家支出平均为 7.9%；（3）5 个中高预算比例国家支出平均为 16.1%；（4）2 个高预算比例国家支出平均为 29.5%。

地方政府的大小主要由其参与社会事业的程度决定（即，教育、医疗和社会保障）。地方政府几乎一致地进行一套核心活动，包括提供地方公路和人行道、消防（通常是火警）、休闲和文化设施和项目、供水和污水处理服务、垃圾处理以及地方活动管制（其中大部分是加强财产的安全性和改进财产使用、控制非法妨害和规范经营）。这些事业一般只占国内生产总值的 3.5% ~7.4%。然而，社会事业支出占国内生产总值的范围从 0 ~28.6%。在一些社会事业中，一些重要的地方支出责任中教育是最常见的，而对医疗和社会保护的支出则相对不稳定。地方教育支出平均占 GDP 的 2.5%，几乎 4 个国家的地方政府的教育支出为平均值的一半或以上。

地方政府必须通过税收、其他自有收入和政府间转移支付为支出筹资。平均来说，这些来源分别约占收入的 42%、22% 和 35%，但相对比例有很大的变化。尽管比例较小，其他非税收自有收入也很重要。

如果可能的话，建议通过收取费用来获得资金，大约有三分之二的其他收入来自于商品和服务销售，另外五分之一来自房产出租和投资收益。

地方政府一般征收财产税、所得税和商品销售或使用税。大多数国家的地方政府主要依靠一种税收，即财产税或所得税。9 个在很大程度上依赖财产税的国家从财产税（平均）获得约 82% 的税收收入。9 个在很大程度上依赖所得税的国家从所得税（平均）获得约 88% 的税收收入。销售税包括多种销售税和使用税，这些税收在任何国家都不是主要收入来源。严重依赖销售税的国家也严重依赖财产税和所得税，可以被认为是混合税收型国家。财产税对不动产土地及建筑物征收，与核心服务带来的收益息息相关，广泛推荐地方政府使用，在一定程度上几乎所有工业国家都有财产税（而且在一些国家非常重要，特别是法国和意大利）。征收个人所得税的地方税收非常普遍，将其纳入高层级政府个人所得税制度时更容易实行，同时也有很强的创收能力（尤其相对于财产税）。财产税和个人所得税都受益于居民的相对固定性。企业所得税和销售税则更容易受制于出口和欠佳的问责制，因此在概念上不如地方税收有吸引力。这些问题导致这两种税收不被广泛使用，但经常作为政府间收入共享的税种（尤其是公司所得税）更具吸引力。地方营业收入税的重要性不断降低。工业国家的地方政府有广泛的税收自治权。大约四分之三国家的地方政府从自己控制的税收来源获得绝大多数的税收收入，通常通过税率设定来影响税收收入。

政府间转移支付约占收入的 35%，对地方政府十分重要。无条件和有条件转移支付是两种主要类型。无条件转移支付处理财政缺口问题（当支出责任超过收入产生能力的合理期望）和财政均等化（通常这两个目标没有明显的区分）。有条件转移支付比较适合更正溢出效应（但在实践中，它们有时也包括财政缺口消除和促进均等化方面）。在工业国家，差不多一半是无条件拨款，一半是有条件拨款。有条件资金通常涉及配套贡献，而无条件拨款不需要配套资金。主要的有条件拨款通常与社会支出资金有关。即使这样，有条件拨款可能是没有过多附加条件的分类拨款。当地方政府不能有效控制税收共享，无条件拨款和税收共享之间的区分通常非常困难。正式协议主导绝大多数的转移支付安排。虽然协议不能确保拨款的稳定性，但协议能让拨款透明，从而使其目的及分配更加明显。只有14%的转移支付属于自由裁量的，并且这些转移支付大部分出于投资目的。

资本支出及其融资值得特别注意。地方政府的基础设施比例不平均，约占总数的一半。通常，大部分资金用于地方核心服务，如街道和公路、公共交通、供水和污水处理系统、排水以及娱乐和文化设施。基础设施支出占总支出的14%。资本支出均来自营业收入、储备金和借债。资本借债几乎是允许地方政府进行的唯一借债。即便如此，借债受到严格的管制和监督，但是高层级政府通常协助或促进此类债务。

总之，关于人们感兴趣的地方政府财政设计的主要观察和潜在教训如下：

▪ 地方政府的有效运行并不取决于规模，而是设计。并没有最重要的责任分配可以推荐。地方政府可能很小，只履行基本的地方核心职能。地方政府也可能较大，这取决于它们在提供社会服务时的角色。社会事业也会受益于地方决策，但它们涉及溢出效应以及对中央政府再分配的需求。因此，高层级政府和地方政府经常共担责任。责任共担可以通过很多方式进行，即便不统一，代表公民利益的高层级政府至少应该在实现教育、卫生和社会保护事业最低标准方面具有法律义务。如果地方政府负责提供这些服务，则高层级政府能通过管制和拨款确保最低标准（提供拨款或更充足的税基及拨款）。经验表明，在地方税收和政府间拨款的组合范围有相当大的灵活性，两者的组合对地方政府在社会事业的提供及拨款方面切实可行。

▪ 财产税和使用费大大有助于为核心活动提供足够的资金。对仅限于承担核心事业的政府，应该获得纠正溢出效应（例如交通运输）和提供横向平等的拨款，但可能在总体的地方总预算中相对较小。社会事业成本较高，证据表明财产税不足以为其提供资金。对于那些仅征财产税但负责重要社会事业的政府，转移支付（通常专门为事业指定）

将是资金的主要来源。获得地方所得税大大提高了地方政府为项目融资的能力——特别是社会事业。但这种资金来源不一定能减少转移支付的使用或重要性。虽然税收收入和社会支出在地方政府有权征收地方所得税的国家中通常（占国内生产总值比重）较大，但在使用地方所得税和使用政府间转移支付之间的选择似乎是有点随意性的（通常历史上是确定了的），并且两者的结合相当不同。然而，当承担的责任很大时，地方政府有权征收所得税的确降低了选择转移支付的需要。可是，它并不能消除对拨款的需求。最起码，需要有效的均等化来确保在地方政府间提供可同等项目的能力（特别是社会事业）。地方政府提供的与财产相关的服务和社会服务的不同组合证明了财政是如何受职能影响的。设计税收和转移支付组合，从而公平有效地提供这种组合，这一点很重要。虽然潜在组合较多，但选用成功组合常常会具有挑战性。

- 地方自有财政应当为居民愿意支付的地方服务提供资金。这样的资金应该透明，有紧密的收入—成本联系，并由地方政府确定。用户税是一个初始选择。然而当收益总体可用时，税收就是必要的。财产税和地方个人所得税可以较好地符合这些要求和其他要求，它们在大多数工业国家是主要的地方税收来源。除了少数几个国家，销售或使用税不太普遍，仅仅作为其他税收的补充。转移或输出销售税和企业所得税或特殊营业税的可能性——税基分布很不均匀，使它们在概念上作为地方税的吸引力较弱，而更适合作为收入共享税项（换言之转移支付而非税收）。不管税收类型和范围如何，工业国家通常具有高度的地方税务自治。

- 转移支付几乎完全是通过正式安排得以提供的。换言之，授予人对它们没有自由裁量权。此外，一半的转移支付是无条件转移支付（主要为满足财政缺口和均等化）。很多有条件项目（在很大程度上是为了纠正溢出效应）有适度的限制（例如分类拨款）。因此，尽管保证足够的服务会产生溢出效应，但地方政府仍然享受相对较高程度的财政自治权。转移支付扮演各种重要的角色——尤其当地方政府对社会事业承担重大责任时。实际上，它们让社会事业责任共享变得切实可行。适当的转移支付设计至关重要。

■ 地方政府对基础设施的支出责任是不成比例的大。基础设施筹资涉及借债。出于资本支出目的的借债通常是唯一允许地方政府的借债。这种借债通常受到高层级政府严密的管制和监督，但通常也会以一种或其他形式得到援助。值得注意的是，在很大程度上地方债务是通过公共或私人机构以商业方式进行融资的。

■ 虽然在此没有专门的论述，但值得注意的是，工业国家中地方政府的民主性质是它们主要的和关键的潜在特点（参考 Shah，2006a）。这一特点使地方政府最终对选民负责，在更大或更小的程度上，提供了相对很大程度的自治。伴随民主制度的问责和自治对地方政府的成功至关重要。

本章注释

1. 本章是早期同名论文的更新缩略版本（McMillan，1996）。可能过时但仍有价值的细节和延伸内容可以在此论文中找到。

2. 这组工业国家基于《国际货币基金组织政府金融统计年鉴》（IMF，2005）中的确定内容。

3. 对于环境服务（主要为固体废物及污水处理），英国和美国出现零值十分奇怪，因为两国的地方政府负责这种服务并报告其支出（King，2006；Schroeder，2006）。

4. 联邦制国家政府开支更加分散。在联邦制国家，大约一半的政府开支由中央政府负责，而在单一制国家平均约为 70%。加拿大和瑞士的政府支出非常分散，因为中央政府支出总计约为政府总支出的 40%。相比之下，法国、卢森堡、新西兰和葡萄牙比较集中，超过 80% 的支出来自中央政府，英国紧随其后，达到 73.9%。丹麦相当分散，是单一制国家中的一个特例，中央政府支出仅占政府总支出的 40.5%。

5. 表格包含了 24 个国家。在地方政府层级，税收信息比支出信息更常见。

6. 表 7.6 也显示了非税收自有收入和总自有收入，可作为参考。非税收自有收入平均占国内生产总值的2%，总自有收入平均为7%（在联邦制国家较少，为4.8%，在单一制国家较多，为7.8%）。为了更好地进行比较和反映政府间转移支付的重要性，这一表格也包括总支出。

7. 撤回谨慎对待归给地方政府的共享税收收入的需要。

8. Hall和Smith（1995）论证了地方收入、财产和销售税的可能存在的截然不同的分配负担。在合理的情况下，地方所得税是累进的，财产税很大程度上是递减的，地方销售税按比例计算。

9. 这里加入了经济合作与发展组织研究中没有包含的各国的一般信息。在那些国家，地方税收主要由地方决定。参见经济合作与发展组织（2002）和Darby、Muscatelli和Roy（2003）作为补充参考。

10. Bergvall和其他人（2006）将这些目的称为融资服务、均等化和补助。

11. Bergvall和其他人（2006）用专项和非专项拨款代替有条件和无条件拨款。同时，在这里用“正式”一词替代他们文章中的“强制性”一词。

12. 2007年实施的地方政府改革背景下，拨款将更换某些补偿（丹麦内政和卫生部，2005）。

本章参考文献

Batley, Richard, and Gerry Stoker, eds. 1991. *Local Government in Europe: Trends and Developments*. New York: St. Martin's Press.

Bergvall, Daniel, Claire Charbit, Dirk - Jan Kraan, and Olaf Merk. 2006. "Intergovernmental Transfers and Decentralised Public Spending." *OECD Journal on Budgeting* 5 (4): 114 ~ 62.

Bird, Richard M. 1993. "Threading the Fiscal Labyrinth: Some Issues in Fiscal Federalism."

National Tax Journal 46 (2): 207 ~ 27.

Danish Ministry of the Interior and Health. 2005. "The Local Government Reform: In Brief," Ministry of the Interior and Health, Copenhagen.

Darby, Julia, Anton Muscatelli, and Graeme Roy. 2003. "Fiscal Decentralization in Europe: A Review of Recent Evidence." Department of Economics, University of Glasgow, Scotland.

Hall, John, and Stephen Smith. 1995. *Local Sales Taxation : An Assessment of the Feasibility. and Likely Effects of Sales Taxation at the Local Level in the U. K* . London: Institute for Fiscal Studies.

Hesse, Joachim Jens, ed. 1991. *Local Government and Urban Affairs in International Perspective*. Baden-Baden, Germany: Nomos Verlagsgesellschaft.

IMF (International Monetary Fund). 2001. *Government Fiscal Statistics Manual*. Washington, D. C. : IMF.

——. 2002. *Government Finance Statistics Yearbook*. Washington, D. C. : IMF.

——. 2004. *Government Finance Statistics Yearbook*. Washington, D. C. : IMF.

——. 2005. *Government Finance Statistics Yearbook*. Washington, D. C. : IMF.

King, David. 2006. "Local Government Organization and Finance: United Kingdom." In *Local Governance in Industrial Countries*, ed. Anwar Shah, 265 - 312. Washington, D. C. : World Bank.

McMillan, Melville L. 1996; revised in 2001. "A Local Perspective on Fiscal Federalism: Practices, Experiences, and Lessons from Developed Countries." World Bank, Washington, D. C.

Mochida, Nobuki. 2006. "Local Government Organization and Finance: Japan." In *Local Governance in Industrial Countries*, ed. Anwar Shah, 149 - 188. Washington, D. C. : World Bank.

OECD (Organisation for Economic Co-operation and Development). 1999. *Taxing Powers of State and Local Governments*. Paris: OECD.

——. 2002. *Fiscal Decentralization in EU Applicant States and Selected EU Member States*. Paris: OECD Centre for Tax Policy Administration.

——. 2005. *Revenue Statistics of OECD Member Countries*, 1965 ~ 2004. Paris: OECD.

Owens, Jeffrey, and Giorgio Panella. 1991. *Local Government: An International Perspective*. Amsterdam: North-Holland.

Schroeder, Larry. 2006. "Local Government Organization and Finance: United States." In *Local Governance in Industrial Countries*, ed. Anwar Shah, 313 - 358. Washington, D. C. : World Bank.

Shah, Anwar, ed. 2006a. "A Comparative Institutional Framework for

Responsive, Responsible, and Accountable Local Government." In *Local Governance in Industrial Countries*, ed. Anwar Shah, 1 ~ 40. Washington, D. C. : World Bank.

——. 2006b. *Local Governance in Industrial Countries.* Washington, D. C. : World Bank.

Stoker, Gerry. 1991. "Introduction: Trends in Western European Local Government." In *Local Government in Europe: Trends and Developments*, eds. Richard Batley and Gerry Stoker, 1 ~ 20. New York: St. Martin's Press.

Toonen, Theo A. J. 1991. "Change in Continuity: Local Government and Urban Affairs in the Netherlands." In *Local Government and Urban Affairs in International Perspective*, ed. Joachim Jens Hesse, 291 ~ 332. Baden-Baden, Germany: Nomos Verlagsgesellschaft.

第八章

发展中国家及转轨国家的分权治理：比较述评

Sebastian Eckardt 和 Anwar Shah

制度和治理质量对可持续经济发展和社会发展是重要的先决条件，人们对此的理论和实证研究有了进一步共识。如果治理有效，那就有必要采用可信有效的方法来对不同国家以及同一国家在不同时期的制度质量进行有意义的评估和比较。近期研究和数据收集工作采用看似严格的定量研究来评价治理及其效果。这些方法通常使用数据整合以获得不同国家计序测量和治理排名，排名基于大量现有并且有不同基于观察的数据组合（Huther 和 Shah，1998；Kaufmann、Kraay 和 Mastruzzi，2005）。这些方法的应用无法鉴定稳健的以及针对具体情况的政策解决方案。

本章提出一个简单的诊断工具，用来分析分权化的财政制度中治理的特定方面。比较各国的治理体系是一项复杂的任务。它要求政治激励、并鉴定不同层级政府的开支、税收事务以及在公共机构中普遍存在的以结果为导向的评估。基于公民中心型的执政理念，评定方法基于由定性指标和具体的描述性特征组成，均是关于组织程序和治理的成果。这个框架包含政府和官僚机构面临的财政和行政激励以及他们运行的整个政治环境。该方法可以对不同国家进行比较，对特殊制度优点和缺点进行鉴定并随着时间推移跟踪调查治理进程。

本章的剩余部分分为两个主要部分。第一部分概述了公民中心型的治理范式的概念基础。在这一背景的基础上，第二部分则开发了一种测量方法和一个评分系统。随后本章针对作为样本的26个发展中和转型国家使用积分卡评分。

分权制度中公民中心型治理的基本构成要素

尽管最近数十年来有着显著的改革进展，然而发展中国家的行政制度通常面临着众多相同的难点：有限的资源；较低的国内能力，既指人力资源方面，也涉及组织结构方面；较高程度的集权和垄断现象；差强人意的评价和问责机制继续限制其绩效。集中在特定方面的改革，如参与、权力下放或国内能力建设等，限制了以往解决众多问题的效率。最近，公民中心型治理已被提议作为一种针对公共部门机构改革的全面的新方法。这种方法本质上是基于这样的假设，即政客和官僚激励环境最重要的变化是赋予公民权力以要求政府取得更好的结果（Shah 和 Andrews，2005）。不同国家的证据表明在政治程序的开放性和行政绩效之间的测量的一种强大的相关性，甚至当在人均 GDP 水平差异的影响被控制时也是一样的（如图 8.1）。

根据公民中心型治理模式，当公民在和政府的关系中扮演三种角色时，才能得到最到位的描述：他们是纳税人、服务用户以及政府决策中的共同决策者。反过来，当选的政治家和官僚应正视正面和负面的激励机制并采用公民喜爱的政策，提供公民偏好的服务。在一个分权的制度中，只有当财政、政治和行政规则彼此一致时，才能取得协调一致的激励效应。举例来说，选民有能力在选举时投票以奖励或者惩罚现任政府，这就产生了一种重要的问责机制。然而，存在大量纵向财政不平衡和中央政府需要连续救助时，绩效较差的人不但不会被遣出，相反，更可能是因成功获得他人更多的资金支持而连任。此外，为施加需求方的压力，公民需要有足够的关于公共预算方面的信息以及成果来辨别政府的绩效，并将公共政策的失败和成功归于政府的某些层面。只有当适用的管理程序已经到位，这一关键信息才可以透露。因为所有这些因素影响到政府的激励机制，治理体系和过程需要一种全面的方式处理。为了分析政府工作的治理环境，本章在问责制与财政责任两个方面加以区分。

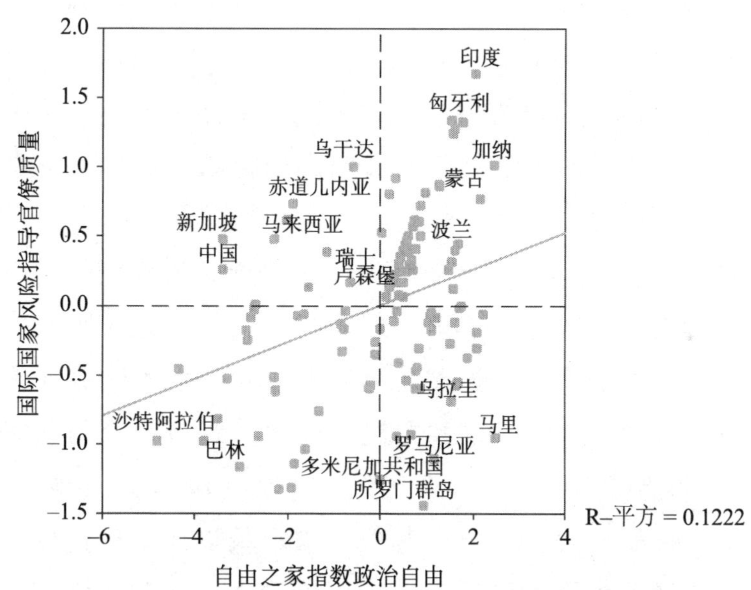

图 8.1　政治自由和官僚体系质量：对人均国内生产总值对数的偏相关控制

资料来源：自由屋 2002；政治风险服务集团 2002；世界银行 2003d。

问 责 制

与早些时候不同，在公共领域更多技术专家的治国改革方法往往倾向将其效果同政府内外盛行的政治和社会压力孤立开来以观察其影响。而公民中心型治理则更强调政治体制及其嵌入的激励机制效应。世界各地的分权改革经验表明，权力下放给那些对当地人民不负责的地方政府，结果并不会有所改善。如果问责制是不完整的，权力下放可能会在事实上给予当地的精英强大的动力，以俘获地方政治进程并进行公共资源转移，以匹配自己的抱负而非那些更广泛群体的强烈愿望抱负。如 Agrawal 和 Ribot（1999，478）所说：“只有当选民把问责制当做一种抗衡力量来使用，权力下放才很可能是有效的。”与此类似，《2004 年世界发展报告》简明扼要地将问责制作为公共部门改革和公共服务提供的核心。

问责制一般要求，公民有能力要求从公共部门代理人那了解到有关提议过或执行过行动的结果，并且如果他们认为表现欠佳，就可以对相关人员实施制裁（Manor，1997；Crook 和 Manor，2000；Khemani，2005；Shah，2004）。从执行方面看，通过这项权力机制，公民可以选择政治代表；向他们下放权力；通过表决、制衡和协商民主来追究其责任，同时用非正式的方法对公共部门加以控制，如社会资本和政治压力。在代议制政府中，公民中心型治理最为有效。

整个世界的问责制正在迅速改变。在推行财政分权的同时，许多国家在国家和地方层级已开展政治权力下放，并尝试选举和代议制民主形式。根据政治制度的数据库，由自由选举产生的政府（无论是行政方面、立法方面，抑或行政和立法两方面）进行管理的国家数目在 1990 年到 2000 年之间从 60 个上升到 100 个（Beck 及其他人，2001；Khemani 及其他人，2005）。这一趋势在国家级以下政府得以复制，这些政府日益受制于地方政府通过定期民主选举方式的政治控制。然而在 1980 年，世界上 48 个最大的国家中只有 10 个国家拥有选举产生的国家级以下政府，到 2000 年这个数字增加到 34（2000 年联合国公共行政网）。最近关于权力下放的立法，如于 1991 年颁布的《菲律宾地方政府法案》；1993 年和 1996 年的南非地方政府过渡法案；或 1999 年和 2004 年的印度尼西亚地方治理法——清晰地阐释了地方政府层级的权力规则、当选代表的角色以及基本的问责关系。

选举激励机制

选举是问责制的重要渠道。选举既是选择有能力的政治代理人（展望性投票）的机制，也是在当选后追究其责任的机制（回溯性投票）（Fearon，1999；Kunicova 和 Rose-Ackerman，2001；Manin、Przeworski 和 Stokes，1999；Przeworski、Stokes 和 Manin，1999）。选举激励机制在实践中的有效性与否关键取决于选举规则、政党制度、党内和党派的竞争、选民意识和投票率、政治竞争和可竞争性的设计。为了尽量减少政治代理人的战略行为所造成的扭曲，选民必须消息灵通、政治竞争必须是公平公开、党纲和提名清单必须有广泛的代表性。相反，在不完全民主化的条件下，特点是有限制的政治竞争、选民和政党的高度波动性以及含糊不清的公共政策问题。政治机构将广泛需求纳入政策范围的有效性可能会降低（Fearon，1999；Keefer 和 Khemani，2003）。此外，理论和实证表明，多党制（赢家通吃）和比例选举制度在政治激励结构方面都不同（Kunicova 和 Rose-Ackerman，2001；Myerson，1993；Persson 和 Tabellini 2000；Persson、Tabellini 和 Trebbi，2001）。在简单多数原则选举中，尽管公开政党提名清单也似乎会有一些成效，但是个人问责制同个人投票联系最密切。道理很简单：投票给个人候选人将个人绩效和连任可能性直接联系起来，从而产生激励机制寻租。但是，多党制选举制度也有缺点。在这样的系统下，寻求连任的政治家，会面临更大的激励，把“个人”利益转向支持者，尤其是那些对竞选诺言更敏感且摇摆不定的选民（Persson 和 Tabellini，2000）。因此，多党制选举制度，虽然限制公共部门的规模和增加对民选代表个人的问责，倾向于以牺牲应用广泛的公共服务为代价而将公共开支用于专项转移支付。相反，在比例制下，虽然对个别代表的问责往往较为有限，但党内纪律创造的激励机制支持有广泛基础的政策，而且政策有利于大党的选区。

制　衡（三权分立）

另一种问责运行制度的重要支柱，是制度制衡的存在。在公民与政府的关系中，他们通常是间接参与制衡，可以通过代表之间的竞争和合作，或者通过政府内外都认可的固定选举集体成员，这些成员有能力和权威来管制每人的行为并回应彼此间的倡议（Schmitter 和 Karl，1991）。换言之，权力通过分割被控制。在实践中，这一制度意味着，如果权力下放到一组公共代理人中，另一公共代理人（"否决者"）有权阻止或修订第一组代理人作出的决定，实施具体的处罚，并取消他们的权力（罢免他们或限制他们的权力）。许多此类否决者的存在，无论是以宪法为基础的制度、反对党或者社会组织，限制了个人改变政府决策的能力。这个机制很简单：通过对抗野心来抑制野心。有了这样的制度设计，就需要在各种代理小团体之间建立利益制衡的激励机制。在私企，经理因增产而得到奖励，而管理人员因减少开支而受奖，审计人员因跟踪监测经理的财务记录而受奖。

关于政府运行方面的制衡，包括政府及各个部门结构之间的权力结构的行政、立法和司法部门三权分立，遵循类似的基本原理（Persson、Roland 和 Tabellini，1997）。例如，地方行政机构通常关注于要确保较高的预算分配，选举委员会成员更关注结果和服务绩效。如何将这些制衡运行，实际上取决于相对于执行委员会的选举委员会的有效权力，包括任免行政人员的能力（通过不信任投票、弹劾票等），从行政部门中获取信息的权力（需要报告、审计等），钱袋子权力的有效利用（预算和提供资金的权力）。一个有能力对行政部门的行为进行专业监测和评估的运行委员会制度，这也取决于当选代表实现其任务所面临的激励机制。在行政和立法部门单独举行选举的制度下，监督和管制激励机制通常更强。然而，不同的选举激励造成了不良的僵局，让市长和委员会迁怒于对方，从而减少了问责（Manor 和 Crook，1998）。

在经历民主转型的国家，中央和国家级以下层级的代议制结构和监督机制通常是薄弱的，政府事务仍然由行政部门主导。行政机构和立法机关权利不平衡是因为行政机构拥有越来越多的技术知识型和专业知识型劳动力。除了这些能力的限制，从社区到当选代表到官僚制度的一系列授权和问责链条仅仅同它最弱的环节一样坚固。如果选举委员会成员对社区的责任度低，并且委员会成员主要是受私利的驱动，那么提高行政部门的横向问责制往往会适得其反。

社区参与

除了选举和制衡机制，直接参与是另一种对公共部门施加政治控制的方式。直接民主制授权所有公民直接参与社会的决策进程；然而，它也增加了政治交易成本，因为知情参与，对于公民是高投入的。它包括正式的全民投票，决定具体的政府政策和财政问题或罢免当选或任命的官员职务，以及更多非正式参与的方式。所有这些直接参与形式制约了公共部门代理人的自由裁量权，从而减少了与政治授权相关的问责问题。其他所谓的参与好处，包括信息优势和公民教育、采取行动合法性更强、接受性更大，调动包括财力和人力在内的额外资源。实际上，当人口过多或公民分布在过于广泛的地区时，直接民主是不可行的。这是 Robert A. Dahl 在《时间和数字的规律》（1998，109）中的核心观点："一个民主地区公民越多，能直接参与政府决策的公民就越少，他们就越必须把权力分给他人。"不足为奇的是，国家级以下政府被广泛认为是代表审议民主的最合适的舞台，这种想法并不奇怪，因为它们通常规模较小。尽管大多数现代政治制度主要依靠代议和选举形式的政府，但是，其中在世界各地使用的公民投票和其他形式的直接参与则多种多样。事实上，地方政府的日益重要性伴随着参与式决策的高涨（Andrews，2005b）。此外，先进信息技术的出现提出了花钱少效果好的解决公民参与问题的新方案，对民主制度中越来越多的直接民主元素（电子民主、电子投票等等）激发了新压力。

财政责任

责任原则，因为它涉及公民中心型治理模式，所以很简单，就是公共管理程序（包括财政体制的设计、内部财政管理和审计、管理的自主权和绩效导向的监督），促进政府履行对公民的职责。责任需要有效和透明的内部管理和评价制度，确保官僚和服务提供者面对的激励机制是回应其公民需求的。

政府间财政体制

财政体制的设计，包括不同层级政府的支出责任和为这些职责提供资金支持的手段，将对政府的激励机制产生关键影响。

收入和支出责任都应分配明确，使公民能够清楚地辨别政府绩效的好坏，并要求从相对的政府层面得到结果回应。财政分权增加了世界各地的国家级以下政府承担的责任和公共支出。国家级以下政府支出通常包括卫生、教育、基础设施以及社会福利等功能。尽管分权趋势已经加快了政府工作运行前所未有的改变，但是财政分权改革的目标、设计和结果在不同的国家也不大相同。在实际意义上，这些政府间体制的制度设计差异为各级政府的公民导向型服务供给创造了机遇，形成了制约。

关于收入分配，地方政府得到资金的方式打乱了自身在支出决策和征税方面的努力。在可能的情况下，在国家级以下税收和公共服务两者间应有一个链环，以确保负责任地、有效率地使用公共资源。旨在至少涵盖地方服务的边际成本的税收，如房地产税、使用费和收费，应分配给地方政府。国家级以下政府必须控制这些税目的税率（或与此有关的杠杆率）。只有选择缴纳更高或更低的边际税款，国家级以下辖区的居民才可以选择他们想要的公共服务水平。

除了对自有收入分配之外，财政体制不同程度地依赖政府间财政转移支付，以确保国家级以下层级的资金充足。财政转移支付的设计、分配机制、规模以及相关重要性在不同国家也各不相同。无论采用什么体制，它应确保转移支付的确定性和可预测性，这样，地方政府可以做适当的财政规划。财政转移支付制度的设计也应对地方政府的预算进行硬约束，以防止投机性的支出责任转移到较高层级政府（Bird 和 Smart，2001）。

最后，借债及通过市政债券进入资本市场可以为固定资产融资，并强化对地方政府的财政纪律。然而，中央政府必须要将合适的管制框架落实到位，建立硬预算约束（违约时，中央不予紧急救助），以防止过度的国家级以下政府借债（Rodden，2000）。

行政体制

在许多国家中，尽管政治权力的下放赋予了地方政府选举代表的权力。虽然现在公务员向委员会或当选的市长报告，行政权力下放还是有所滞后，因为地方层级的公务员仍然是对上级政府负责，并且出于职业和其他原因，他们更偏爱公务员的地位（Shah，2004）。公务部门管理中的自治在公民中心型治理中至关重要。一个高质量和有积极性的官僚制度是一个政府高绩效和高质量公共服务提供的关键条件。行政和“实地”公务员，如教师和医护人员的技能和态度对公共部门的效率至关重要。因此，公务员激励、监督、职业发展和培训需要在相互支持的方式下进行。只有当地方政府可以控制他们的公务员规模和结构，并影响公务员的职业发展，才能有为发展有效的公共服务和绩效所必需的行政能力。

结果导向型管理

内部管理流程的设计应明确专注于实现结果。结果导向型管理的一个关键组成部分是一个能够引起对公共资源的有效和高效利用的财务规划和会计制度方面的信息。传统的公共预算账户是为详细控制投入环节（薪金、采购、运营成本等等）而设计的，但它们在很大程度上忽略了开支有没有达成预期结果。在明确的政策目标和预算规划间建立联系是许多国家在进行公共财政管理时的重点改革方向，这始于经济合作和发展组织国家中制度上更发达的国家，但越来越多的发展中国家也开始效仿（Andrews，2005；Diamond，2003）。这样的结果导向或绩效预算旨在使代理机构和项目的结果能对他们的管理人员、当选的政治代表，最终还有纳税人和服务用户更负责。

有意义的结果导向型管理需要许多要素到位。只有在公共政策和项目已经明确表示可以将目标转化为可衡量的结果时，才能分配相关的成本和资源，以实现这些目标。此外，传统单项会计需要替换为基于项目或服务的完全成本会计核算，以产生关于在提供特定公共项目和服务成本时的信息。简单来说，完全成本会计核算将所有直接和间接成本包含在程序和服务中，以提供及时准确的公共项目或服务的估算或实际成本。直接成本会计较简单，因为根据定义，这些费用显然是和提供项目和服务有关，如购买的商品和服务、合约支持和在提供项目或服务时直接的公务员薪金。间接成本会计更加困难，因为它们涵盖了范围广泛的基础设施和支持多种项目的组织能力。这些间接成本需要同某一服务的使用度、内部服务费或分配规则相联系。相对于传统的单项目预算，所有机构的管理费用，如公务员工资、资本成本以及基础设施和支持服务的使用，都应该与受益项目挂钩。完全成本管理、预算编制和会计促进更具成本效益的行政绩效，同时也加强了关于纳税人资源使用的问责制。结果导向型预算提出的收入和支出形式加强了社区对政府提供服务的了解，并针对优先项目的决策建立一个知情基础。因为这种预算编制制度的开发投入高，而且会计标准在全国范围内是可以比较的（最好是国家之间），中央政府特别是财政部门，通常在设计和调节此类制度中扮演着重要的角色。地方政府需要发展在这些框架内执行其预算的能力。

一个测度分权化的公民中心型治理的简单记分卡

在上述概念的基础上，本章节接下来应用计分方式对国家的问责制和财政责任进行排名。记分卡采用一组简单的指标旨在捕获治理系统的基本体制差异，而不是作出准确和绝对测量。虽然每一指标的汇总得分广泛反映了特殊制度的长处和弱点，分析和解释分数需要认真考虑记分卡在上下文中应用的情景。

本部分将计分系统应用于 26 个样本，包含发展中国家和转型国家。样本不是随机的，是基于必要的信息获取程度和开放度。虽然在统计意义上没有代表性，标本国家显示了各国相当广泛的范围不同的社会经济背景。实际人均国内生产总值（GDP）的范围从尼日利亚的 946.50 美元到捷克共和国的 15614.80 美元。国家的大小有相似幅度的波动，从印度，一个 10 多亿人口的国家，到阿尔巴尼亚，一个拥有 320 万人口的国家。从地理位置上看，样本国家涉及范围相当广泛，其中包括 9 个非洲国家，8 个亚洲国家，7 个欧洲国家，3 个拉美国家。样本代表了多种多样的政治制度。9 个国家为联邦制，18 个为单一制。此外，5 个议会制和 21 个总统制国家也在样本中。国家的得分是根据可用的研究论文和各种来源的国家报告来赋值的。每个国家的报告来源在附件 8A 表 8A.2 中。

问责评分

这可从表 8.1 中看出，特定体制性质的五项指标都是用来评估抽样国家的问责制度。

前两个指标仅仅记录了在各国家级以下政府的重要官员是否服从定期选举。第一，评分系统会查看在国家级以下政府是否存在经过选举的委员会。一个国家，如果有经过选举的委员会，就得 3 分，如果没有，就得 1 分。第二，评分系统会检查地方政府的行政首脑是否是经过选举的（直接通过普选或间接通过选举委员会选出），或由上级任命，市长由国家任命，得1分，通过选举产生市长的国家得3分。第三个指标，根据选民流动性分配分数。由于没有可靠的跨国家数据在国家以下各级选举的投票率可用，记分卡使用在上一次全国选举的参与率，来替代给定国家的一般政治流动性。这一指标评分有三种可能结果。如果投票率在高于或低于平均值的半标准差范围内，则国家得到2分，如果低于这个范围则得到1分，如果高于这个范围则得到3分。第四，基于2002年自由屋指数进行政治自由的一般测量包括在内。同样，在高于或低于平均值的半标准偏差范围内，国家得到2分，低于这个范围则得到1分，高于这个范围则得到3分。最后一个指标根据公民参与水平分配分数（低=1、中=2、高=3）。这些信息来自基于最近获得的国家评估信息。综合分数估计为个人得分的总和除以指标个数。累积分值从1~3不等。使用评分系统，可得出图8.2和表8.2中的责任评分。

表8.1　　问　责　指　标

指标	评分
选举委员会?	是=3
	否=1
选举领导核心?	是=3
	否=1
选民投票率?	高=3
	中=2
	低=1
对选举竞争和政治自由的限制?	高=3
	中=2
	低=1
公民直接参与决策?	高=3
	中=2
	低=1

资料来源：作者自己设计。

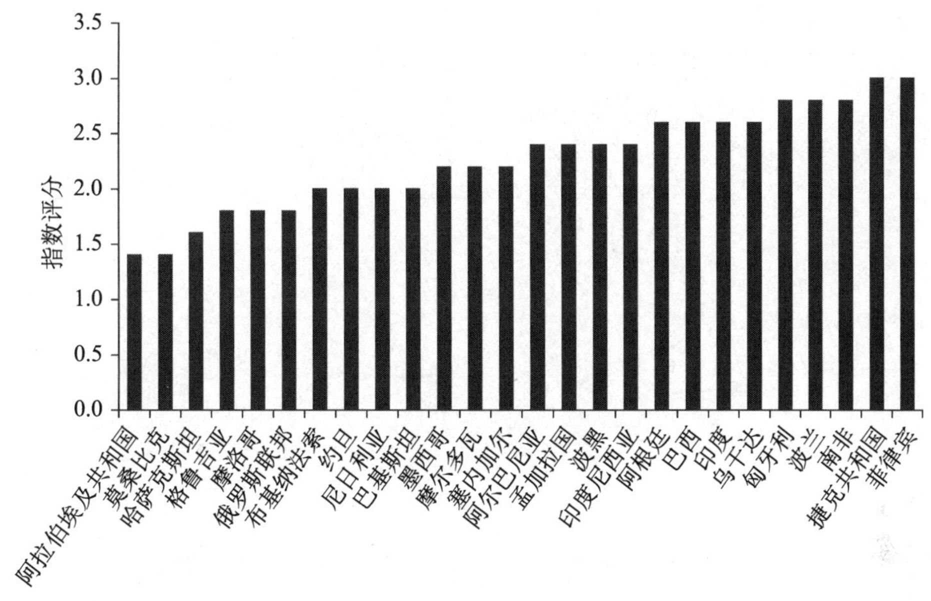

图 8.2　问责制

资料来源：作者基于附录表格 8A.2 中各种来源进行的评估。

表 8.2　　问责评分

国家	评分	地方当选的委员会成员	当选的地方政府领导	选民投票率（国家选举百分比）	政治自由（自由之家指数）	直接参与
阿拉伯埃及共和国	1.4	是	否	低	低	低
莫桑比克	1.4	否	否	中	中	低
哈萨克斯坦	1.6	是	否	中	低	低
格鲁吉亚	1.8	是	否	中	中	低
摩洛哥	1.8	是	否	中	中	低
俄罗斯联邦	1.8	是	否	中	中	低
布基纳法索	2.0	是	是	低	中	低
约旦	2.0	是	是	低	中	低
尼日利亚	2.0	是	是	低	中	低
巴基斯坦	2.0	是	是	中	低	低
墨西哥	2.2	是	是	低	高	中
摩尔多瓦	2.2	是	是	中	中	低

续表

国家	评分	地方当选的委员会成员	当选的地方政府领导	选民投票率（国家选举百分比）	政治自由（自由之家指数）	直接参与
塞内加尔	2.2	是	是	低	高	低
阿尔巴尼亚	2.4	是	是	高	中	低
孟加拉国	2.4	是	是	中	中	中
波黑	2.4	是	否（塞族共和国） 是（波黑联邦）	高	中	低
印度尼西亚	2.4	是	是	高	中	中
阿根廷	2.6	是	是	高	中	中
巴西	2.6	是	是	低	高	高
印度	2.6	是	是	中	高	低
乌干达	2.6	是	是	高	中	中
匈牙利	2.8	是	是	中	高	高
波兰	2.8	是	是	中	高	高
南非	2.8	是	是	高	中	高
捷克共和国	3.0	是	是	高	高	高
菲律宾	3.0	是	是	高	高	高

资料来源：作者基于附录表格 8A.2 中各种来源进行的评估。

国家级以下的特定问责制度的系统信息尤其缺乏，但分散的证据表明委员会和政府行政部门之间的选举制度及权力分配方面制度设置差异很大，因而导致不同的问责结果。毫不奇怪，在纵轴的下端是具有相对受限制的政治体制的国家。在这些制度中，地方行政的领导核心通常由较高层次的政府任命并对该政府负责，选举在地方政府中只扮演有限的仪式角色。在莫桑比克，选举委员会（*autarquias*）只在选定城市建立。除了这些选举委员会，所有莫桑比克地方政府部门仍是国家政府的组成部分，市长由省长指定并对省长负责。在哈萨克斯坦，州和省政府（maslikhats）立法部门由选举产生，但地方和地区管理部门由中央指定主管（*akims*）领导。俄罗斯联邦经历了政治分权的兴衰：叶利钦总统第二任期的联邦体制萎缩之后，俄罗斯进入总统普金集权时期，并在2004年莫斯科地方长官直接任命（地方议会名义批准）所有俄罗斯地区州长的选举中达到顶峰。在这种制度下，地方政府经常面对来自地方当选政客和较高层级政府的反对激励和压力，从而导致直接地方问责制受到抑制。

另一类有限问责制度体系的特点是当选代表的存在，他们对政府行为的影响受到制衡制度的阻碍。中间一组是在国家级以下已经建立广泛的选举控制和问责制度的国家，但制度仍旧相对薄弱。例如，作为其分权政策的一部分，尽管巴基斯坦在2001年引入各级政府选举，但地方政府的重要官员仍主要依赖于间接选举。市长（区警察总长）是由该地区较低层级委员会成员组成的选举团间接选举产生。间接选举制度结合庇护主义化的选举环境，削弱了对警察总长的政治问责。布吉纳法索有类似的问题，公社市长（maire）由市政府间接选举产生。在印度尼西亚，1999年分权法授权地方选举委员会（*Dewan Perwakilan Rakyat Daerah*）指定地区领导（首长或总督），监督地方行政管理。在印度尼西亚的封闭式名单制度下，因为公民在1999年的大选中只为一党候选人投票，所以委员会成员主要对其所在党派负责（党派决定他们的名单排名）。因为这些政党反过来在很大程度上缺乏具有广泛基础的代议制政策纲领，所以委员会成员大多脱离了他们的团体。印度尼西亚最近的2004年选举改革引入了行政首脑直接选举，希望将行政层置于更直接的选举压力下。

最高一组为经历了持续民主化进程并在国家级以下政府中建立了正在运行的代议制结构的国家。印度的宪法为邦级选举的立法机构提供支持。各邦使用不同的选举制度；委员会成员可以通过直接选举、间接选举和提名相结合的方式产生。政府官员由这些委员会间接选举产生。虽然印度也已经在各邦级以下政府选出了村务委员会，但直到20世纪90年代这些委员会才获得宪法地位，强制所有邦采用具有直接选举代表的三级（村、街区和区）村务委员会。与此同时，这些委员会被赋予更多的资金和更多的责任以支持其社区。虽然这些机构的有效性在不同的辖区之间差异巨大，但事实证明它们在过去10年提高了整体责任。同样，在菲律宾，地方政府法案为市长和委员会引入了普选。选举竞争和更多的公民参与通过增加低效和不合格的公共决策的政治成本使地方政府对公民更加负责。因此，地方政府开始提高地方完善服务提供的能力。在南非，地方层级采用混合选举制度，把比例代表制和简单多数制结合在一起。市政委员会半数的席位是通过比例代表制选举产生的。来自各选区（分区）的代表通过个人候选人选举竞选剩余委员会席位，选票最多的候选人得到委员会席位。因此，每一个投票人在地方政府选举中都有两张选票：一个在比例代表制下，另一个是他或她居住的选区。选举委员会负责制定政策规章和地方法则，批准市政预算以及选举市长。虽然与布吉纳法索和印度尼西亚一样，南非的市长并不直接对选民负责，但实际上不是这样的。事实上，如果选举激励和委员会成员的向下问责作用发挥得当，则间接问责制度和持续监督可以转化为更高的负责任的表现。

总的来说，世界各国地方政府的问责结构正在演变，尤其是具有定期选举控制的代议形式的地方治理。然而，地方层级采用的政治和选举制度表现出显著的制度变化。虽然大多数地方政府在委员会和市长之间确实有某种形式的分权，但权力分配、监督水平以及用于组成政府的选举制度有很大不同。这些基本的政治激励机制在构建地方行政环境中扮演了关键角色，一定程度上有利于公民中心型治理和高服务供给绩效。

财政责任评分

从表8.3中可以看出，有5个特定制度质量指标用于评估样本国家的问责水平。

表 8.3　　　　　　　　　　财政责任指标

指标	评分
公共支出中的国家级以下支出比例?	高 =3
	中 =2
	低 =1
教育、医疗和基础设施支出责任?	高 =3
	中 =2
	低 =1
地方政府收入自筹?	高 =3
	中 =2
	低 =1
地方政府行政自治权?	高 =3
	中 =2
	低 =1
结果导向型的管理制度，包括绩效预算?	高 =3
	中 =2
	低 =1

资料来源：作者的设计。

第一个指标基于总公共支出中的国家级以下支出比例，这是实证文献中使用的财政分权程度标准测度方法。虽然这种方法不能完全反映各级政府之间决策权力的分布信息，但它提供了国家财政分权的相关水平。因为这一指标涉及的范围有限制，所以这项测量部分依赖于国家报告的定性评估。

第二个指标是关于初等教育、医疗和基础设施支出权利分配变化。这三个领域是用一个指标，是因为大多数国家评分与这三者相同。教育是指初等教育，关键责任通常包括雇佣小学教师和支付工资、确定课程、为项目融资以及维护教育基础设施的权力。基础设施涉及对地方道路建设的主要权力——哪一级政府决定修建什么道路，并为其建造融资。有三种评分结果，这取决于不同层级政府职能分配的清晰水平。首先，如果权力主要集中于中央政府，则国家得到 1 分。第二，如果权力由中央和国家级以下政府共享，则得到 2 分。第三，如果权力主要由地方政府掌握，则得到 3 分。

第三个指标是关于国家级以下政府收入自筹水平（即，国家级以下政府是否拥有权利通过地方税收和用户费或者通过资本市场自行筹资）。此外，为这一变量评分存在三种可能的情况。

第四个指标是衡量行政分权水平的变化，包括聘用和解雇公务员的权力以及决定他们薪水的权力。如果这些权力完全归属于国家，则国家评分为 1；如果各级政府分享，则评分为 2；如果完全由国家级以下政府控制，则评分为 3。

第五个指标是指国家级以下的结果导向型管理框架的普遍程度。如果管理系统被描述为主要专注于投资管理和遵守规则，则国家评分为 1。当国家级以下管理框架的改变越来越强调地方预算和政策的准备及实施，一般控制环境仍严重依赖投入和事前控制时，则评分为 2。当地方政府成功地学习掌握现代公共管理技术，拥有高水平的管理灵活性和结果问责时，评分为 3。

和问责制度一样，不同国家政府间财政关系和行政制度运行方式存在巨大差异。在过去的 20 年里，许多国家已亲历了支出责任分配的重大变化，地方政府越来越多地参与提供教育、医疗和基础设施行业的公共服务，但国家分权水平显著不同。统一的国家级以下支出占总公共开支的比例从塞内加尔的 9% 到阿根廷的 52% 以上不等。这些差异也反映在服务行业责任分配中。例如，关于基础教育提供，样本国中一个极端是几乎将所有任务分配给中央政府的国家，如格鲁吉亚或莫桑比克。另一个极端是几乎将所有任务分配给地方政府或学校的国家，如匈牙利（见图 8. 3 和表 8. 4）。

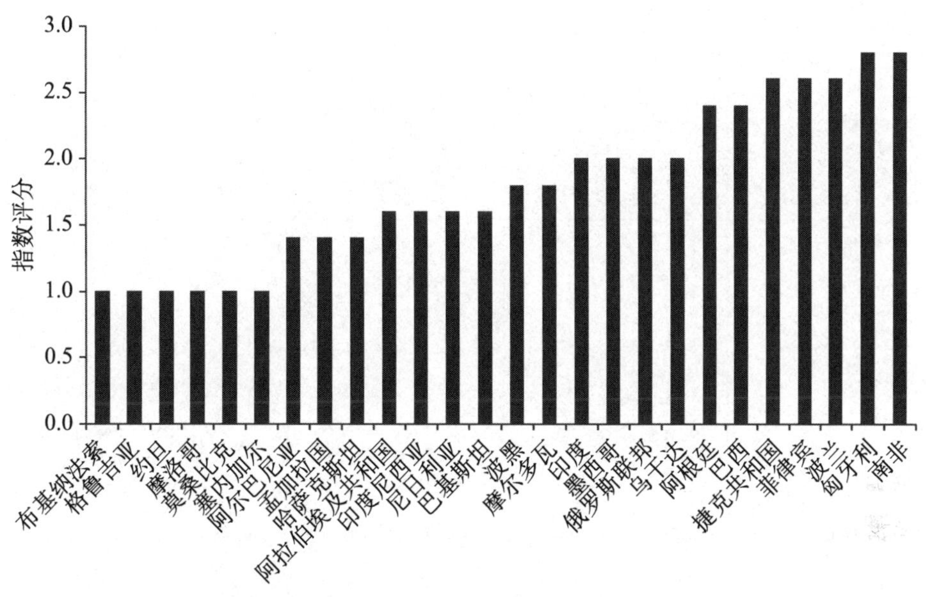

图 8.3　财政责任

资料来源：作者基于附录表格 8A.2 中各种来源进行的评估。

表 8.4　　　　　　　　　财政责任评分

国家	评分	国家级以下支出在总支出中所占比例	国家级以下支出教育、医疗和基础设施的支出责任	收入自筹权	行政自治权	结果导向型管理
布基纳法索	1.0	低	低	低	低	低
格鲁吉亚	1.0	低	低	低	低	低
约旦	1.0	低	低	低	低	低
摩洛哥	1.0	低	低	低	低	低
莫桑比克	1.0	低	低	低	低	低
塞内加尔	1.0	低	低	低	低	低
阿尔巴尼亚	1.4	中	中	低	低	低
孟加拉国	1.4	中	中	低	低	低
哈萨克斯坦	1.4	中	中	低	低	低
阿拉伯埃及共和国	1.6	中	中	低	中	低
印度尼西亚	1.6	中	中	低	中	低

续表

国家	评分	国家级以下支出在总支出中所占比例	国家级以下支出教育、医疗和基础设施的支出责任	收入自筹权	行政自治权	结果导向型管理
尼日利亚	1.6	中	中	低	中	低
巴基斯坦	1.6	中	中	中	低	低
波黑	1.8	中	中	中	中	低
摩尔多瓦	1.8	中	中	中	中	低
印度	2.0	高	中	中	中	低
墨西哥	2.0	中	中	中	中	中
俄罗斯联邦	2.0	高	中	中	中	低
乌干达	2.0	中	中	中	中	中
阿根廷	2.4	高	高	中	中	中
巴西	2.4	中	高	高	中	中
捷克共和国	2.6	中	中	高	高	高
菲律宾	2.6	中	高	中	高	高
波兰	2.6	中	中	高	高	高
匈牙利	2.8	中	高	高	高	高
南非	2.8	高	高	高	中	高

资料来源：作者基于附录表格 8A.2 中各种来源进行的评估。

同样，在收入方面，制度具有不同的制度安排。在许多国家，地方政府控制重要的收入来源。除了财产税，南非将大量非财产税收权力分配给地方政府，包括工资税和营业税（尽管地方政府犹豫是否要在实践中征收这些税收），并授予地方政府一些借债权力。在乌干达，地方政府较大部分收入来自累进个人所得税。在匈牙利，除了将自有税收和非税收收入分配给自治市，1990 年地方政府法案几乎没有限制市政借债。自治市可以在委员会批准的任何期限内借债。因为这一制度导致过多借债、一系列的市政违约和国家紧急援助，匈牙利政府于 1996 年颁布了市政破产和债务重组法，法案规定违约时允许国家政府掌握市政财政管理权力。

相反，在许多国家充足收入来源的分配已经落后于支出分权。比如，印度尼西亚的分权政策主要受支出责任下放驱动，但中央政府仍控制所有重要税基，包括财产税。虽然支出分权允许地方政府获得一些分权利益，如低成本生产、信息优势，服务与地方需求相匹配，但从财政分权获得巨大利益需要下放税收权力。如果地方税率是灵活的，那么它们可以至少成为地方服务边际成本的信号，地方居民可以选择他们所希望的服务水平。而且，如果服务提供与地方纳税联系更密切，则公民将面临更大的激励，来管制政府绩效并要求地方政府履行财政责任。

虽然所有的国家都使用转移支付为地方政府运行筹集资金，但他们运用不同的制度机制在不同辖区内分配资金。例如，在印度、巴基斯坦和南非，分配是基于周期性财政委员会的建议，而俄罗斯、印度尼西亚和菲律宾的转移支付制度则依靠公式法。以公式为基础和以委员会为基础的制度具有共同之处，它们都试图让转移支付分配决策不受政治压力的影响。虽然经验表明，地区游说不会消失，而是将焦点放在决定分配（公式）的技术因素，两种机制都有能力抵御分配上频繁的政治动机变化。相反，在许多制度较弱的国家，转移支付继续根据具有更大官僚自由裁量权的特别临时方法进行分配。例如，在塞内加尔，经济和财政部以及地方政府局（Direction des Collectivités Locales）负责对市政当局转移支付的划分。这些机构决定了资源的整体水平，并调节向地方政府进行转移支付的所有压力。依靠中央政府的总体预算情况这些特设制度为分配以及短期调整方面的争议和游说留出了相当大的空间。

关于国家级以下预算制度的信息很少。虽然许多国家已经启动预算改革，以建立走向以结果和绩效为基础的制度，但整体情况表明，这些改革都是落后的。南非的改革政策被认为是发展中国家的最佳惯例，改革通过《1999 年公共财政管理法案》启动，逐渐把单项预算制度转变为以项目为基础的预算制度。在捷克、匈牙利和波兰，1995 年欧洲账户体系规定要求所有公共组织从以现金为基础转变为自然增长预算，绩效衡量更以结果为导向。在菲律宾，政府项目绩效指标与预算分配预算封套有关，每个预算年度开始时在预算附录中报告，每个财政年度结束时进行审计。阿根廷引入了类似的国家层面改革方案。然而，地方政府一直不愿意采取这些标准，因为联邦宪法赋予它们权力确定自己的预算和会计体系，导致了各州公共账户上的差异。在其他国家，改革尝试仍然呈分散态势，或者国家只是缺少规划、执行和审计的前提条件和能力去实施综合绩效制度。

总的来说，巴西、捷克、匈牙利、菲律宾、波兰和南非在实施分权和结果导向型的财政制度的许多方面已经遥遥领先。这些国家成功地实施了财政分权改革，增加了地方政府的自治权，鼓励制度改革朝着绩效预算和更多的公民参与发展。这些国家的国家级以下政府通常享有很大程度的行政事务权力，并控制国家级以下的行政公务部门。在中等范围内的国家一直推行财政分权改革，但行政分权落后，上级政府继续控制重要事务，包括预算过程的实质性部分以及聘用和解雇人员的决策权。在这一组中，许多国家正在努力追赶，包括阿尔巴尼亚、印度尼西亚和尼日利亚。在这些国家里，国家级以下政府增加的资源和权力组合导致更高水平的公民参与，从而把焦点集中在政府运行的结果上。相反，大部分位于评分样本低端的国家最近才刚刚开始考虑更进一步的分权和结果导向型的财政制度战略。

结　论

这一章建议将公民中心型治理作为一种公共部门改革新途径。该范式基于对社会组织激励环境的综合考量，包括政治利益调解制度，如选举、代议制政府结构和社区参与，以及财政激励和结果导向型管理制度。其中，所有这些元素和互动改变了政府激励结构，并推动绩效。在这些广泛的概念基础上，本章采用一种计分卡来测量不同治理体系的特定制度质量。记分卡特地专注于一套简单的指标，用于获取治理体系本质上的制度差异，而不是精确和绝对的测量。这个计分卡用来分析 26 个发展中和转型期国家。

这一实践的结果各式各样。尽管过去的 20 年里大部分国家已经启动了政府间财政关系改革，取得了显著进步，但各国在财政制度和问责制度方面也表现出显著差异。总的来说，捷克、匈牙利、菲律宾、波兰和南非在许多方面最接近有责任、分权和结果导向型治理体系。最近已经开始改革的许多国家，包括印度尼西亚、尼日利亚和乌干达，已取得了重大进展，并在迎头追赶。相反，在少数几个国家，改革开始比较晚且仍不完善，包括布基纳法索、埃及阿拉伯共和国、哈萨克斯坦和摩洛哥。

记分卡还揭示了公民中心型治理的条件要素的区别。大多数国家实施了广泛的改革，拥有财政上分权、政治上民主的治理体系。今天，大多数发展中国家的地方政府在地方层级选举市长和代表委员会；他们掌握重要的财政资源，为社区提供重要的服务，包括初级教育、医疗和基础设施建设。随着越来越多的有组织性的和政治上活跃的社区转向地方政府并要求其提供公共服务，这种权力使需求方压力增加，并激励政府作出回应。在大多数国家，这些过程必然是复杂且远远不完整的，因为这些制度仍相对较弱：然而，它们却是需要欢呼称赞的重要变化。

财政分权和政治权力下放过后，许多第二代改革已经成为焦点。第一，许多国家的一个典型弱点是不完整的行政分权；国家级以下政府仍然缺乏权力决定公务服务的规模和结构。只有国家级以下政府影响公务员的职业发展，那些政府才能制定出国家级以下的有效公共服务和绩效所需的激励政策和精英制度。第二，除了南非和中欧转型国家，在大多数国家，结果导向型的管理制度仍然落后。考虑到管理持续增长预算的国家级以下责任，培养公民中心型治理的重要一步是国家级以下预算和审计制度改革，以及将资源配置和结果连接在一起的以绩效为基础的制度实践。

附录：国家样本

表 8A.1　　　　　国　家　样　本

国家名称	人均购买力平价下的国内生产总值（2002 年当前国际标准，美元）	人口规模	2002 年自由屋政治自由指数	上次报告选民投票率（2005 年）
亚洲				
孟加拉国	1695.50	135.7	4	56
印度	2674.20	1048.6	2	60.7
印度尼西亚	3177.90	211.8	3	88.3
格鲁吉亚	2254.80	5.2	4	60.6
哈萨克斯坦	5896.90	14.9	6	64.3
巴基斯坦	2017.60	144.9	6	41.8
菲律宾	4172.10	79.9	2	69.6
非洲				
布基纳法索	1109.70	11.8	4	38.3
阿拉伯埃及共和国	3814.00	66.4	6	24.6
约旦	4224.20	5.2	5	29.9
摩洛哥	3810.08	29.6	5	57.6
莫桑比克	1047.20	18.4	3	66.4
尼日利亚	946.50	133.2	4	47.6
塞内加尔	1591.80	10.0	2	42.6
南非	10135.50	45.3	1	85.5
乌干达	1403.20	24.6	5	50.6
欧洲				
阿尔巴尼亚	4276.20	3.2	3	85.3
波黑	5762.20	4.1	4	82.8
捷克共和国	15614.80	10.2	1	82.8
匈牙利	13920.50	10.2	1	64.1
摩尔多瓦	1476.70	4.3	3	60.5
波兰	10706.60	38.2	1	52.3
俄罗斯联邦	8308.80	144.1	5	55
拉丁美洲				
阿根廷	11085.80	36.5	3	70.6
巴西	7776.50	174.5	2	47.9
墨西哥	9005.10	100.8	2	48.1

资料来源：附录 8A.2 列出的各种来源。

表 8A.2　　国家样本来源

国家	来源
阿尔巴尼亚	Gurraj，2003；Mark & Nayyar - Stone，2002；世界银行，2003a
阿根廷	Dillinger & Webb，1999；Tommasi、Saiegh & Sanguinetti，2001
孟加拉国	Boex、Gudgeon & Shotton，2002
波黑	Jókay，2003
巴西	Afonso，2002；Dillinger & Webb，1999；世界银行，2002
布基纳法索	Ndegwa，2003
捷克共和国	OECD，2001a
阿拉伯埃及共和国	Sewell，2004
格鲁吉亚	Mark & Nayyar - Stone，2002 年；Shergelashvili，2003
匈牙利	Fekete，2003；Kopanyi、Wetzel & El Daher，2005；Mark & Nayyar - Stone，2002
印度	Bahl，2005
印度尼西亚	世界银行，2005
约旦	Sewell，2004
哈萨克斯坦	ADB，2001；USAID，2003
墨西哥	Giugale & Webb，2000；Trillo、Cayeros & González，2002；Webb & Gonzalez 2003
摩尔多瓦	Chiriac，2003
摩洛哥	Sarrouh，2003
莫桑比克	Ndegwa，2003
尼日利亚	Akindele、Olaopa & Obiyan，2002；Alm & Boex，2002
巴基斯坦	Cheema、Khwaja & Qadir，2006；Keefer、Narayan & Vishwanath，2003；世界银行，2004
菲律宾	Guevara，2004；世界银行，2003c，2005
波兰	Kowalczyk，2003；OECD，2001b
俄罗斯联邦	Martinez - Vasquez，2001
塞内加尔	Dickovick，2004；IMF 2005
南非	Smoke，2000
乌干达	Smoke，2000；世界银行，2003b

本章注释

1. 人均国内生产总值与政治开放和行政绩效的测量正相关。这个结果不足为奇。工业国家的政府通常更加民主也更加高效。

本章参考文献

ADB (Asian Development Bank). 2001. *Technical Assistance to Kazakhstan for Governance Study and Capacity Building for Administrative Reform*. Manila: ADB.

Afonso, José Roberto Rodrigues. 2002. "Decentralization and Budget Management of Local Government in Brazil." Brasília: Banco Nacional de Desenvolvimento Econômico e Social.

Agrawal, Arun, and Jesse C. Ribot. 1999. "Accountability in Decentralisation: A Framework with South Asian and West African Cases." *Journal of Developing Areas* 33 (4): 473 ~502.

Akindele, S. T., O. R. Olaopa, and A. Sat. Obiyan. 2002. "Fiscal Federalism and Local Government Finance in Nigeria: An Examination of Revenue Rights and Fiscal Jurisdiction." *International Review of Administrative Sciences* 68 (4): 557 ~77.

Alm, James, and Jameson Boex. 2002. "An Overview of Intergovernmental Fiscal Relations and Subnational Finance in Nigeria." International Studies Working Paper 0201, Andrew Young School of Policy Studies, Georgia State University, Atlanta.

Andrews, Matthew. 2005a. "Performance Based Budgeting Reform: Progress, Problems, and Pointers." In *Fiscal Management*, ed. Anwar Shah, 31 –70. Washington, D. C.: World Bank.

——. 2005b. "Voice Mechanisms and Local Government Fiscal Outcomes: How Do Civic Pressure and Participation Influence Public Accountability?" In *Public Expenditure Analysis*, ed. Anwar Shah, 217 ~48. Washington, D. C.: World Bank.

Bahl, Roy, Eunice Heredia-Ortiz, Jorge Martinez-Vazquez, and Mark Rider. 2005. "India: Fiscal Condition of the States, International Experience, and

Options for Reform." Working Paper 05 ~ 14, vols. 1 and 2, Andrew Young School of Public Policy, Georgia State University, Atlanta.

Beck, Thorsten, George Clark, Alberto Groff, Philip Keefer, and Patrick Walsh. 2001. "New Tools in Comparative Political Economy: The Database of Political Institutions." *World Bank Economic Review* 15 (1): 165 ~ 76.

Bird, Richard M., and Michael Smart. 2001. "Intergovernmental Fiscal Transfers: Some Lessons from International Experience." Paper prepared for the Symposium on Intergovernmental Transfers in Asian Countries: Issues and Practices, Asian Tax and Public Policy Program, Hitosubashi University, Tokyo, February 21.

Boex, Jamie, Peter Gudgeon, and Roger Shotton. 2002. *Role of UNDP in Promoting Local Governance and Decentralization in Bangladesh.* New York: United Nations Development Programme.

Cheema, Ali, Asim Ijaz Khwaja, and Adnan Qadir. 2006. "Local Government Reform in Pakistan: Context, Content, and Causes." In*Decentralization and Local Governance in Developing Countries: A Comparative Perspective*, ed. Pranab Bardhan and Dilip Mookherjee, 257 – 84. Cambridge, MA: MIT Press.

Chiriac, Liubomir, Igor Munteanu, Victor Popa, and Victor Mocanu. 2003. "Local Government in Moldova." In *Stabilization of Local Governments*, ed. Emilia Kandeva, 290 ~ 349. Budapest: Open Society Institute, Local Government and Public Service Reform Initiative.

Crook, Richard, and James Manor. 2000. "Democratic Decentralization." OED Working Paper 11, Operations Evaluation Department, World Bank, Washington, D. C..

Dahl, Robert A. 1998. *On Democracy.* New Haven, CT: Yale University Press.

Diamond, Jack. 2003. "Performance Budgeting: Managing the Reform Process." Working Paper 03/33, International Monetary Fund, Washington, D. C..

Dickovick, J. Tyler. 2004. "Centralism and 'Decentralization' in Unitary States: A Comparative Analysis of Peru and Senegal." Woodrow Wilson School of Public and International Affairs, Princeton University, Princeton, NJ.

Dillinger, William, and Steven B. Webb. 1999. "Fiscal Management in Federal Democracies: Argentina and Brazil." Policy Research Working Paper 2121, World Bank, Washington, D. C..

Fearon, James D. 1999. “Electoral Accountability and the Control of Politicians: Selecting Good Types versus Sanctioning Poor Performance.” In *Democracy, Accountability, and Representation*, ed. Adam Przeworski, Susan C. Stokes, and Bernard Manin, 55 ~97. Cambridge, U. K.: Cambridge University Press.

Fekete, Éva G., Mihály Lados, Edit Pfeil, and Zsolt Szoboszlai. 2003. “Size of Local Governments, Local Democracy, and Local Service Delivery in Hungary.” In *Consolidation or Fragmentation? The Size of Local Governments in Central and Eastern Europe*, ed. Pawel Swianiewicz, 31 ~ 100. Budapest: Open Society Institute, Local Government and Public Service Reform Initiative.

Freedom House. 2002. *Freedom in the World Report* 2002. New York: Freedom House.

Giugale, Marcelo M., and Steven B. Webb. 2000. *Achievements and Challenges of Fiscal Decentralization: Lessons from Mexico*. Washington, D. C.: World Bank.

Guevara, Milwida M. 2004. “The Fiscal Decentralization Process in the Philippines: Lessons from Experience.” Graduate School of Economics, Hitotsubashi University, Tokyo.

Gurraj, Alma, Artan Hoxha, Auron Pasha, Genc Ruli, Qamil Talka, and Irma Tanku. 2003. “Local Government Budgeting: Albania.” In *Local Government Budgeting, Part II*, 103 ~ 53. Budapest: Open Society Institute, Local Government and Public Service Reform Initiative.

Huther, Jeff, and Anwar Shah. 1998. “Applying a Simple Measure of Good Governance to the Debate on Fiscal Decentralization.” Policy Research Working Paper 1894, World Bank, Washington, D. C..

IMF (International Monetary Fund). 2005. “Senegal: Selected Issues and Statistical Appendix.” Country Report 05/155, IMF, Washington, D. C..

Jókay, Charles. 2003. “Local Government in Bosnia and Herzegovina.” In *Stabilization of Local Governments*, ed. Emilia Kandeva, 90 ~ 140. Budapest: Open Society Institute, Local Government and Public Service Reform Initiative.

Kaufmann, Daniel, Aart Kraay, and Massimo Mastruzzi. 2005. *Governance Matters IV: New Data, New Challenges*. Washington, D. C.: World Bank.

Keefer, Philip E., and Stuti Khemani. 2003. “The Political Economy of Public

Expenditures." World Bank, Washington, D. C..

Keefer, Philip E., Ambar Narayan, and Tara Vishwanath. 2003. "The Political Economy of Decentralization in Pakistan." World Bank, Washington, D. C..

Khemani, Stuti, Shantayanan Devarajan, Junaid Ahmad, and Shekhar Shah. 2005. "Decentralization and Service Delivery." Policy Research Working Paper 3603, World Bank, Washington, D. C..

Kopanyi, Mihaly, Deborah Wetzel, and Samir El Daher. 2005. *Intergovernmental Finance in Hungary: A Decade of Experience* 1990 ~ 2000. Washington, D. C.: World Bank.

Kowalczyk, Andrzej. 2003. "Local Government in Poland." In *Decentralization: Experiments and Reform*, ed. Tamás M Horváth, 218 ~ 54. Budapest: Open Society Institute, Local Government and Public Service Reform Initiative.

Kunicova, Jana, and Susan Rose-Ackerman. 2001. "Electoral Rules as Constraints on Corruption: The Risks of Closed List Proportional Representation." Department of Political Sciences, Yale University, New Haven, CT.

Lizzeri, Alessandro, and Nicola Persico. 2001. "The Provision of Public Goods under Alternative Electoral Incentives." *American Economic Review* 91 (1): 225 – 39.

Manin, Bernard, Adam Przeworski, and Susan C. Stokes. 1999. "Elections and Representation." In *Democracy, Accountability, and Representation*, ed. Adam Przeworski, Susan C. Stokes, and Bernard Manin1 ~ 26. Cambridge, U. K.: Cambridge University Press.

Manor, James. 1997. *The Political Economy of Decentralization.* Washington, D. C.: World Bank.

Manor, James, and Richard Crook. 1998. *Democracy and Decentralization in South Asia and West Africa: Participation, Accountability and Performance.* Cambridge, U. K.: Cambridge University Press.

Mark, Katharine, and Ritu Nayyar-Stone. 2002. "Assessing the Benefits of Performance Management in Eastern Europe: Experience in Hungary, Albania, and Georgia." Urban Institute, Washington, D. C..

Martinez-Vasquez, Jorge. 2001. *Russia's Transition to a New Federalism.* Washington, D. C.: World Bank.

Myerson, Roger. 1993. "Effectiveness of Electoral Systems for Reducing Government Corruption: A Game Theoretic Approach." *Games and Economic Behaviour* 5 (1): 118 ~ 32.

Ndegwa, Stephen N. 2003. "Decentralization in Africa: Emerging Trends and Progress." Finding Report 229, World Bank, Washington, D. C..

OECD (Organisation for Economic Co-operation and Development). 2001a. "Fiscal Design across Levels of Government—Country Report: Czech Republic." OECD, Paris.

——. 2001b. "Fiscal Design across Levels of Government—Country Report: Poland." OECD, Paris.

Persson, Torsten, Gérard Roland, and Guido Tabellini. 1997. "Separation of Powers and Political Accountability." *Quarterly Journal of Economics* 112 (4): 1163 ~ 202.

Persson, Torsten, and Guido Tabellini. 2000. *Political Economics: Explaining Economic Policy*. Cambridge, MA: MIT Press.

Persson, Torsten, Guido Tabellini, and Francesco Trebbi. 2001. "Electoral Rules and Corruption." CESifo Working 416, Center for Economic Studies and Ifo Institute for Economic Research, Munich, Germany.

PRS Group. 2002. *International Country Risk Guide*. Rockville, MD: PRS Group.

Przeworski, Adam, Susan C. Stokes, and Bernard Manin. 1999. *Democracy, Accountability and Representation*. Cambridge, U. K.: Cambridge University Press.

Rodden, Jonathan. 2000. "The Dilemma of Fiscal Federalism: Hard and Soft Budget Constraints around the World." Massachusetts Institute of Technology, Cambridge, MA.

Sarrouh, Elissar. 2003. "The UNDP Role in Public Administration Reforms in the Arab Region." Paper prepared for the Expert Consultative Meeting on Public Administration and Public Accounting Development, with Stress on Electronic Tools, Beirut, July 1 ~ 3.

Schmitter, Phillippe, and Terry Lynn Karl. 1991. "What Democracy Is... and What It Is Not." *Journal of Democracy* 2 (3): 75 ~ 88.

Sewell, David. 2004. "Decentralization: Lessons from Other Middle Eastern Countries for Iraq." World Bank, Washington, D. C..

Shah, Anwar. 2004. "Fiscal Decentralization in Developing and Transition Economies: Progress, Problems, and the Promise." Policy Research Working Paper 3282, World Bank, Washington, D. C..

Shah, Anwar, and Matthew Andrews. 2005. "Citizen-Centered Governance: A New Approach to Public Sector Reform." In *Public Expenditure Analysis*, ed. Anwar Shah, 153 - 82. Washington, D. C.: World Bank.

Shergelashvili, Tenghiz. 2003. "How Fiscal Issues Can Turn into Fiction the Concept of Local Government and Decentralisation." Association of Young Economists of Georgia, Tbilisi.

Smoke, Paul. 2000. "Fiscal Decentralization in East and Southern Africa: A Selective Review of Experience and Thoughts on Moving Forward." Paper prepared for the Conference on Fiscal Decentralization, International Monetary Fund, Washington, D. C., November 20 ~ 21.

Tommasi, Marino, Sebastian Saiegh, and Pablo Sanguinetti. 2001. "Fiscal Federalism in Argentina: Policies, Politics, and Institutional Reform." *Economia* 1 (2): 147 ~ 201.

Trillo, Fausto Hernández, Alberto Díaz Cayeros, and Rafael Gamboa González. 2002. "Fiscal Decentralization in Mexico: The Bailout Problem." Research Network Working Paper R - 447, Inter - American Development Bank, Washington, D. C..

UNPAN (United Nations Online Network in Public Administration and Finance). 2000. *Responding to Citizens' Needs: Local Governance and Social Services for All.* Stockholm: UNPAN.

USAID (U. S. Agency for International Development). 2003. *Supporting Local Government Reforms in the Republic of Kazakhstan.* Almaty: USAID.

Webb, Steven B., and Christian Y. Gonzalez. 2003. "Bargaining for a New Fiscal Pact in Mexico." Policy Research Working Paper 3284, World Bank, Washington, D. C..

World Bank. 2002. "Brazil: Issues in Fiscal Federalism." Report 22523 - BR, World Bank, Washington D. C..

——. 2003a. *Albania: Fiscal Decentralization Study.* Washington, D. C.: World Bank.

——. 2003b. *Decentralisation Policies and Practices: Case Study Uganda.* Washington, D. C.: World Bank.

——. 2003c. *Philippines—Improving Government Performance: Discipline, Efficiency, and Equity in Managing Public Resources.* Washington, D. C.: World Bank.

——. 2003d. *World Development Indicators.* Washington, D. C.: World Bank.

——. 2003e. *World Development Report* 2004: *Making Services Work for Poor People.* Washington, D. C.: World Bank.

——. 2004. *Devolution in Pakistan.* Washington, D. C.: World Bank.

——. 2005. *East Asia Decentralizes: Making Local Government Work.* Washington, D. C.: World Bank.